KB085454

READING BITE

책장을 넘기며 느껴지는
몰입의 기쁨

노력한 만큼 빛이 나는
내일의 반짝임

새로운 배움,
더 큰 즐거움

미래엔이 응원합니다

READING
BITE

GRADE 1

WRITERS

미래엔콘텐츠연구회
No.1 Content를 개발하는 교육 전문 콘텐츠 연구회

PROOFREADER

Mark Holden

COPYRIGHT

인쇄일 2024년 8월 1일(2판 19쇄)
발행일 2020년 9월 14일

펴낸이 신광수
펴낸곳 (주)미래엔
등록번호 제16-67호

교육개발2실장 김용균
개발책임 이보현 **개발** 정규진, 김은송, 김수아, 한고운, 김민지, 정유진, 현수민

디자인실장 손현지
디자인책임 김병석 **디자인** 장병진, 유화연

CS본부장 강윤구
CS지원책임 강승훈

ISBN 979-11-6413-607-0

* 본 도서는 저작권법에 의하여 보호받는 저작물로, 협의 없이 복사, 복제할 수 없습니다.
* 파본은 구입처에서 교환 가능하며, 관련 법령에 따라 환불해 드립니다.
  단, 제품 훼손 시 환불이 불가능합니다.

Don't be afraid to make mistakes.
실수를 두려워하지 말아요.

모국어인 우리말이 이미 익숙한 상태에서
우리말 체계와 전혀 다른 영어를 배운다는 것은 쉽지 않습니다.
영어를 잘하기까지는 꽤 긴 시간이 필요합니다.
특히 독해는 단어도 알아야 하고, 문법 지식도 필요하고, 문장 이해력도 필요합니다.
지문을 읽을 때마다 모르는 단어는 계속 나오고,
어렵고 까다로운 문법으로 인해 문장 해석이 제대로 되지 않을 때도 많습니다.
누구나 다 나와 똑같이 어려움을 느끼고 있다고 생각해 보세요.
자신이 모르는 것을 누가 더 많이, 반복해서 꼼꼼하게 확인하느냐에 따라 영어 실력이 달라집니다.

이제부터 영어 지문을 읽을 때
알고 있는 단어가 나오면 우선 그 단어를 통해 어떤 문장이 될까 추측해 보세요.
단어만으로 어떤 내용인지를 추측하는 것도 아주 중요한 시작입니다.
내가 추측한 내용을 해석을 보고 확인해 보세요.
틀린 것이 많다고 해서 절대 실망할 필요는 없습니다.
왜 실수했는지 확인하는 과정이 무엇보다 중요합니다.
중등 과정에서는 반복해서 읽는 것이 꼭 필요한 독해 훈련입니다.

독해는 단어, 문법, 문장 이해력을 한꺼번에 올리는 중요한 영역입니다.
문제를 풀고 나서는 지문을 큰 소리로 읽어보세요.
처음에는 쑥스럽기도 하고 자신감이 떨어질 수도 있지만 이를 극복하고 나면
한 단계 업그레이드된 영어 실력을 마주하게 될 것입니다.

한 단계 성장을 고대하는 여러분의 노력을 READING BITE가 응원합니다.

Preview
미 리 보 기

1. 문제 유형별 독해 학습

독해 지문에 따른 문제 유형별 구성으로, 지문의 성격에 따라 글 전체를 파악하는 학습으로 독해 실력을 키울 수 있습니다.

2. 유형 해결 길잡이

문제를 풀기 위해 글을 읽을 때 어떻게 접근해야 하는지 안내해 줍니다.

3. 꼼꼼한 내용 이해

다양한 형태의 문제를 통해 지문의 내용을 잘 이해했는지 꼼꼼히 확인할 수 있습니다.

READING 02

READING GUIDE

글을 읽으면서 계속 반복되는 중요한 단어를 찾아 동그라미 쳐 봅시다.

다음 글의 주제로 가장 적절한 것은? (기출응용)

① Imagine you are a car. ② You can't run without fuel. ③ According to scientists, a healthy breakfast is the brain's fuel. ④ With enough fuel, the brain concentrates better and solves problems faster. ⑤ Some students don't want to eat breakfast. ⑥ Instead, they want to sleep a few minutes more. ⑦ But they're wrong! ⑧ Of course, sleep is important. ⑨ If they want more sleep, they should go to bed earlier and shouldn't skip breakfast. ⑩ For students, breakfast is the most important meal of the day. ⑪ If you want to do well in school, give your brain enough fuel every morning.

① 청소년에게 적당한 수면 시간
② 두뇌 활동에 도움이 되는 음식
③ 수면 부족이 학업에 미치는 영향
④ 학생에게 있어서 아침 식사의 중요성
⑤ 좋은 성적을 얻기 위한 바람직한 학습 태도

UNDERSTAND DEEPLY

1 빈칸에 알맞은 단어를 윗글에서 찾아 쓰시오.
Breakfast is _____ for your brain.

2 윗글의 내용과 일치하면 T, 그렇지 않으면 F를 쓰시오.
(1) If you want more sleep, you can skip breakfast. _____
(2) If you want to do well in school, you should have breakfast. _____

3 아침 식사를 할 때의 장점 두 가지를 윗글에서 찾아 우리말로 쓰시오.
(1) _____
(2) _____

---

10. UNIT 복습

UNIT별로 구성된 문제를 통해 주요 어휘와 문법 사항을 다시 한번 복습합니다.

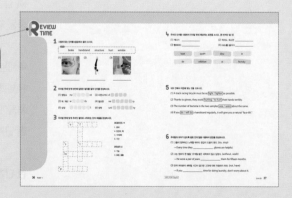

4. 직독직해와 주어-동사 찾기

모든 문장에서 주어와 동사를 찾고, 의미 단위로 끊어 읽고 바로 해석하며 독해 속도를 높이고, 긴 문장에 대한 두려움도 줄일 수 있습니다.

READ CLOSELY

의미 단위로 끊어 읽고(/), 주어와 동사에 표시해 봅시다.

지문 듣기   기출 원문 보기

① Imagine you are a car.

② You can't run without fuel.

③ According to scientists, a healthy breakfast is the brain's fuel. *TIP

④ With enough fuel, the brain concentrates better and solves problems faster.

⑤ Some students don't want to eat breakfast. *TIP

⑥ Instead, they want to sleep a few minutes more. *TIP

⑦ But they're wrong!

⑧ Of course, sleep is important.

⑨ If they want more sleep, they should go to bed earlier and shouldn't skip breakfast.

⑩ For students, breakfast is the most important meal of the day.

⑪ If you want to do well in school, give your brain enough fuel every morning.

GRAMMAR TIP

「want + to부정사」는 '~하고 싶다'라는 의미예요. 여기서 to부정사는 「to + 동사원형」의 형태를 말해요.

• I **want to be** a YouTuber.
• Do you **want to come** over after school?

READING TIP

이 글에서는 breakfast(아침 식사)를 fuel(연료)에 비유하고 있어요. 이처럼 비유를 사용한 글에서는 무엇을 어느 것에 비유하고 있는지를 파악하고, 비유하는 목적이 무엇인지를 이해하는 게 중요해요.

WORDS

imagine 상상하다
fuel 연료
according to ~에 따르면
scientist 과학자
healthy 건강에 좋은, 건강한
cf. health 건강
brain 뇌
enough 충분한
concentrate 집중하다
solve (문제를) 풀다
problem 문제
instead 대신에
important 중요한
skip 거르다, 빼먹다
meal 식사
do well in school 학교 공부를 잘 하다
give 주다

바른답·알찬풀이 | p. 2

Unit 01   **15**

6. 수능 기출 문제 맛보기

중학교 난이도에 맞게 재구성된 고1~2 전국연합, 평가원·수능 기출 문제는 QR코드를 찍으면 기출 원문을 확인할 수 있습니다.

Contents

차 례

독해, 글을 읽고 이해하다!

글을 읽고 이해하는 과정을 "독해"라고 하는데, 영어 독해가 어렵다고 느껴지는 데는 여러 이유가 있습니다. 영어 단어를 많이 알지 못해서, 영어 단어는 알지만 문장을 해석하지 못해서, 문장을 해석할 수 있지만, 무슨 내용을 전달하고 있는지 이해하지 못해서... 등등

중등 과정에서 영어 독해의 과정과 방법을 잘 이해하고 제대로 습득한다면, 글이 점점 길어지고, 복잡한 문장이 나와 어려워지더라도 두려움 없이 글을 이해하고 문제를 풀어 나갈 수 있습니다.

1 글을 읽고 이해(독해)하는 과정

- 이미 알고 있는 단어 확인하기
- 모르는 단어 뜻 문맥 속에서 유추하기
- 다시 읽으면서 모르는 단어 의미 확인하기

- 문법 지식을 활용하여 문장 속 주어, 동사 찾기
- 문장 구조 분석하여 문장 해석하기
- 반복해서 읽을 때 문법 사항 꼼꼼히 확인하기

단어 의미 파악
Words & Phrases

독해
Reading

문장 구조 파악
Structures

내용 이해
Meaning

- 글 전체가 어떤 내용을 다루고 있는지 파악하기
- 지문에서 반복되는 어휘, 표현을 통해 주요 정보와 세부 정보를 구분하기

▶▶ 반복해서 읽기

- **첫 번째 읽기:** 모르는 단어가 나오더라도 쉬지 않고 끝까지 한 번에 읽으며 어떤 내용을 다루고 있는지 추측해 봅니다.
- **두 번째 읽기:** 모르는 단어는 밑줄을 치면서 앞뒤 내용을 통해 최대한 단어의 의미를 유추하고, 문제 해결을 위해 글의 전체 내용과 세부 내용을 꼼꼼히 확인합니다.
- **세 번째 읽기:** 문제를 모두 풀었다면, 글을 다시 읽으면서 몰랐던 단어, 이해가 되지 않았던 문장 구조, 문법적인 역할 등을 꼼꼼히 확인하고 정확하게 문장 단위로 해석하면서 정독해 봅시다.

2 글을 읽을 때, 단계별 활동

읽기 전에
before reading

글을 훑어 읽으면서 다음 정보를
확인해 봅시다.

- 글의 제목이나 부제목이 있는가?
- 그림이나 사진 자료는 어떤 것이 있는가?
- 문장 속에 대문자로 시작하는
  이름이나 지명 등은 무엇인가?

읽는 동안
while reading

문제 해결을 위해 글을 집중해서
읽어 봅시다.

- 무슨 내용을 전달하고 있는가?
- 가장 중요한 정보와 덜 중요한 정보를
  구분할 수 있는가?
- 반복되는 단어나 표현, 밑줄을
  칠 수 있는 핵심 문장이 있는가?

읽은 후에
after reading

글을 읽은 후, 제시된 문제를 풀어 봅시다.

- 글의 주제는 무엇인가?
- 등장인물이나 주요 사건을 설명할 수
  있는가?
- 글을 구조적으로 재구성해 볼 수
  있는가?
- 글 전체를 요약할 수 있는가?

3 지문을 이해하는 독해 기법

1 미리보기(Previewing) 글의 제목이나 중간 제목, 이미지 자료 등이 있다면 이를
먼저 확인해 봄으로써 어떤 내용의 글이 나올지 추측할 수 있습니다.

2 훑어읽기(Skimming) 글의 대략적인 주제나 요지를 파악하기 위해
전체 텍스트를 빠르게 눈으로 읽는 것을 말합니다. 전체적으로 훑
어봄으로써 더욱 자세한 읽기를 준비할 수 있습니다. 이 방법은
시간 제한이 있는 시험에서 글의 주제나 요지를 묻는 문제를
해결할 때 유용한 리딩 스킬입니다.

3 꼼꼼히 읽기(Scanning) 주어진 텍스트 안에서 필요한 정보만
빨리 찾아내는 기술을 말합니다. 예를 들어 날짜, 이름, 시간 등
의 특정 정보가 필요한 경우에 효율적으로 활용할 수 있습니다.

4 문맥 속 의미 파악하기(Guessing from the context) 모르는 단어나
해석하기 어려운 문장은 앞뒤의 내용이나 글 전체 내용을 가지고 단어
나 문장의 의미를 추측해 볼 수 있습니다.

5 요약하기(Summarizing) 글 전체를 한 문장이나 짧은 글로 요약해 보는 훈련은
글의 주제나 요지, 제목을 찾을 때, 또는 주요 정보와 세부 정보를 구분할 때 유용한
독해 기법입니다.

끊어읽기로
영어 독해
실력 쑥쑥!

why?

의미 단위로 끊어 읽으면 독해가 훨씬 빠르고 쉬워진다

영어 문장을 우리말 어순에 맞춰 해석하는 습관은 독해 실력을 키우는 데 방해가
돼요. 영어는 문장에 나오는 순서대로 의미 단위로 끊어 읽고 직독직해 하는 것이
가장 좋아요. 이런 습관을 들이면 문장이 길고 복잡해지더라도 문장 구조가 쉽게
이해되며, 해석도 빠르고 정확하게 할 수 있어요.

끊 / 어 / 읽 / 는 / 곳

1. 주어가 짧으면 동사 뒤에서 끊고, 주어가 길면 주어 뒤에서 끊는다.
- Bacteria are / very tiny living things.
  박테리아는 ~이다 / 아주 작은 생물
- The word "barbecue" / is Native American.
  '바비큐'라는 단어는 / 미국 원주민의 말이다

2. 보어나 목적어가 길면 동사 뒤에서 끊는다.
- This is / a community event.
  이것은 ~입니다 / 지역 사회 행사
- Several animals help / their wounded friends.
  몇몇 동물들은 돕는다 / 자신의 다친 친구들을

3. 직접목적어 앞에서 끊는다.
- Grandma, / don't give them / any candy!
  할머니 / 그들에게 주지 마세요 / 어떤 사탕도

4. 목적격보어 앞에서 끊는다.
- We call this / "oxygen."
  우리는 이것을 부른다 / '산소'라고

5. 주어 앞에 부사(구)가 있으면 주어 앞에서 끊는다.
- Then / Le washed the jeans.
  그런 뒤에 / Le는 그 청바지를 세탁했다

H o w ?

독해 실력에 따라 끊어 읽는 단위는 달라질 수 있다

처음 끊어 읽기를 시작할 때는 작은 의미 단위로 끊어 읽는 것이 좋아요. 주어, 동사, 목적어, 보어, 수식어 등 주요 문장 성분으로 끊어 읽고 직독직해를 해요. 실력이 쌓이면 더 큰 의미 단위로 끊어 읽을 수 있어요. 예를 들어 주어와 주어를 수식하는 어구를 끊지 않고 한 번에 붙여 읽는다면 독해가 더욱 빨라지겠죠?

6. 〈전치사＋명사〉의 구조가 있다면 전치사 앞에서 끊는다.
- You can't run / without fuel.

  여러분은 달릴 수 없다 / 연료 없이

> She is
> my teacher.처럼
> 짧은 문장은 붙여
> 읽어요!

7. 형용사 및 부사적 용법의 to부정사 앞에서 끊는다.
- I turned a corner / to make sure.

  나는 모퉁이를 돌았다 / 확인해 보기 위해

- Others use their skin / to blend into their habitat.

  또 다른 일부는 그것들의 피부를 이용한다 / 그들의 서식지에 섞이기 위해

8. 부사(구)와 부사절 앞에서 끊는다.
- She grew up / in a poor family.

  그녀는 자랐다 / 가난한 가정에서

- Do you feel nervous / when you make a speech?

  여러분은 불안하게 느끼는가 / 여러분이 연설할 때

9. 접속사 앞에서 끊는다. 접속사가 생략된 경우 절 앞에서 끊는다.
- We think, / "I failed / because I am / in a bad situation."

  우리는 생각한다 / 내가 실패했다고 / 내가 처해 있기 때문에 / 나쁜 상황에

- You may think / (that) bacteria are harmful.

  여러분은 생각할 수도 있다 / 박테리아가 해롭다고

10. 문장부호가 있는 곳에서 끊는다.
- After the trip, / he complained, / "My feet are in pain / because of / the rough roads."

  여행 후에 / 그는 불평했다 / 내 발이 아프구나 / ～ 때문에 / 험한 길

장난감 영화의 교훈

글 / 그림 우쿠쥐

PART 1

중심 내용 파악하기

중심 내용이란 뭔가요?
글을 대표하는 내용, 즉 필자가 말하고자 하는 핵심 내용을 말해요.

어떻게 공부 하나요?
글을 읽으면서 핵심어구와 주제문을 찾는 습관을 들여요. 핵심어구와 주제문은 중심 내용을 파악하는 데 중요한 열쇠가 돼요.
• 중심 내용은 글 전체의 내용을 포괄해야 해요. 일부 내용만을 포함하거나 글의 내용을 확대 해석해도 안 돼요.

시험에 어떻게 나오나요?
다음 네 가지 유형으로 출제돼요.
- ✓ 주제 파악하기   UNIT 01
- ✓ 요지·주장 파악하기   UNIT 02
- ✓ 제목 추론하기   UNIT 03
- ✓ 요약하기   UNIT 04

READING GUIDE

글을 읽으면서 글의 주제를 가장 잘 담고 있는 문장을 찾아 밑줄을 그어 봅시다.

다음 글의 주제로 가장 적절한 것은?

① How do you improve your vocabulary? ② I keep a vocabulary notebook. ③ When I read a new English word, I write it down and look up its meaning in that sentence in a dictionary. ④ I then check its other meanings, too. ⑤ For example, the word "book" is a verb as well as a noun. ⑥ As a verb, it means "to reserve something like a hotel room, a table, or a ticket." ⑦ With a vocabulary notebook, I can review and remember new words easily. ⑧ Also, I can learn the multiple meanings of words. ⑨ Do you want to build your vocabulary? ⑩ Then use my method. ⑪ It really works.

① 영어 능력의 발달 단계
② 영어 어휘력을 향상시키는 방법
③ 영어 독서와 영어 글쓰기의 관계
④ 영어 사전의 올바른 사용법
⑤ 수업 시간에 필기하는 것의 중요성

UNDERSTAND DEEPLY

1 빈칸에 알맞은 단어를 윗글에서 찾아 쓰시오.

To improve your vocabulary, you should ＿＿＿＿＿ ＿＿＿＿＿
＿＿＿＿＿ ＿＿＿＿＿.

2 윗글의 내용과 일치하도록 <u>틀린</u> 부분을 고쳐 쓰시오.

When the writer reads a new word, he or she looks up one meaning of the word. ＿＿＿＿＿ → ＿＿＿＿＿

3 밑줄 친 단어의 의미를 윗글에서 찾아 한 단어로 쓰시오.

I'd like to <u>book</u> a table for two for 8 o'clock tonight. ＿＿＿＿＿

❶ How do you / improve your vocabulary?

여러분은 어떻게 /

❷ I keep a vocabulary notebook.

❸ When I read a new English word, I write it down and look up its meaning in that sentence in a dictionary.

❹ I then check its other meanings, too.

❺ For example, the word "book" is a verb as well as a noun.

❻ As a verb, it means "to reserve something like a hotel room, a table, or a ticket."

❼ With a vocabulary notebook, I can review and remember new words easily.

❽ Also, I can learn the multiple meanings of words.

❾ Do you want to build your vocabulary?

❿ Then use my method.

⓫ It really works.

GRAMMAR TIP

can은 '~할 수 있다'라는 의미의 조동사로, 조동사 다음에는 동사원형을 써요.
- I **can speak** three languages.
- My aunt **can drive**, but she doesn't have a car.

READING TIP

첫 문장은 주제문이거나 주제와 관련하여 독자의 관심을 끄는 문장인 경우가 많아요. 따라서 첫 문장과 두 번째 문장을 유심히 읽으면 글의 주제를 좀 더 쉽게 파악할 수 있어요.

WORDS

improve 향상시키다
keep a notebook 노트에 적다
write down ~을 적다
look up (사전에서) ~을 찾아보다
dictionary 사전
for example 예를 들어
verb 동사
A as well as B B뿐만 아니라 A도
noun 명사
reserve 예약하다
review 복습하다
remember 기억하다
multiple 다양한, 다수의
method 방법
work 효과가 있다; 일하다

READING
02

READING GUIDE

글을 읽으면서 계속 반복되는
중요한 단어를 찾아 동그라미
쳐 봅시다.

다음 글의 주제로 가장 적절한 것은? 기출응용

①Imagine you are a car. ②You can't run without fuel. ③According to scientists, a healthy breakfast is the brain's fuel. ④With enough fuel, the brain concentrates better and solves problems faster. ⑤Some students don't want to eat breakfast. ⑥Instead, they want to sleep a few minutes more. ⑦But they're wrong! ⑧Of course, sleep is important. ⑨If they want more sleep, they should go to bed earlier and shouldn't skip breakfast. ⑩For students, breakfast is the most important meal of the day. ⑪If you want to do well in school, give your brain enough fuel every morning.

① 청소년에게 적당한 수면 시간
② 두뇌 활동에 도움이 되는 음식
③ 수면 부족이 학업에 미치는 영향
④ 학생에게 있어서 아침 식사의 중요성
⑤ 좋은 성적을 얻기 위한 바람직한 학습 태도

UNDERSTAND DEEPLY

1 빈칸에 알맞은 단어를 윗글에서 찾아 쓰시오.

Breakfast is _____ for your brain.

2 윗글의 내용과 일치하면 T, 그렇지 않으면 F를 쓰시오.

(1) If you want more sleep, you can skip breakfast. _____

(2) If you want to do well in school, you should have breakfast. _____

3 아침 식사를 할 때의 장점 두 가지를 윗글에서 찾아 우리말로 쓰시오.

(1) _____

(2) _____

READ CLOSELY

의미 단위로 끊어 읽고(/), 주어와 동사에 표시해 봅시다.

① GRAMMAR TIP

「want+to부정사」는 '~하고 싶다'라는 의미예요. 여기서 to부정사는 「to+동사원형」의 형태를 말해요.
- I **want to be** a YouTuber.
- Do you **want to come** over after school?

❶ Imagine you are a car.

❷ You can't run without fuel.

❸ According to scientists, a healthy breakfast is the brain's fuel. ⟶TIP

❹ With enough fuel, the brain concentrates better and solves problems faster.

READING TIP

이 글에서는 breakfast(아침 식사)를 fuel(연료)에 비유하고 있어요. 이처럼 비유를 사용한 글에서는 무엇을 어느 것에 비유하고 있는지를 파악하고, 비유하는 목적이 무엇인지를 이해하는 게 중요해요.

❺ Some students don't want to eat breakfast. ⟶TIP

❻ Instead, they want to sleep a few minutes more. ⟶TIP

❼ But they're wrong!

❽ Of course, sleep is important.

❾ If they want more sleep, they should go to bed earlier and shouldn't skip breakfast.

❿ For students, breakfast is the most important meal of the day.

⓫ If you want to do well in school, give your brain enough fuel every morning.

WORDS

imagine 상상하다
fuel 연료
according to ~에 따르면
scientist 과학자
healthy 건강에 좋은, 건강한
cf. health 건강
brain 뇌
enough 충분한
concentrate 집중하다
solve (문제를) 풀다
problem 문제
instead 대신에
important 중요한
skip 거르다, 빼먹다
meal 식사
do well in school 학교 공부를 잘하다
give 주다

READING

03

READING GUIDE

글을 읽으면서 글의 주제를 가장 잘 담고 있는 문장을 찾아 밑줄을 그어 봅시다.

다음 글의 주제로 가장 적절한 것은? 기출응용

❶ Several animals help their wounded friends. ❷ For example, dolphins need to reach the surface of the water in order to breathe. ❸ If a wounded dolphin cannot swim to the surface by itself, other dolphins gather under it and push it up. ❹ They sometimes do this for several hours to save their friend. ❺ Elephants do the same. ❻ If an elephant falls down, sometimes it can't get up. ❼ Then, the elephant can't breathe easily because of its own weight. ❽ Or it can become too hot in the sun. ❾ So other elephants try to raise it up.

① 멸종 위기에 처한 동물
② 야생 동물 구조의 어려움
③ 동료를 돕는 동물의 습성
④ 지능에 따른 동물의 행동 유형
⑤ 집단생활을 하는 동물 간의 경쟁

UNDERSTAND DEEPLY

1 빈칸에 알맞은 단어를 윗글에서 찾아 쓰시오.

_____ and _____ save their friends.

2 빈칸에 알맞은 단어를 써서 표를 완성하시오.

Problems		Solutions
A wounded dolphin can't reach the (1)_____ of water to (2)_____.	→	Its friends gather (3)_____ it and (4)_____ it _____.
An elephant (5)_____ down and can't (6)_____ easily.	→	Its friends try to (7)_____ it _____.

READ CLOSELY

의미 단위로 끊어 읽고(/), 주어와 동사에 표시해 봅시다.

지문 듣기　　기출 원문 보기

❶ Several animals help their wounded friends.

❷ For example, dolphins need to reach the surface of the water in order to breathe. ↗TIP

❸ If a wounded dolphin cannot swim to the surface by itself, other dolphins gather under it and push it up.

❹ They sometimes do this for several hours to save their friend. ↗TIP

❺ Elephants do the same.

❻ If an elephant falls down, sometimes it can't get up.

❼ Then, the elephant can't breathe easily because of its own weight.

❽ Or it can become too hot in the sun.

❾ So other elephants try to raise it up.

GRAMMAR ⟨TIP⟩

to부정사(to+동사원형)는 '~하기 위해서'라는 뜻으로 쓰여 목적을 나타내기도 해요. 의미를 좀 더 명확히 하려면 「in oder to+동사원형」으로 쓸 수 있어요.
- I took my phone out **to take** some pictures.
- She called me **in order to invite** me to her party.

READING TIP

for example은 '예를 들어'라는 의미로 앞 내용에 대한 구체적인 예를 들 때 쓰여요. 따라서 주제문을 못 찾았거나 잘 이해하지 못했더라도 for example 이후에 나온 구체적인 예시를 바탕으로 주제를 유추할 수 있어요.

WORDS

several 몇몇의
wounded 부상을 입은
dolphin 돌고래
reach ~에 이르다[닿다]
surface 표면, 수면
breathe 호흡하다
cf. breath 숨, 호흡
by oneself 혼자서
gather 모이다
push up 밀어 올리다
sometimes 때때로
save 구하다
fall down 넘어지다
get up 일어나다
easily 쉽게, 잘
weight 무게
raise up ~을 일으켜 세우다

1 그림을 보고, 빈칸에 알맞은 철자를 넣어 단어를 완성하시오.

(1)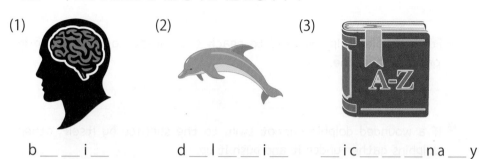

b __ __ i __

(2)

d __ l __ i __

(3)

__ ic __ __ __ __ na __ y

2 여러 개의 단어가 하나로 연결되어 있다. 단어가 끝기는 부분을 찾아 빗금(/)으로 표시하고 찾은 단어를 순서대로 쓰시오.

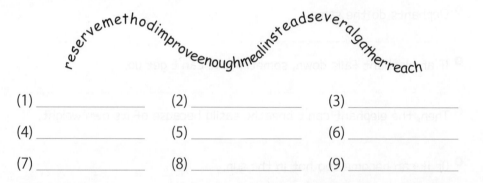

reservemethodimproveenoughmealinsteadseveralgatherreach

(1) _____ (2) _____ (3) _____

(4) _____ (5) _____ (6) _____

(7) _____ (8) _____ (9) _____

3 우리말 뜻에 맞게 주어진 철자로 시작하는 단어 퍼즐을 완성하시오.

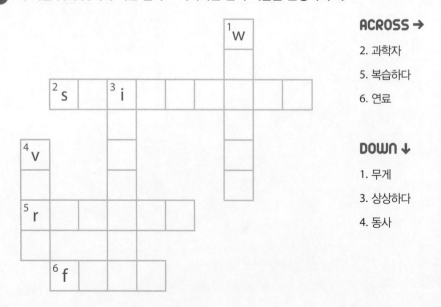

ACROSS →

2. 과학자

5. 복습하다

6. 연료

DOWN ↓

1. 무게

3. 상상하다

4. 동사

4 주어진 단어를 사용하여 우리말 뜻에 해당하는 표현을 쓰시오. (한 번씩만 쓸 것)

(1) (사전에서) ~을 찾아보다 _____ (2) 예를 들어 _____

(3) ~에 따르면 _____ (4) 혼자서 _____

example	by	oneself	for
to	look	up	according

5 네모 안에서 어법에 맞는 것을 고르시오.

(1) Some students don't want eating / to eat breakfast.

(2) Breakfast is the more important / most important meal of the day.

(3) With a vocabulary notebook, I can review / reviewed new words easily.

(4) Dolphins need to reach the surface of the water in order breathing / to breathe .

6 우리말과 의미가 같도록 괄호 안의 말을 이용하여 문장을 완성하시오.

(1) 나는 단어의 다양한 의미를 익힐 수 있다. (learn)

→ I _____ the multiple meanings of words.

(2) 몇몇 학생들은 몇 분 더 자고 싶어 한다. (want, sleep)

→ Some students _____ a few minutes more.

(3) 다른 돌고래들은 그들의 다친 친구를 구하기 위해서 그것을 밀어 올린다. (save)

→ Other dolphins push up their wounded friend _____ it.

READING 04

READING GUIDE

글을 읽으면서 글의 주제를 가장 잘 담고 있는 문장을 찾아 밑줄을 그어 봅시다.

다음 글의 요지로 가장 적절한 것은? (기출응용)

❶Do you have a pet? ❷How well do you know your pet's needs? ❸You should understand and respect those needs. ❹For example, if you have an active dog, play ball together outside for an hour every day. ❺After that, your dog will be happier when you are indoors. ❻What if you have a shy cat? ❼Don't even think about taking him or her to a cat show. ❽Meeting new people or new cats will be stressful for your cat. ❾Similarly, macaws are never quiet or still. ❿They are naturally loud animals. ⓫So an apartment is not a good home for them.

*macaw 마코 앵무새

① 반려동물에게는 적절한 운동이 필요하다.
② 반려동물도 다양한 감정을 느낄 수 있다.
③ 반려동물의 개별적 특성을 존중해야 한다.
④ 자신의 상황에 맞는 반려동물을 선택해야 한다.
⑤ 훈련을 통해 반려동물의 행동을 교정할 수 있다.

UNDERSTAND DEEPLY

1 빈칸에 알맞은 단어를 써서 표를 완성하시오.

Pets	Advice
A(n) (1)＿＿＿ dog	(2)＿＿＿ ＿＿＿ ＿＿＿ ＿＿＿ for an hour a day.
A(n) (3)＿＿＿ cat	Don't (4)＿＿＿ him/her (5)＿＿＿ ＿＿＿ ＿＿＿ ＿＿＿.

2 윗글의 내용과 일치하도록 틀린 부분을 고쳐 쓰시오.

An apartment isn't a good home for macaws because they are quiet.

＿＿＿＿＿＿＿ → ＿＿＿＿＿＿＿

READ CLOSELY

의미 단위로 끊어 읽고(/), 주어와 동사에 표시해 봅시다.

지문 듣기   기출 원문 보기

❶ Do you have a pet?

❷ How well do you know your pet's needs?

❸ You should understand and respect those needs.

❹ For example, if you have an active dog, play ball together outside for an hour every day.

❺ After that, your dog will be happier when you are indoors.

❻ What if you have a shy cat?

❼ Don't even think about taking him or her to a cat show.

❽ Meeting new people or new cats will be stressful for your cat.

❾ Similarly, macaws are never quiet or still.

❿ They are naturally loud animals.

⓫ So an apartment is not a good home for them.

GRAMMAR TIP

if는 '만약 ∼라면'의 의미를 나타내는 부사절 접속사로, 어떤 상황을 가정할 때 사용해요. if 다음에는 「주어＋동사」로 이루어진 완전한 절이 와요.

• **If** you study hard, you will pass the test.

• She will be in trouble **if** she comes late again.

READING TIP

should는 '∼해야 한다, ∼하는 것이 좋다'라는 뜻의 조동사예요. 어떤 일을 하는 것이 옳은 일임을 나타내거나 조언할 때 사용해요. 따라서 필자가 자신의 주장을 나타낼 때 should가 자주 사용돼요.

WORDS

pet 반려동물
need 요구, 욕구, 필요
respect 존중하다
active 활발한
outside 밖에서
indoors 실내에서
shy 수줍어하는
take A to B A를 B에 데려가다
stressful 스트레스가 많은
similarly 유사하게, 마찬가지로
quiet 조용한
still 가만히 있는
naturally 선천적으로
loud 시끄러운
apartment 아파트

READING GUIDE

글을 읽으면서 글의 주제를 가장 잘 담고 있는 문장을 찾아 밑줄을 그어 봅시다.

다음 글의 요지로 가장 적절한 것은?

❶Curiosity can lead to a great invention. ❷Here is an example. ❸Hungarian architect Erno Rubik designed a colorful cube. ❹Each face of the cube has nine smaller cubes. ❺The design of the cube started with Rubik's curiosity. ❻He asked, "How can the smaller blocks move in many directions but not fall apart?" ❼He first used elastic bands to join the blocks together. ❽However, this failed. ❾Next, he used a round inner part. ❿In this way, the blocks moved smoothly and easily. ⓫Then he marked each side of the big cube with a different color. ⓬After only a few turns, the colors began to mix. ⓭Finally, he found the answer to his question. ⓮His great invention, the Rubik's Cube, became the world's best-selling puzzle.

* elastic band 고무줄

① 실패는 성공의 어머니다.
② 큐브는 독립적으로 움직인다.
③ 호기심이 위대한 발명을 낳는다.
④ 큐브는 헝가리 건축가에 의해 발명되었다.
⑤ 루빅스 큐브는 세계에서 가장 잘 팔리는 퍼즐이다.

UNDERSTAND
DEEPLY

1 빈칸에 알맞은 단어를 윗글에서 찾아 쓰시오.
Erno Rubik invented the Rubik's Cube with his _____.

2 윗글의 내용과 일치하도록 틀린 부분을 고쳐 쓰시오.
The smaller blocks could join together with elastic bands and move in many directions. _____ → _____

3 윗글의 내용과 일치하면 T, 그렇지 않으면 F를 쓰시오.
(1) The Rubik's Cube has nine smaller cubes on each side. _____
(2) Each side of the big cube has a different color. _____

❶ Curiosity can lead to a great invention. → TIP

❷ Here is an example. → TIP

❸ Hungarian architect Erno Rubik designed a colorful cube.

❹ Each face of the cube has nine smaller cubes.

❺ The design of the cube started with Rubik's curiosity.

❻ He asked, "How can the smaller blocks move in many directions but not fall apart?"

❼ He first used elastic bands to join the blocks together.

❽ However, this failed.

❾ Next, he used a round inner part.

❿ In this way, the blocks moved smoothly and easily.

⓫ Then he marked each side of the big cube with a different color.

⓬ After only a few turns, the colors began to mix.

⓭ Finally, he found the answer to his question.

⓮ His great invention, the Rubik's Cube, became the world's best-selling puzzle.

GRAMMAR TIP

부사(구)가 문장 맨 앞에 오면 주어와 동사의 어순이 바뀌어 「부사(구)＋동사＋주어」의 형태가 돼요.
• **Here** comes good news.
• **There** goes the bus.
cf. 주어가 대명사일 때는 부사(구)가 문장 맨 앞에 오더라도 주어와 동사의 순서가 바뀌지 않아요.
• **Here** she comes.
• **Here** we go!

READING TIP

필자는 대개 자신의 중심 생각을 말한 다음에 구체적인 예시를 들어 설명하므로, 예시 바로 앞 내용을 주의 깊게 보면 글의 주제를 쉽게 파악할 수 있어요.

WORDS

curiosity 호기심
lead to ~로 이어지다
invention 발명, 발명품
cf. invent 발명하다
architect 건축가
design 만들다, 설계하다; 설계
colorful (색이) 다채로운
cube 정육면체
face 표면, 면
direction 방향
fall apart 허물어지다, 무너지다
inner 내부의, 안쪽의
smoothly 부드럽게
mark 표시하다
different 다른
turn 돌기, 돌리기
mix 섞이다
finally 마침내

READING GUIDE

글을 읽으면서 필자가 주장하는 바가 가장 잘 드러난 문장 두 개를 찾아 밑줄을 그어 봅시다.

다음 글에서 필자가 주장하는 바로 가장 적절한 것은?

❶We all have dreams, but not everyone achieves their dreams. ❷We think, "I failed because I am in a bad situation." ❸However, the results don't come from the situation. Here's an example. ❹When Joni Eareckson was 18, she was in a terrible accident. ❺Because of the accident, she couldn't move her arms or legs. ❻At first, she was heartbroken and helpless. ❼But then she thought again. ❽She could still hold a paintbrush between her teeth. ❾She could still paint. Now she is a famous painter and writer. ❿We should be like Joni and look for possibilities. ⓫Then we can achieve our dreams too. ⓬Ask yourself this question: "What can I do?" ⓭Then step forward and make something beautiful.

① 자신의 상황을 고려하여 적절한 꿈을 찾아라.
② 절망적인 상황에 처한 주변의 사람들을 도와라.
③ 꿈을 이루기 위해 먼저 세부적인 계획을 세워라.
④ 개인의 이익보다 세상을 이롭게 하는 큰 꿈을 가져라.
⑤ 자신의 상황을 긍정적으로 보고 가능성을 찾아 꿈을 실현하라.

UNDERSTAND DEEPLY

1 윗글의 내용과 일치하면 T, 그렇지 않으면 F를 쓰시오.

(1) We cannot get a good result from a bad situation. _____

(2) Joni Eareckson overcame her difficulties and lives a successful life. _____

2 Joni Eareckson에 대한 윗글의 내용과 일치하도록 빈칸에 알맞은 단어를 써서 표를 완성하시오.

situation	She couldn't move her (1)_____ or (2)_____ because of a terrible accident.
↓	
possibility	She could use her (3)_____ to paint and write.
↓	
result	She became a famous (4)_____ and (5)_____.

❶ We all have dreams, but not everyone achieves their dreams.

❷ We think, "I failed because I am in a bad situation."

❸ However, the results don't come from the situation. Here's an example.

❹ When Joni Eareckson was 18, she was in a terrible accident.

❺ Because of the accident, she couldn't move her arms or legs.

❻ At first, she was heartbroken and helpless.

❼ But then she thought again.

❽ She could still hold a paintbrush between her teeth.

❾ She could still paint. Now she is a famous painter and writer.

❿ We should be like Joni and look for possibilities.

⓫ Then we can achieve our dreams too.

⓬ Ask yourself this question: "What can I do?"

⓭ Then step forward and make something beautiful.

GRAMMAR TIP

because는 '~ 때문에'라는 뜻의 이유를 나타내는 접속사로, 뒤에 「주어+동사」로 이루어진 절이 와요.

- I missed the train **because** I got up late.
- **Because** it rained heavily, we stayed at home.

cf. because of도 '~ 때문에'라는 뜻이지만, 전치사이기 때문에 뒤에 명사(구)가 와요.

- I was late for school **because of** the traffic jam.
- **Because of** the bad weather, we didn't go on a picnic.

WORDS

dream 꿈; 꿈꾸다
achieve 이루다, 성취하다
situation 상황
result 결과
come from ~에서 비롯되다
terrible 심한, 끔찍한
accident 사고
at first 처음에
heartbroken 비통한
helpless 무력한
hold 잡다
paintbrush 붓
tooth 이, 치아 (*pl.* teeth)
famous 유명한
look for ~을 찾다
possibility 가능성
cf. possible 가능한
step forward 앞으로 나아가다

READING GUIDE

글을 읽으면서 필자가 주장하는 바가 가장 잘 드러난 문장을 찾아 밑줄을 그어 봅시다.

다음 글에서 필자가 주장하는 바로 가장 적절한 것은? (기출응용)

❶ Some people need money more than we do. ❷ For example, some people lose their homes in natural disasters or wars. ❸ Other people don't have enough food or clothing. ❹ So, this year, I have a good idea. ❺ We can celebrate our birthdays differently. ❻ Instead of giving gifts to us, our friends and family can donate money to a charity! ❼ Of course, some kids might want birthday presents, and I understand that. ❽ However, remember this: We don't need new toys or games, but some people really need food, clothing, or shelter. ❾ So, for our birthdays this year, let's give to <u>others</u>.

① 생일 파티를 간소하게 하자.
② 부모님께 감사하는 마음을 갖자.
③ 사용하지 않는 물건을 자선 단체에 기부하자.
④ 값비싼 선물보다는 정성이 담긴 편지를 쓰자.
⑤ 생일 선물에 드는 비용으로 어려운 사람을 돕자.

UNDERSTAND DEEPLY

1 빈칸에 알맞은 단어를 윗글에서 찾아 쓰시오.

To celebrate our birthdays, we can _____ money to a _____ instead of giving _____ to each other.

2 윗글의 밑줄 친 others를 바르게 설명한 사람을 모두 고르면?

① 민지: They lost their houses in the forest fire.
② 규진: They give clothes to African children.
③ 수민: They can't celebrate their birthdays.
④ 수아: They want new toys and games.
⑤ 미미: They are always short of food.

READ CLOSELY

의미 단위로 끊어 읽고(/), <u>주어</u>와 동사 에 표시해 봅시다.

지문 듣기　　기출 원문 보기

❶ Some people need money more than we do. →TIP

_____

❷ For example, some people lose their homes in natural disasters or wars.

_____

❸ Other people don't have enough food or clothing.

_____

❹ So, this year, I have a good idea.

_____

❺ We can celebrate our birthdays differently.

_____

❻ Instead of giving gifts to us, our friends and family can donate money to a charity!

_____

❼ Of course, some kids might want birthday presents, and I understand that.

_____

❽ However, remember this: We don't need new toys or games, but some people really need food, clothing, or shelter.

_____

❾ So, for our birthdays this year, let's give to others. →TIP

_____

GRAMMAR (TIP)

앞에 나온 동사(구)를 대신 할 때, 일반동사는 do 동사 를 대신 쓸 수 있어요. 이때 주어의 인칭과 수, 시제에 따라 do, does, did로 써요.

· I study harder than Ann **does**. (does = studies)

· Jake played soccer better than Peter **did**. (did = played soccer)

READING TIP

필자의 주장은 보통 글의 도 입부나 마지막 부분에 잘 드 러나요. should, must 등의 표현을 써서 주장을 강하게 말하기도 하지만 Let's ~의 표현을 써서 '~하자'라고 부 드럽게 말하기도 해요.

WORDS

need 필요로 하다

lose 잃다

natural 자연의

_cf._ nature 자연

disaster 재난, 재해

war 전쟁

enough 충분한

clothing (특정한 종류의) 옷[의복]

celebrate 기념하다, 축하하다

differently 다르게

instead of ~ 대신에

give 주다; 기부하다

gift 선물

donate 기부하다

_cf._ donation 기부

charity 자선 단체

present 선물

understand 이해하다

shelter 주거지

1 의미가 반대인 단어와 연결하시오.

(1) outside   (2) loud   (3) differently

ⓐ similarly   ⓑ quiet   ⓒ smoothly   ⓓ indoors

2 우리말 뜻에 맞도록 주어진 철자를 바르게 배열하시오.

(1) 주거지   t r s e h l e   → _____

(2) 자선 단체   t c y r i h a   → _____

(3) 성취하다   e c i a h e v   → _____

(4) 호기심   c t u y r o i s i   → _____

(5) 존경하다   t s r p e c e   → _____

(6) 재앙, 재난   a r s d e i t s   → _____

3 사진에 해당하는 단어를 찾아 동그라미 하시오.

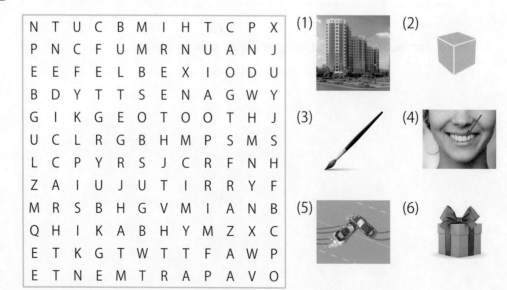

N	T	U	C	B	M	I	H	T	C	P	X
P	N	C	F	U	M	R	N	U	A	N	J
E	E	F	E	L	B	E	X	I	O	D	U
B	D	Y	T	T	S	E	N	A	G	W	Y
G	I	K	G	E	O	T	O	O	T	H	J
U	C	L	R	G	B	H	M	P	S	M	S
L	C	P	Y	R	S	J	C	R	F	N	H
Z	A	I	U	J	U	T	I	R	R	Y	F
M	R	S	B	H	G	V	M	I	A	N	B
Q	H	I	K	A	B	H	Y	M	Z	X	C
E	T	K	G	T	W	T	T	F	A	W	P
E	T	N	E	M	T	R	A	P	A	V	O

4 주어진 단어를 사용하여 우리말 뜻에 해당하는 표현을 쓰시오. (한 번씩만 쓸 것)

(1) 허물어지다 _____

(2) ～로 이어지다 _____

(3) ～ 대신에 _____

(4) ～에서 비롯되다 _____

fall	from	instead	to
of	lead	apart	come

5 네모 안에서 어법에 맞는 것을 고르시오.

(1) Some people need money more than we are / do .

(2) Ask you / yourself this question: "What can I do?"

(3) Because / Because of the accident, she couldn't move her arms or legs.

(4) Instead of give / giving gifts to us, they can donate money to a charity!

6 다음 문장이 어법에 맞으면 ○표, 그렇지 않으면 바르게 고쳐 문장을 다시 쓰시오.

(1) Here an example is.

→ _____

(2) I failed because of I am in a bad situation.

→ _____

(3) Step forward and make something beautiful.

→ _____

(4) If you have an active dog, play ball together outside.

→ _____

READING
08

READING GUIDE

글을 읽으면서 글의 주제를 가장 잘 담고 있는 문장을 찾아 밑줄을 그어 봅시다.

다음 글의 제목으로 가장 적절한 것은? (기출응용)

❶Do you think all bicycles have brakes? ❷Actually, track racing bicycles don't have brakes. ❸A track racing bicycle must be as light as possible, so it does not have any unnecessary parts. ❹But aren't brakes necessary? ❺How do you stop it without brakes? ❻With your gloves, of course! ❼The rider backpedals and holds the front wheel tight with his hand. ❽This slows the wheel down and stops the bicycle. ❾So gloves are very important for bicycle racers. ❿Thanks to gloves, they avoid hurting their hands terribly every time they try to stop.

* track racing bicycle 경륜용 자전거 ** backpedal 페달을 뒤로 돌리다

① Gloves to Stop Bicycles
② Track Bicycle Racing: A Popular Sport
③ Bicycle Gloves: Symbols of Wealth
④ Training to Become a Bicycle Racer
⑤ The Basic Structure of a Bicycle Brake

UNDERSTAND DEEPLY

1 윗글의 내용과 일치하면 T, 그렇지 않으면 F를 쓰시오.

(1) Brakes are necessary for all bicycles. _____

(2) Track bicycle racers can stop their bicycles with their hands. _____

(3) The brakes prevent the racers from hurting their hands terribly. _____

2 How does the rider stop a track racing bicycle?

→ _____

3 윗글의 내용과 일치하도록 틀린 부분을 모두 고쳐 쓰시오.

A track racing bicycle must be heavy, so it doesn't have a pedal.

_____ → _____ , _____ → _____

❶ Do you think all bicycles have brakes?

❷ Actually, track racing bicycles don't have brakes.

❸ A track racing bicycle must be as light as possible, so it does not have any unnecessary parts.

❹ But aren't the brakes necessary?

❺ How do you stop it without brakes?

❻ With your gloves, of course!

❼ The rider backpedals and holds the front wheel tight with his hand.

❽ This slows the wheel down and stops the bicycle.

❾ So gloves are very important for bicycle racers.

❿ Thanks to gloves, they avoid hurting their hands terribly every time they try to stop.

TIP

GRAMMAR TIP

avoid, enjoy, finish, stop 등의 동사는 뒤에 동명사가 와서 '~하는 것을 피하다, 즐기다/끝내다/멈추다' 등의 의미를 나타내요.
• She **enjoys baking** cookies.
• I **stopped writing** a letter.

cf. 동사 try는 뒤에 동명사 와 to부정사 모두 올 수 있 지만 뜻이 달라요.
• You should **try to eat** more vegetable.
 (try+to부정사: ~하려고 노 력하다)
• You should **try eating** more vegetables.
 (try+동명사: 시험 삼아 ~해 보다)

WORDS
brake 브레이크, 제동 장치
actually 실제로
unnecessary 불필요한
part 부분, 부품
necessary 필요한
front 앞쪽의
wheel 바퀴
tight 단단히, 꽉
slow down (속도를) 늦추다
thanks to ~ 덕분에
avoid 막다, 피하다
hurt 다치게 하다
terribly 몹시, 극심하게

09

READING GUIDE

글을 읽으면서 글의 주제를 가장 잘 담고 있는 문장 두 개를 찾아 밑줄을 그어 봅시다.

다음 글의 제목으로 가장 적절한 것은? 기출응용

❶If you don't have time for doing laundry, don't worry about it. ❷At least your jeans will stay clean. ❸Josh Le, a student at the University of Alberta, wore a pair of jeans for fifteen months without washing them at all. ❹After this period, a scientist took a sample of the bacteria from the jeans. ❺Then Le washed the jeans. ❻This time, he wore the jeans for only two weeks, and the scientist took another sample. The result? ❼The number of bacteria in the two samples was about the same. ❽But what about the smell? ❾According to Le, he aired out his jeans three times a week, and he still had lots of friends.

* air out (옷에) 바람을 쐬다

① Doing Laundry Is Bad for the Environment
② Is Doing Laundry Often Really Necessary?
③ Are Bacteria the Cause of Bad Smells?
④ Dirty Jeans: A Home for Bacteria
⑤ New Jeans: A Must for Teens

UNDERSTAND DEEPLY

1 빈칸에 알맞은 단어를 윗글에서 찾아 쓰시오.

Even if you don't wash your jeans for a long time, they will _____ _____.

2 What was the number of bacteria in the two samples?

→ _____

3 윗글의 내용과 일치하면 T, 그렇지 않으면 F를 쓰시오.

(1) If you do your laundry too often, bacteria will increase a lot. _____

(2) Josh Le aired out his jeans to take away the smell of them. _____

READ CLOSELY

의미 단위로 끊어 읽고(/), 주어와 동사에 표시해 봅시다.

지문 듣기   기출 원문 보기

❶ If you don't have time for doing laundry, don't worry about it.

❷ At least your jeans will stay clean.

❸ Josh Le, a student at the University of Alberta, wore a pair of jeans for fifteen months without washing them at all.

❹ After this period, a scientist took a sample of the bacteria from the jeans.

❺ Then Le washed the jeans.

❻ This time, he wore the jeans for only two weeks, and the scientist took another sample. The result?

❼ The number of bacteria in the two samples was about the same.

➔ TIP

❽ But what about the smell?

❾ According to Le, he aired out his jeans three times a week, and he still had lots of friends.

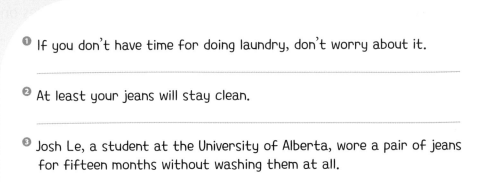

GRAMMAR TIP

the number of는 '~의 개수'라는 뜻으로, 뒤에 복수명사가 와요. 단수 취급하므로 주어로 쓰일 때는 단수동사를 써요.

- **The number of** *students* is decreasing.
- **The number of** *visitors* to the website continues to grow.

cf. a number of는 '많은'이라는 뜻으로, 뒤에 오는 복수명사가 주어이므로 복수동사를 써요.

- **A number of** *foreigners* visit Korea every year.
- **A number of** *people* are waiting for the bus.

WORDS

do laundry 빨래하다

worry about ~에 대해 걱정하다

at least 적어도, 최소한

clean 깨끗한

university 대학

wear 입다 (wear - wore - worn)

a pair of ~ 한 짝[벌]

period 기간, 시기

sample 표본, 샘플

bacterium 박테리아, 세균 (*pl.* bacteria)

result 결과

smell 냄새; ~한 냄새가 나다

still 여전히

READING 10

READING GUIDE

글을 읽으면서 글의 주제를 가장 잘 담고 있는 문장을 찾아 밑줄을 그어 봅시다.

다음 글의 제목으로 가장 적절한 것은?

❶Can you stand on your hands? ❷A regular handstand is good for your health in ⓐmany ways. ❸A handstand can reduce wrinkles on your face. ❹If you do it regularly, it will give you a natural "face-lift." ❺This happens because gravity pulls your skin up when you are upside-down. ❻Furthermore, more blood flows to the skin and hair. ❼So the skin becomes smoother, clearer, and brighter. ❽Also, you can delay gray hair. ❾With handstands, gray hair may even turn back into its natural color! ❿In addition, they could improve brain function because the brain cells get fresh blood and nutrients. ⓫This could improve your thinking power, memory, and concentration. ⓬In my opinion, everyone should do handstands for a total of five minutes every day.

* face-lift 얼굴 주름 제거 ** gravity 중력

① How to Stand on Your Hands
② Various Ways to Reduce Wrinkles
③ The Importance of Regular Exercise
④ Amazing Effects of Doing Handstands
⑤ The Relationship Between Aging and Gravity

UNDERSTAND DEEPLY

1 윗글의 밑줄 친 ⓐ에 대한 예로 언급되지 <u>않은</u> 것은?
① 얼굴의 주름 제거　　　　② 체중 감소
③ 피부 상태 개선　　　　　④ 흰머리 발생 지연
⑤ 기억력과 집중력 향상

2 빈칸에 알맞은 단어를 윗글에서 찾아 쓰시오.
_____ pulls your skin _____ when you are upside-down. So _____ on your face decrease.

READ CLOSELY

의미 단위로 끊어 읽고(/), 주어와 동사에 표시해 봅시다.

❶ Can you stand on your hands? ↗TIP

---

❷ A regular handstand is good for your health in many ways.

---

❸ A handstand can reduce wrinkles on your face.

---

❹ If you do it regularly, it will give you a natural "face-lift." ↗TIP

---

❺ This happens because gravity pulls your skin up when you are upside-down.

---

❻ Furthermore, more blood flows to the skin and hair.

---

❼ So the skin becomes smoother, clearer, and brighter.

---

❽ Also, you can delay gray hair.

---

❾ With handstands, gray hair may even turn back into its natural color!

---

❿ In addition, they could improve brain function because the brain cells get fresh blood and nutrients.

⓫ This could improve your thinking power, memory, and concentration.

⓬ In my opinion, everyone should do handstands for a total of five minutes every day.

GRAMMAR TIP

문장의 시제가 미래일 때, 조건을 나타내는 if(만약 ~라면)절에는 현재시제를 써서 미래를 나타내요.

· **If** you **come** to Korea, I will show you around.

· **If** it **is** fine tomorrow, we will go to the amusement park.

READING TIP

보통 첫 문장이 의문문이면 중심 소재에 관한 것일 확률이 높아요. 따라서 첫 문장만 제대로 이해해도 중심 소재를 쉽게 파악할 수 있죠. 다만, 중심 소재가 들어간 선택지라고 무조건 정답으로 고르지 않도록 유의해야 해요.

WORDS

stand on one's hands 물구나무 서다

regular 규칙적인

handstand 물구나무서기

reduce 줄이다, 감소시키다

wrinkle 주름

upside-down 거꾸로

furthermore 더욱이, 게다가

flow 흐르다

delay 지연시키다

in addition 게다가

function 기능

cell 세포

nutrient 영양소

thinking power 사고력

memory 기억(력)

concentration 집중(력)

in one's opinion ~의 의견으로는

REVIEW TIME

1 그림에 맞는 단어를 [보기] 에서 골라 쓰시오.

> [보기]
>
> brake   handstand   structure   hurt   wrinkle

(1)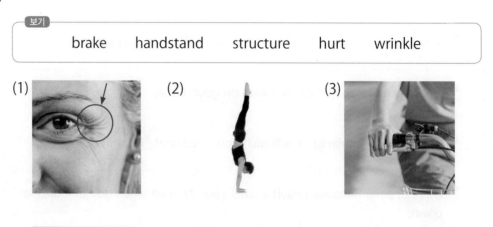

(2)

(3)

_____   _____   _____

2 우리말 뜻에 맞게 빈칸에 알맞은 철자를 넣어 단어를 완성하시오.

(1) 영양소　nu ⬜⬜⬜ nt　　(2) 지연시키다　d ⬜⬜⬜⬜

(3) 부, 재산　w ⬜⬜⬜ th　　(4) 필요한　ne ⬜⬜⬜⬜⬜ ry

(5) 상징　⬜⬜⬜⬜⬜ l　　(6) 대학　uni ⬜⬜⬜⬜⬜ ty

3 우리말 뜻에 맞게 주어진 철자로 시작하는 단어 퍼즐을 완성하시오.

| ¹e | | ²f | | | |

| ³s | | ⁴t | | | |

| ⁵m | | | | |

| ⁶p | | | | |

ACROSS →

1. 효과
4. 단단히, 꽉
5. 기억(력)
6. 기간

DOWN ↓

2. 기능
3. 표본, 샘플

4 주어진 단어를 사용하여 우리말 뜻에 해당하는 표현을 쓰시오. (한 번씩만 쓸 것)

(1) 게다가 _____ (2) 적어도, 최소한 _____

(3) 빨래하다 _____ (4) (속도를) 줄이다 _____

least	down	slow	in

do	addition	at	laundry

5 네모 안에서 어법에 맞는 것을 고르시오.

(1) A track racing bicycle must be as light / lighter as possible.

(2) Thanks to gloves, they avoid hurting / to hurt their hands terribly.

(3) The number of bacteria in the two samples was / were about the same.

(4) If you do / will do a handstand regularly, it will give you a natural "face-lift."

6 우리말과 의미가 같도록 괄호 안의 말을 이용하여 문장을 완성하시오.

(1) 그들이 멈추려고 노력할 때마다 장갑이 도움이 된다. (try, stop)

→ Every time they _____, gloves are helpful.

(2) 그는 청바지 한 벌을 15개월 동안 세탁하지 않고 입었다. (without, wash)

→ He wore a pair of jeans _____ them for fifteen months.

(3) 만약 여러분이 세탁할 시간이 없다면 그것에 대해 걱정하지 마라. (not, have)

→ If you _____ time for doing laundry, don't worry about it.

READING

READING GUIDE

요약문을 먼저 읽고, 글을 읽으면서 요약문의 빈칸에 들어갈 내용과 관련 있는 문장에 모두 밑줄을 그어 봅시다.

다음 글의 내용을 한 문장으로 요약하고자 한다. 빈칸 (A)와 (B)에 들어갈 말로 가장 적절한 것은?

❶The word "barbecue" is Native American. ❷Indians used this word first! ❸ The Indians treated fish and meat by cooking them in a barbecue. ❹The smoke and heat in the barbecue preserved the food. ❺The Indians even hung the meat in a special storage room. ❻In this way, they could store food for winter. ❼The food was safe to eat for a long time. ❽When settlers drew pictures of native barbecues, they drew a lot of smoke. ❾There is a reason for this. ❿Indians added wet bark or plants to the fire. ⓫This made a large amount of smoke. ⓬The thick smoke from the barbecue preserved and flavored the fish and meat. ⓭We call this method of cooking fish and meat "smoking."

> → As smoke and heat keep food _____(A)_____ for longer, the Indians used barbecues to _____(B)_____ fish and meat for winter.

	(A)		(B)			(A)		(B)
①	safe	......	deliver		②	safe	......	prepare
③	fresh	......	deliver		④	delicious	......	prepare
⑤	delicious	......	deliver					

UNDERSTAND DEEPLY

1 빈칸에 알맞은 단어를 윗글에서 찾아 쓰시오.

The Indians cooked the meat in a _____ and _____ it in a storage room.

2 What did Indians do to make a large amount of smoke when barbecuing?

→ _____

3 윗글의 내용과 일치하면 T, 그렇지 않으면 F를 쓰시오.

(1) Indians used the word "barbecue" for the first time. _____

(2) Indians barbecued food to serve to special guests. _____

지문 듣기

❶ The word "barbecue" is Native American.

❷ Indians used this word first!

❸ The Indians treated fish and meat by cooking them in a barbecue.

❹ The smoke and heat in the barbecue preserved the food.

❺ The Indians even hung the meat in a special storage room.

❻ In this way, they could store food for winter.

❼ The food was safe to eat for a long time.

❽ When settlers drew pictures of native barbecues, they drew a lot of smoke.

❾ There is a reason for this.

❿ Indians added wet bark or plants to the fire.

⓫ This made a large amount of smoke.

⓬ The thick smoke from the barbecue preserved and flavored the fish and meat.

⓭ We call this method of cooking fish and meat "smoking."

GRAMMAR TIP

to부정사가 앞의 형용사를 꾸며 '~하기에 …한'의 의미를 나타낼 수 있어요.

- This book is not **easy to understand**.
- The math problem was **difficult to solve**.

READING TIP

요약문의 빈칸에 들어가는 말은 핵심어인 경우가 많으므로 자주 등장하는 단어를 표시해 가며 읽는 것도 좋은 방법이에요.

WORDS

native 원주민의
treat 처리하다
smoke 연기
heat 열
preserve 보존하다
hang 걸다, 매달다 (hang - hung - hung)
storage 저장, 보관; 창고
store 저장하다, 보관하다
settler 정착민
reason 이유
add 첨가하다, 더하다
bark 나무껍질
plant 식물, 나무
a large amount of 많은 양의
thick 자욱한, 두꺼운
flavor 풍미를 더하다
method 방법

12

READING GUIDE

요약문을 먼저 읽고, 글을 읽으면서 요약문의 빈칸에 들어갈 내용과 관련 있는 문장에 모두 밑줄을 그어 밑줄을 그어 봅시다.

다음 글의 내용을 한 문장으로 요약하고자 한다. 빈칸 (A)와 (B)에 들어갈 말로 가장 적절한 것은?

❶Bacteria are very tiny living things. ❷They are neither plants nor animals, and they have many different shapes. ❸Some look like grains of rice. ❹Others look like shapeless blobs. ❺You may think bacteria are harmful. ❻In fact, many bacteria are helpful. ❼For example, some bacteria are good for plants. ❽In order to grow and stay healthy, plants need nitrogen. ❾Bacteria take nitrogen from the air and put it into the soil. ❿Thanks to bacteria, farmers can use less plant food. ⓫Other bacteria are good for the environment. ⓬When a plant dies, bacteria start to break it down. ⓭This helps to recycle the plants' nutrients back into the soil. ⓮So some people call bacteria "nature's recyclers." ⓯Remember, there are many good bacteria, and they are always busy working.

* blob 형태가 뚜렷하지 않은 것 ** nitrogen 질소

> → As bacteria put nitrogen into the soil and _____(A)_____ nutrients, they do very important jobs for plants and the _____(B)_____.

	(A)		(B)		(A)		(B)
①	take	⋯⋯	society	②	recycle	⋯⋯	society
③	take	⋯⋯	environment	④	recycle	⋯⋯	environment
⑤	take	⋯⋯	mountain				

UNDERSTAND DEEPLY

1 윗글에서 알맞은 단어를 찾아 글의 제목을 완성하시오.

Bacteria: _____ Workers for _____ and the Environment

2 윗글의 내용과 일치하면 T, 그렇지 않으면 F를 쓰시오.

(1) Some bacteria are animals and other bacteria are plants. _____

(2) Farmers use plant food to grow bacteria. _____

(3) Bacteria break down the dead plants. _____

지문 듣기

❶ Bacteria are very tiny living things.

❷ They are neither plants nor animals, and they have many different shapes.

❸ Some look like grains of rice.

❹ Others look like shapeless blobs.

❺ You may think bacteria are harmful.

❻ In fact, many bacteria are helpful. →TIP

❼ For example, some bacteria are good for plants.

❽ In order to grow and stay healthy, plants need nitrogen.

❾ Bacteria take nitrogen from the air and put it into the soil.

❿ Thanks to bacteria, farmers can use less plant food.

⓫ Other bacteria are good for the environment.

⓬ When a plant dies, bacteria start to break it down.

⓭ This helps to recycle the plants' nutrients back into the soil.

⓮ So some people call bacteria "nature's recyclers."

⓯ Remember, there are many good bacteria, and they are always busy working. →TIP

GRAMMAR TIP

There is 뒤에 단수명사가 와서 '~이 있다'라는 의미를 나타내요. '~들이 있다'는 There are 뒤에 복수명사를 써서 나타내요.

· **There is** *a book* on the table.
· **There are** *some ducks* in the river.

READING TIP

글 중간에 In fact(사실은)와 같은 말이 등장하면, 앞서 말한 것과 다른 주제가 뒤에 제시되는 경우가 많으므로 이어지는 내용을 집중해서 살펴봐야 해요.

WORDS

tiny 아주 작은
living things 생물, 생명체
neither A nor B A도 B도 아닌
shape 모양, 형태
grain 곡물의 낱알
shapeless 형체가 없는
harmful 해로운
in fact 사실은
helpful 도움이 되는
soil 토양, 흙
less 더 적은
plant food 비료
environment 환경
die 죽다
break ~ down ~을 분해하다
recycle 재활용하다
be busy -ing ~하느라 바쁘다

READING 13

READING GUIDE

요약문을 먼저 읽고, 글을 읽으면서 요약문의 빈칸에 들어갈 내용과 관련 있는 문장에 모두 밑줄을 그어 봅시다.

다음 글의 내용을 한 문장으로 요약하고자 한다. 빈칸 (A)와 (B)에 들어갈 말로 가장 적절한 것은? 기출응용

❶ Children are happy about helping others, but they do not like to give things to others. ❷ You can see this clearly in very young children. ❸ Eighteen-month-old children will support each other in difficult situations. ❹ However, they don't want to share their toys with other children. ❺ The little ones will even scream and hit people in order to defend their things. ❻ Parents with toddlers will experience this every day. ❼ When my daughters were still in diapers, they used one word most often. ❽ It was "mine!"

* toddler (걸음마를 배우는) 아기 ** diaper 기저귀

> → Although very young children will _____(A)_____ each other in difficult situations, they aren't happy to _____(B)_____ their things.

(A)	(B)	(A)	(B)
① ignore ······	share	② help ······	hide
③ ignore ······	defend	④ understand ······	hide
⑤ help ······	share		

UNDERSTAND DEEPLY

1 윗글의 내용과 일치하면 T, 그렇지 않으면 F를 쓰시오.

(1) Children like to give their toys to others. _____

(2) Children will help each other even if they're only eighteen months old. _____

(3) Children may scream and hit people not to share their things. _____

2 According to the writer, what word do parents with toddlers hear most often?
→ _____

READ CLOSELY

의미 단위로 끊어 읽고(/), 주어와 동사에 표시해 봅시다.

지문 듣기   기출 원문 보기

❶ Children are happy about helping others, but they do not like to give things to others.

_____

❷ You can see this clearly in very young children.

_____

❸ Eighteen-month-old children will support each other in difficult situations.

_____

❹ However, they don't want to share their toys with other children.

❺ The little ones →TIP will even scream and hit people in order to defend their things.

_____

❻ Parents with toddlers will experience this every day.

_____

❼ When my daughters were still in diapers, they used one word most often.

_____

❽ It →TIP was "mine!"

_____

GRAMMAR TIP

one은 앞에서 말한 명사와 종류는 같지만 특정하지 않은 아무것이나 '하나'를 가리킬 때 써요. 복수일 때는 ones라고 해요.

• I lost my bag. I will buy a new **one**. (one = bag)

• An old friend is better than two new **ones**. (ones = friends)

cf. it은 앞에서 말한 단수명사 바로 그것을 가리킬 때 써요.

• That T-shirt is nice. I'll take **it**. (it = that T-shirt)

• Amy has a cat. **It** is very cute. (It = Amy's cat)

WORDS ··························

thing 물건

clearly 분명히

eighteen-month-old 18개월 된

support 지지하다, 지원하다

difficult 어려운, 힘든

situation 상황

share 공유하다

scream 소리 지르다

hit 때리다, 치다

defend 지키다, 방어하다

cf. defence 방어, 수비

experience 경험하다; 경험

still 아직도, 여전히

often 자주

1 사진을 보고, 각 동작에 해당하는 단어를 [보기]에서 골라 쓰시오.

[보기]

| add | hide | die | hang | scream |

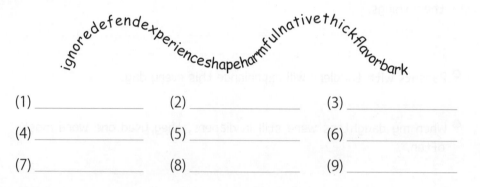

(1) _____

(2) _____

(3) _____

2 여러 개의 단어가 하나로 연결되어 있다. 단어가 끊기는 부분을 찾아 빗금(/)으로 표시하고 찾은 단어를 순서대로 쓰시오.

ignoredefendexperienceshapeharmfulnativethickflavorbark

(1) _____ (2) _____ (3) _____

(4) _____ (5) _____ (6) _____

(7) _____ (8) _____ (9) _____

3 우리말 뜻에 해당하는 단어를 찾아 동그라미 하시오.

P	H	B	M	I	G	Y	Q	R	Z	T	D
W	Z	R	V	K	G	C	Q	O	N	F	E
Y	H	L	E	H	V	K	S	E	R	I	L
H	C	O	W	C	L	T	M	U	X	F	I
Y	V	G	B	B	Y	N	Y	Q	O	W	V
U	O	B	U	S	O	C	V	H	M	T	E
K	J	G	M	R	D	V	L	X	M	V	R
M	T	O	I	U	Y	Q	G	E	R	F	D
V	K	V	S	E	T	T	L	E	R	V	G
E	N	T	K	I	L	I	G	B	R	S	E
E	O	W	J	Q	Z	A	R	Q	N	I	I
N	I	A	R	G	E	R	T	W	Q	E	N

(1) 정착민

(2) 연기

(3) 곡물의 낱알

(4) 환경

(5) 재활용하다

(6) 배달하다

4 주어진 단어를 사용하여 우리말 뜻에 해당하는 표현을 쓰시오. (한 번씩만 쓸 것)

(1) 사실은 _____

(2) ~을 분해하다 _____

(3) 생물, 생명체 _____

(4) 비료 _____

plant	things	fact	food

in	break	down	living

5 네모 안에서 어법에 맞는 것을 고르시오.

(1) There is / are a reason for this.

(2) There is / are many good bacteria.

(3) They are neither plants or / nor animals.

(4) Children don't want to share their toys with other children. The little one / ones will even scream to defend their things.

6 우리말과 의미가 같도록 괄호 안의 말을 바르게 배열하시오.

(1) 그 음식은 오랫동안 먹기에 안전했다. (to / safe / eat)

→ The food was _____ for a long time.

(2) 어떤 사람들은 박테리아를 '자연의 재생 처리기'라고 부른다. ("nature's recyclers" / bacteria / call)

→ Some people _____.

(3) 성장하고 건강하기 위해서 식물들은 질소를 필요로 한다. (grow / order / to / in)

→ _____ and stay healthy, plants need nitrogen.

Play Time

1 In each task, add 1 matchstick to become correct.

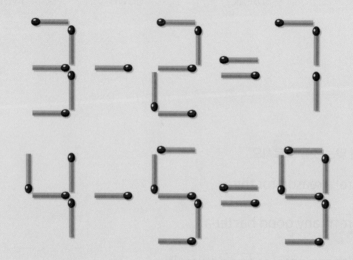

2 In each task, remove 1 matchstick to become correct.

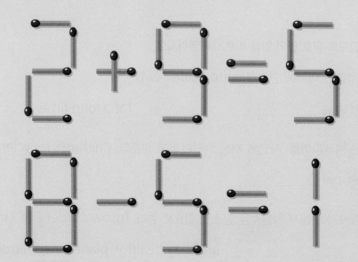

PART 2

세부 내용 파악하기

🎯 **세부 내용이란 뭔가요?**

중심 내용이 잘 드러나도록 이를 뒷받침해 주는 내용을 말해요.

💡 **어떻게 공부 하나요?**

세부 내용 파악은 설명문이나 정보 전달이 목적인 글에서 필요한 독해력이에요. 내용 하나하나를 정확하게 이해하는 것이 중요해요.

📊 **시험에 어떻게 나오나요?**

다음 두 가지 유형으로 출제돼요.

✓ **내용 일치 파악하기** UNIT 05

✓ **안내문·도표 파악하기** UNIT 06

READING GUIDE

선택지를 먼저 읽고, 글을 읽으면서 ①~⑤의 내용이 나오는 문장에 밑줄을 그어 봅시다.

seahorse에 관한 다음 글의 내용과 일치하지 <u>않는</u> 것은?

❶ The seahorse is an interesting creature in many ways. ❷ First, seahorses are fish, but they are very unusual fish. ❸ They can't swim well, and they like to rest in one area. ❹ Sometimes, they hold onto the same piece of coral or seaweed for days. ❺ Second, seahorses eat all the time. ❻ This is because they do not have a stomach for storing food. ❼ There is one more surprising fact about seahorses. ❽ Male seahorses can have babies! ❾ Males have a pocket a bit like a kangaroo's. ❿ A female seahorse lays her eggs in a male's pocket. ⓫ The eggs grow there for a few weeks. ⓬ After the eggs hatch, the babies grow a little more in his pocket. ⓭ Then the father gives birth.

① 어류이지만 헤엄을 잘 못 친다.
② 한곳에 머물러 있기를 좋아한다.
③ 음식을 저장할 위가 없어서 계속 먹는다.
④ 암컷은 수컷의 새끼주머니에 알을 낳는다.
⑤ 새끼들은 부화하자마자 새끼주머니 밖으로 나온다.

UNDERSTAND DEEPLY

1 빈칸에 공통으로 들어갈 알맞은 단어를 윗글에서 찾아 쓰시오.
Although seahorses are a type of _____, they have unique features unlike other _____.

2 Why do seahorses eat all the time?
→ _____

3 윗글의 내용과 일치하도록 <u>틀린</u> 부분을 고쳐 쓰시오.
The eggs grow in a female's stomach until they hatch.
_____ → _____

READ CLOSELY

의미 단위로 끊어 읽고(/), 주어와 동사에 표시해 봅시다.

지문 듣기

❶ The seahorse is an interesting creature in many ways.

❷ First, seahorses are fish, but they are very unusual fish.

❸ They can't swim well, and they like to rest in one area.

❹ Sometimes, they hold onto the same piece of coral or seaweed for days.

❺ Second, seahorses eat all the time.

❻ This is because they do not have a stomach for storing food.

❼ There is one more surprising fact about seahorses.

❽ Male seahorses can have babies!

❾ Males have a pocket a bit like a kangaroo's.

❿ A female seahorse lays her eggs in a male's pocket.

⓫ The eggs grow there for ➚TIP a few weeks.

⓬ After the eggs hatch, the babies grow ➚TIP a little more in his pocket.

⓭ Then the father gives birth.

GRAMMAR TIP

a few는 개수가 '조금, 약간'
이라는 뜻으로, 셀 수 있는
명사의 복수형과 함께 쓰여
요.

• There are **a few apples**
  in the basket.
• I need **a few potatoes**
  for a salad.

cf. 양·정도가 '조금, 약간'
일 때는 a little을 써요. 형
용사로서 명사를 꾸밀 때는
뒤에 셀 수 없는 명사가 오
고, 부사로 쓰일 때는 형용
사, 부사, 동사를 꾸며 줘요.

• She put **a little salt** in
  the soup.
• Could you speak up **a
  little**?

READING TIP

특정 동물에 대해 설명하는
글에서는 다른 동물들과 다른
독특한 특징 등을 주의 깊게
읽으면서 세부 정보를 파악
하는 것이 효과적이에요.

WORDS

seahorse 해마
creature 생물
unusual 독특한
rest 쉬다, 그대로 있다
area 지역, 구역
hold onto ~에 매달리다
coral 산호
seaweed 해초
all the time 항상
surprising 놀라운
male 남성[수컷]; 남성[수컷]의
have a baby 아기[새끼]를 낳다
female 여성[암컷]; 여성[암컷]의
lay (알을) 낳다
hatch 부화하다
give birth 아기[새끼]를 낳다

READING

15

READING GUIDE

선택지를 먼저 읽고, 글을 읽으면서 ①~⑤의 내용이 나오는 문장에 밑줄을 그어 봅시다.

Cesaria Evora에 관한 다음 글의 내용과 일치하지 <u>않는</u> 것은? (기출응용)

❶Cesaria Evora was born in 1941 on a Cape Verde island. ❷She grew up in a poor family. ❸After her father died, she lived in an orphanage. ❹As a teenager, she began singing at sailors' restaurants and on ships at the harbor. ❺But she stopped singing in the 1970s because she couldn't make enough money. ❻Then, in 1985, she started singing again in Lisbon, Portugal. ❼She met producer Jose da Silva there. ❽Thanks to da Silva, she became world-famous. ❾She even won a Grammy Award in 2003. ❿People around the world found out about Cape Verdean music because of her. ⓫They called her the "Barefoot Diva" because she sang without shoes. ⓬The Barefoot Diva died in her home country at the age of 70.

* Cape Verde 카보베르데(아프리카 서쪽 대서양의 섬나라)

① 아버지가 돌아가신 후 고아원에서 살았다.
② 십 대 때 선원들의 식당과 배에서 공연을 했다.
③ 생계를 위해서 1985년에 음악을 그만두었다.
④ 노래할 때 신발을 신지 않아 '맨발의 디바'로 불렸다.
⑤ 70세의 나이로 고국에서 생을 마감했다.

UNDERSTAND DEEPLY

1 윗글에서 알맞은 단어를 찾아 글의 제목을 완성하시오.
Cesaria Evora: The _____ _____ from _____
_____

2 Who did Cesaria Evora meet in Lisbon?
→ _____

3 윗글의 내용과 일치하도록 틀린 부분을 고쳐 쓰시오.
Cesaria Evora became world-famous for Cape Verdean music and won a Billboard Music Award in 2003.
_____ → _____

READ CLOSELY

의미 단위로 끊어 읽고(/), 주어와 동사에 표시해 봅시다.

지문 듣기   기출 원문 보기

❶ Cesaria Evora was born in 1941 on a Cape Verde island.

❷ She grew up in a poor family.

❸ After her father died, she lived in an orphanage.

❹ As a teenager, she began singing at sailors' restaurants and on ships at the harbor.

❺ But she stopped singing in the 1970s because she couldn't make enough money.

❻ Then, in 1985, she started singing again in Lisbon, Portugal.

❼ She met producer Jose da Silva there.

❽ Thanks to da Silva, she became world-famous.

❾ She even won a Grammy Award in 2003.

❿ People around the world found out about Cape Verdean music because of her.

⓫ They called her the "Barefoot Diva" because she sang without shoes.

⓬ The Barefoot Diva died in her home country at the age of 70.

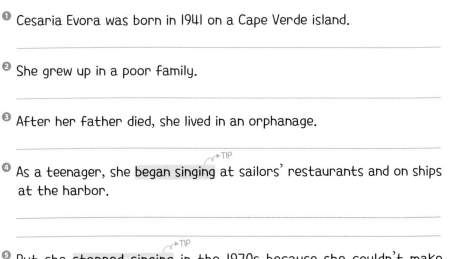

 GRAMMAR TIP

begin, start, like 등의 동사는 목적어로 동명사나 to부정사를 쓸 수 있어요. '～하기[하는 것을] 시작하다/좋아하다' 등의 의미를 나타내요.

• It suddenly **began raining**.
  = It suddenly **began to rain**.
• I **like watching** movies.
  = I **like to watch** movies.

cf. 동사 stop은 목적어로 동명사를 쓰고 '～하는 것을 멈추다[그만두다]'라는 의미를 나타내요. stop 뒤에 to부정사가 오면 '～하기 위해 멈추다[그만두다]'라는 의미가 돼요.

• Dad **stopped smoking**.
  (담배를 피우는 것을 그만두었다)
• Dad **stopped to smoke**.
  (담배를 피우기 위해 멈췄다)

⌇ WORDS ·························

be born 태어나다
grow up 성장하다
poor 가난한
orphanage 고아원
cf. orphan 고아
teenager 십 대
sailor 선원, 뱃사람
harbor 항구
make money 돈을 벌다
producer 제작자
world-famous 세계적으로 유명한
find out about ～에 대해 알게 되다
barefoot 맨발의
at the age of ～ 세에

READING

READING GUIDE

선택지를 먼저 읽고, 글을 읽으면서 ①~⑤의 내용이 나오는 문장에 밑줄을 그어 봅시다.

Joshua tree에 관한 다음 글의 내용과 일치하지 <u>않는</u> 것은? (기출응용)

❶ Joshua trees are evergreens. ❷ At the ends of their branches, they have many leaves with sharp points. ❸ The trees look unique. ❹ Because of this, people used them as decorations. ❺ They dug up many Joshua trees and planted them in urban areas. ❻ But these areas were bad for the trees. ❼ Long ago, Native Americans ate Joshua tree flower buds and young seeds. ❽ According to them, the young seeds tasted like bananas. ❾ Native Americans also made alcoholic drinks from their flowers. ❿ But people cannot use Joshua trees as decorations or food anymore. ⓫ That's because the U.S. government protects them by law.

① 뾰족한 잎을 가지고 있다.
② 도시에 옮겨 심은 경우 잘 살지 못했다.
③ 꽃눈은 식용으로 사용되었다.
④ 씨앗으로 술을 만들 수 있었다.
⑤ 미국에서는 법으로 보호받고 있다.

UNDERSTAND DEEPLY

1 빈칸에 알맞은 단어를 윗글에서 찾아 쓰시오.
People used Joshua trees as _____ or _____.

2 윗글의 내용과 일치하면 T, 그렇지 않으면 F를 쓰시오.

(1) The young seeds of Joshua trees look like bananas. _____

(2) Native Americans used Joshua tree flowers to make alcoholic drinks. _____

(3) Americans today cannot eat Joshua trees because of the law. _____

READ CLOSELY

의미 단위로 끊어 읽고(/), 주어와 동사에 표시해 봅시다.

지문 듣기　기출 원문 보기

① Joshua trees are evergreens.

② At the ends of their branches, they have many leaves with sharp points.

③ The trees look unique.

④ Because of this, people used them as decorations.

⑤ They dug up many Joshua trees and planted them in urban areas.

⑥ But these areas were bad for the trees.

⑦ Long ago, Native Americans ate Joshua tree flower buds and young seeds.

⑧ According to them, the young seeds tasted like bananas.

⑨ Native Americans also made alcoholic drinks from their flowers.

⑩ But people cannot use Joshua trees as decorations or food anymore.

⑪ That's because the U.S. government protects them by law.

GRAMMAR (TIP)

동사 look, sound, feel, smell, taste는 뒤에 형용사가 와서 '~하게 보이다[들리다/느껴지다], ~한 냄새[맛]가 나다'라는 의미를 나타내요.

• This apple pie **smells good**!

• This soup **tastes salty**.

형용사 대신 명사가 올 때는 명사 앞에 전치사 like를 써서 '~처럼 보이다[들리다/느껴지다], ~한 냄새[맛]가 나다'라고 해요.

• She **looks like a teacher**.

• This chicken **tastes like rubber**!

READING TIP

인물이나 사물에 대해 설명하는 글에서는 여러 시기, 장소, 특징 등을 주의 깊게 읽으면서 세부 정보를 파악하는 것이 효과적이에요.

WORDS

evergreen 상록수
branch 나뭇가지
leaf 잎
sharp 뾰족한
point (뾰족한) 끝
unique 독특한
decoration 장식
dig up ~을 캐다[파내다]
plant 심다
urban 도시의
native 원주민의
bud 싹, 눈
seed 씨, 씨앗
alcoholic 술의, 알코올이 든
government 정부
protect 보호하다
law 법

1 사진을 보고, 빈칸에 알맞은 철자를 넣어 단어를 완성하시오.

(1)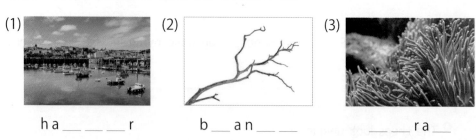

ha __ __ __ r

(2)

b __ a n __ __ __

(3)

__ __ r a __

2 우리말 뜻에 알맞은 영어 단어를 연결하시오.

(1) (부화하다)　　(2) (보호하다)　　(3) (심다)　　(4) (쉬다)

ⓐ plant　　　ⓑ rest　　　ⓒ hatch　　　ⓓ protect

3 우리말 뜻에 맞게 주어진 철자로 시작하는 단어 퍼즐을 완성하시오.

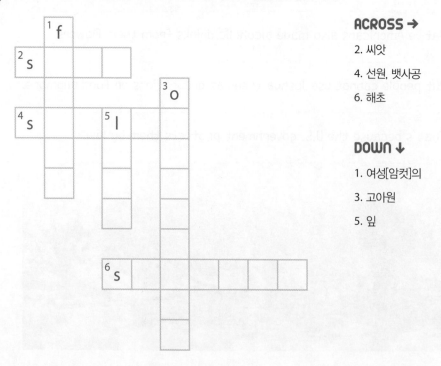

ACROSS →

2. 씨앗

4. 선원, 뱃사공

6. 해초

DOWN ↓

1. 여성[암컷]의

3. 고아원

5. 잎

4 주어진 단어를 사용하여 우리말 뜻에 해당하는 표현을 쓰시오. (한 번씩만 쓸 것)

(1) ~에 매달리다 _____ (2) 성장하다 _____

(3) ~을 캐다[파내다] _____ (4) (아이 · 새끼를) 낳다 _____

grow	onto	dig	birth
up	give	up	hold

5 네모 안에서 어법에 맞는 것을 고르시오.

(1) The trees look unique / uniquely .

(2) The eggs grow there for a few / a little weeks.

(3) She began sing / singing at sailors' restaurants.

(4) The babies grow a few / a little more in his pocket.

6 우리말과 의미가 같도록 괄호 안의 말을 이용하여 문장을 완성하시오.

(1) 어린 씨앗은 바나나와 같은 맛이 났다. (taste, bananas)

→ The young seeds _____.

(2) 그녀는 1970년대에 노래 부르는 것을 그만두었다. (stop, sing)

→ She _____ in the 1970s.

(3) 1985년에 그녀는 리스본에서 다시 노래를 부르기 시작했다. (start, sing)

→ In 1985, she _____ again in Lisbon.

R E A D I N G
17

READING GUIDE

선택지를 먼저 읽고, 글을 읽으면서 ①~⑤의 내용이 나오는 문장에 밑줄을 그어 봅시다.

Green Chef Cooking Contest에 관한 다음 안내문의 내용과 일치하는 것은? 기출응용

❶**Green Chef Cooking Contest**

❷Welcome to our cooking contest! ❸This is a community event. ❹Here is the challenge: Use a seasonal ingredient and create a delicious dish.

- ❺When: Sunday, April 10, at 3 p.m.
- ❻Where: Hill Community Center
- ❼Prizes: Gift cards for three winners

❽**Sign up at www.hillgreenchef.com**

by April 6

❾Participants should prepare their dishes in advance and bring them to the event.

❿Can't cook? Don't worry! ⓫For just $3, you can taste the dishes and judge them.

① 일요일 오전에 개최된다.
② 우승자에게 요리 기구를 준다.
③ 온라인으로 신청할 수 없다.
④ 출품할 요리를 미리 만들어 와야 한다.
⑤ 무료로 시식과 심사에 참여할 수 있다.

UNDERSTAND
DEEPLY

1 Green Chef Cooking Contest에 관해 윗글에서 언급되지 않은 것은?

① 대회 날짜　　　② 대회 장소　　　③ 신청 방법
④ 우승 상품　　　⑤ 심사 기준

2 윗글의 내용과 일치하도록 틀린 부분을 고쳐 쓰시오.

Participants should use a local product to cook their dishes.

_____ → _____

READ CLOSELY

의미 단위로 끊어 읽고(/), 주어와 동사에 표시해 봅시다.

지문 듣기　기출 원문 보기

① **Green Chef Cooking Contest**

② Welcome to our cooking contest!

③ This is a community event.

④ Here is the challenge: Use a seasonal ingredient and create a delicious dish.

⑤ When: Sunday, April 10, at 3 p.m.

⑥ Where: Hill Community Center

⑦ Prizes: Gift cards for three winners

⑧ **Sign up at www.hillgreenchef.com by April 6**

⑨ Participants should prepare their dishes in advance and bring them to the event.

⑩ Can't cook? Don't worry!

⑪ For just $3, you can taste the dishes and judge them.

GRAMMAR TIP

by는 '～까지'라는 뜻의 전치사로, 특정 시점까지 늦지 않게 어떤 일이 완료됨을 나타낼 때 써요.

• I must do my homework **by** Friday.

• The parcel will arrive **by** next week.

cf. until[till]도 '～까지'라는 뜻이지만, 특정 시점까지 어떤 상태나 상황이 계속됨을 나타낼 때 써요.

• I waited for you **until** 9 o'clock.

• This restaurant stays open **till** midnight.

READING TIP

특정 행사에 관한 안내문을 읽을 때는 행사 장소, 시간, 참가 자격, 신청 방법 등을 주의 깊게 읽으면서 세부 정보를 파악하는 것이 효과적이에요.

WORDS

chef 요리사
contest 대회, 시합
community 지역 사회, 주민
challenge 도전
seasonal 제철의, 계절의
ingredient (요리) 재료
create 창조하다, 만들다
dish 요리
prize 상, 상품
gift card 상품권
winner 우승자
sign up 신청하다
participant 참가자
cf. participate 참가하다
prepare 준비하다
in advance 미리, 사전에
judge 심사하다

READING GUIDE

선택지를 먼저 읽고, 글을 읽으면서 ①～⑤의 내용이 나오는 문장에 밑줄을 그어 봅시다.

Springfield Flea Market에 관한 다음 안내문의 내용과 일치하지 <u>않는</u> 것은?

❶ Springfield Flea Market

❷ Don't miss this fantastic flea market.

❸ The flea market will benefit children in Africa.

❹ Saturday, May 4

9:00 a.m. – 3:00 p.m.

Rosemary Park

❺ Some famous pop singers and movie stars donated interesting things to the market. ❻ A few of these items are:

- an old Chinese vase   • a round wooden table
- tall black leather boots

❼ There are many more items. ❽ Many people donated all kinds of things, and they are as good as new!

❾ If you are thirsty or hungry,

you can buy soda and sandwiches at the food stand.

❿ Local singers will be performing all day.

① 토요일 오전 9시부터 오후 3시까지 열린다.
② Rosemary 공원에서 열린다.
③ 다양한 품목의 기부 물품을 판매한다.
④ 음식 가판대에서 식음료를 살 수 있다.
⑤ 유명 연예인들의 사인회와 공연이 있다.

UNDERSTAND DEEPLY

1 Springfield Flea Market에 관해 윗글에서 언급되지 <u>않은</u> 것은?

① 행사 목적   ② 개최 일시   ③ 개최 장소
④ 행사 주최자   ⑤ 기부 품목

2 윗글의 내용과 일치하면 T, 그렇지 않으면 F를 쓰시오.

(1) The flea market is an event to help children in Africa. _____

(2) Local singers will come to the flea market. _____

READ CLOSELY

의미 단위로 끊어 읽고(/), 주어와 동사에 표시해 봅시다.

지문 듣기

❶ **Springfield Flea Market**

_____

❷ Don't miss this fantastic flea market.

_____

❸ The flea market will benefit children in Africa.

_____

❹ **Saturday, May 4 9:00 a.m. – 3:00 p.m. Rosemary Park**

_____

❺ Some famous pop singers and movie stars donated interesting things to the market.

_____

_____

❻ A few of these items are: • an old Chinese vase • a round wooden table • tall black leather boots

_____

_____

❼ There are many more items.

_____

❽ Many people donated all Kinds of things, and they are as good as new!

_____

❾ If you are thirsty or hungry, you can buy soda and sandwiches at the food stand.

_____

❿ Local singers will be performing all day.

_____

GRAMMAR TIP

「as + 형용사/부사의 원급 + as」는 '~만큼 …한/하게'라는 의미로, 두 대상을 비교하여 정도가 같음을 나타낼 때 써요.

• Emily is **as tall as** her mom.
• Jin sings **as well as** Jimin.

WORDS

flea market 벼룩시장
miss 놓치다
fantastic 멋진, 환상적인
benefit ~에 유익하다
a few of ~ 중 몇 명[개]
item 물품, 품목
vase 화병
wooden 나무로 만든
leather 가죽
boot 부츠
all kinds of 온갖 종류의
thirsty 목이 마른
hungry 배고픈
soda 탄산음료
stand 가판대, 좌판
local 지역의
perform 공연하다
cf. performance 공연
all day 하루 종일

READING GUIDE

도표의 제목, 범례, 가로축과
세로축을 먼저 확인한 후, 글
을 읽어 봅시다.

다음 도표의 내용과 일치하지 <u>않는</u> 것은? 기출응용

The Top Five Rubber-Producing Countries

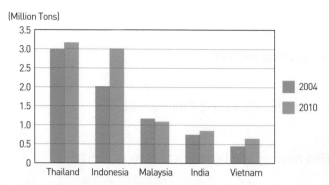

[Million Tons]

❶This chart shows the top five rubber-producing countries in 2004 and 2010. ❷① Thailand made the most rubber in both years. ❸② During this time, Indonesia's production went up by about one million tons. ❹③ Malaysia's production decreased a little in the same period. ❺④ Likewise, India produced less rubber in 2010 than in 2004. ❻⑤ In both years, Vietnam produced the least of the five countries.

UNDERSTAND
DEEPLY

도표의 내용과 일치하도록 빈칸에 알맞은 단어를 보기 에서 골라 쓰시오.

보기

| more | less | biggest | smallest |

1 In 2010, Indonesia produced _____ rubber than Thailand did.

2 Thailand, Indonesia, India, and Vietnam produced _____ rubber in 2010 than in 2004.

3 Indonesia showed the _____ growth in rubber production in 2010.

❶ This chart shows the top five rubber-producing countries in 2004 and 2010.

_____

❷ Thailand made the most rubber in both years.

_____

❸ During this time, Indonesia's production went up ⟶TIP by about one million tons.

_____

❹ Malaysia's production decreased ⟶TIP a little in the same period.

_____

❺ Likewise, India produced less rubber in 2010 than ⟶TIP in 2004.

_____

❻ In both years, Vietnam produced the least of the five countries.

_____

GRAMMAR TIP

둘 이상의 대상을 비교할 때 「형용사/부사의 비교급 + than」을 사용하여 '~보다 더 …한/하게'라는 의미를 나타내요.

- I can run **faster than** you.
- Hong Kong is **larger than** Singapore.
- The sun is **bigger than** the moon.
- Elephants are **heavier than** hippos.
- Math is **more difficult** than English for me.

READING TIP

시간의 흐름에 따른 수량 차이를 비교하는 도표에서는 수량의 증가와 감소를 나타내는 동사를 주의 깊게 살펴보는 것이 좋아요.

- 증가하다: go up, rise, grow, increase
- 감소하다: go down, fall, drop, decrease

WORDS ·······················

chart 도표
rubber 고무
produce 생산하다
country 나라, 국가
most 가장 많은
during ~ 동안에
production 생산
go up 올라가다
by ~만큼[정도]
million 100만
decrease 감소하다
cf. increase 증가하다
period 기간, 시기
likewise 비슷하게, 마찬가지로

READING GUIDE

도표의 제목, 범례, 가로축과
세로축을 먼저 확인한 후, 글
을 읽어 봅시다.

다음 도표의 내용과 일치하지 <u>않는</u> 것은? (기출응용)

Average Smartphone Prices

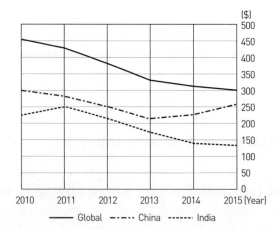

❶This graph shows the average global smartphone price and the price in China and India between 2010 and 2015. ❷① The global average price fell from 2010 to 2015 but stayed the highest among the three. ❸② The average price in China dropped between 2010 and 2013. ❹③ The average price in India reached its peak in 2011. ❺④ In 2013 and later, China's average price went down, and India's went up. ❻⑤ The gap between the global average price and China's average price was the smallest in 2015.

UNDERSTAND DEEPLY

도표의 내용과 일치하도록 빈칸에 알맞은 단어를 보기 에서 골라 쓰시오.

보기

| bigger | higher | smaller | lower | up | down |

1 China's average price is _____ than that of India in 2015.

2 Between 2013 and 2015, the global average price and India's average price went _____, but China's average price went _____.

3 The gap between China's average price and India's average price became _____ between 2010 and 2011, but it became _____ after 2013.

READ CLOSELY

의미 단위로 끊어 읽고(/), 주어와 동사 에 표시해 봅시다.

지문 듣기　　기출 원문 보기

❶ This graph shows the average global smartphone price and the price in China and India between 2010 and 2015.

_____

❷ The global average price fell from 2010 to 2015 but stayed the highest among the three. →TIP

_____

❸ The average price in China dropped between 2010 and 2013.

_____

❹ The average price in India reached its peak in 2011.

_____

❺ In 2013 and later, China's average price went down, and India's went up.

_____

❻ The gap between the global average price and China's average price →TIP was the smallest in 2015.

_____

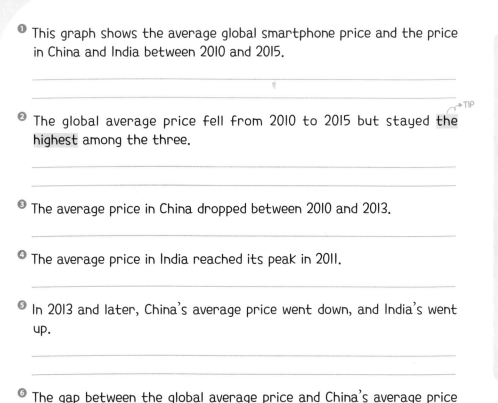

GRAMMAR TIP

셋 이상의 대상을 비교하여 '가장 ~한/하게'의 의미를 나타낼 때는 「the + 형용사/ 부사의 최상급」을 사용해요. 뒤에 전치사 in, of[among] 등을 써서 '~에서, ~ 중에' 와 같이 제한된 범위를 나타 낼 수 있어요.

• Halla Mountain is **the highest** mountain in South Korea.
• This watch is **the nicest** in this shop.
• Today is **the hottest** day of the year.
• This is **the easiest** problem in the test.
• Breakfast is **the most important** meal of the day.

WORDS

average 평균의
global 세계적인
price 가격
between (둘) 사이에
fall 떨어지다 (fall-fell-fallen)
stay 유지하다
among (셋) 사이[중]에
drop 떨어지다
reach 도달하다
peak 정점, 최고조
go down 내려가다
cf. go up 올라가다
gap 차이

1 사진에 맞는 단어를 보기 에서 골라 쓰시오.

보기

prize   price   chart   ingredient   chef

(1) _____

(2) _____

(3) _____

(4) _____

2 우리말 뜻에 맞게 빈칸에 알맞은 철자를 넣어 단어를 완성하시오.

(1) 평균의　⬜⬜⬜ r a g e　　(2) 세계적인　g ⬜⬜⬜ a l

(3) 고무　r u ⬜⬜⬜ r　　(4) 감소하다　d e ⬜⬜⬜⬜ s e

(5) 심사하다　j ⬜⬜⬜ e　　(6) ~에 유익하다　b ⬜⬜⬜ i t

3 우리말 뜻에 맞게 퍼즐을 완성한 다음, 파란색 칸의 철자를 연결한 단어와 그 뜻을 쓰시오.

(1) 사이에

(2) 100만

(3) 도전

(4) 배고픈

(5) 가죽

(6) 기간, 시기

(7) Hidden Word: _____　　　우리말 뜻: _____

4 주어진 단어를 사용하여 우리말 뜻에 해당하는 표현을 쓰시오. (한 번씩만 쓸 것)

(1) 신청하다 _____

(2) 미리, 사전에 _____

(3) 하루 종일 _____

(4) 내려가다 _____

day	in	go	all

up	advance	down	sign

5 네모 안에서 어법에 맞는 것을 고르시오.

(1) They are as good / better as new!

(2) Sign up at www.hillgreenchef.com by / until April 6.

(3) The global average price stayed the higher / highest among the three.

6 우리말과 의미가 같도록 괄호 안의 말을 알맞은 형태로 쓰시오.

(1) 태국은 두 해 모두 가장 많은 고무를 만들었다. (many)

→ Thailand made the _____ rubber in both years.

(2) 인도는 2004년보다 2010년에 더 적은 고무를 생산했다. (little)

→ India produced _____ rubber in 2010 than in 2004.

(3) 베트남은 5개 나라 중에서 가장 적게 생산했다. (little)

→ Vietnam produced the _____ of the five countries.

(4) 두 평균 가격의 차이는 2015년에 가장 작았다. (small)

→ The gap between the two average prices was the _____ in 2015.

Play Time

1 Move 4 matchsticks to make 10 squares.

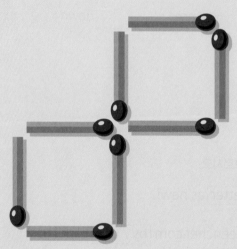

2 Add 2 matchsticks to make 8 triangles.

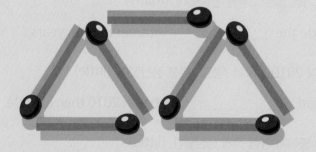

PART 3

추론하기

추론이란
뭔가요?

글에서 여러 가지 단서를 찾아 이를 바탕으로 글에
직접적으로 언급되어 있지 않거나 비어 있는 내용을
파악하는 것을 말해요.

어떻게 공부
하나요?

글을 읽을 때 주관적인 자기 생각과 추측을 제외하고
글에 주어진 단서만을 활용하여 문맥을 이해하면서
글의 주제를 파악하도록 해요.

시험에 어떻게
나오나요?

다음 세 가지 유형으로 출제돼요.

☑ **목적·심경·분위기 파악하기** UNIT 07

☑ **지칭 대상 파악하기** UNIT 08

☑ **빈칸 채우기** UNIT 09

READING GUIDE

글을 읽으면서 글의 중심 소
재가 처음 등장한 문장을 찾
아 밑줄을 그어 봅시다.

다음 글의 목적으로 가장 적절한 것은? 기출응용

❶ My dear Harriet,

❷ Thank you for telling me your <u>good news</u>. ❸ You are going to attend Royal Holloway. ❹ That is exciting! ❺ It's a good college, and in my opinion, their history department is particularly strong. ❻ It was a good choice, and I am very happy for you. ❼ You worked hard to get into that college, and you deserve it. ❽ I'm so proud of you. ❾ Well done, Harriet! ❿ I send you my best wishes. ⓫ Have a happy time at university, and study hard.

⓬ With my love,

Elaine

① 추천서 작성을 부탁하려고

② 대학에 합격한 것을 축하하려고

③ 장학금 신청 절차를 안내하려고

④ 졸업 후 진로에 대해 조언하려고

⑤ 전공과목에 대한 정보를 제공하려고

UNDERSTAND
DEEPLY

1 윗글의 밑줄 친 good news의 내용을 우리말로 쓰시오.

→ _____

2 윗글의 내용과 일치하면 T, 그렇지 않으면 F를 쓰시오.

(1) Harriet wrote the letter to Elaine. _____

(2) Elaine thinks the college has a good history department. _____

(3) Elaine thinks that Harriet deserves to enter Royal Holloway. _____

❶ My dear Harriet,

❷ Thank you for telling me your good news.

❸ You <u>are going to attend</u> Royal Holloway.

❹ That is exciting!

❺ It's a good college, and in my opinion, their history department is particularly strong.

❻ It was a good choice, and I am very happy for you.

❼ You worked hard to get into that college, and you deserve it.

❽ I'm so proud of you.

❾ Well done, Harriet!

❿ I send you my best wishes.

⓫ Have a happy time at university, and study hard.

⓬ With my love, Elaine

GRAMMAR TIP

「be going to+동사원형」은 '~할 것이다, ~할 예정이다'라는 뜻으로, 미래에 대한 예측이나 이미 정해 놓은 계획을 나타낼 때 써요. be동사는 주어의 인칭과 수에 따라 am, are, is로 써요.

• I **am going to visit** the Louvre Museum in Paris.
• They **are going to see** a movie tomorrow.
• It **is going to rain** tonight.

READING TIP

편지는 주로 도입부와 마지막 부분에 안부를 전하는 첫인사와 끝인사가 나오고 글쓴이가 전달하고자 하는 주요 내용은 중간 부분에 잘 드러나 있어요. 따라서 중간 부분을 꼼꼼히 읽으면서 글쓴이가 편지를 쓴 목적을 파악해야 해요.

WORDS

dear 친애하는, 사랑하는

news 소식

attend ~에 다니다

exciting 신나는

college 대학

history 역사

department 학과, 부서

particularly 특히, 특별히

choice 선택

cf. **choose** 선택하다

get into ~에 들어가다

deserve ~을 받을 만하다, ~할 자격이 있다

be proud of ~을 자랑스러워하다

send ~ one's best wishes ~에게 안부를 전하다

READING GUIDE

글을 읽으면서 필자가 글을 쓴 목적이 가장 잘 드러난 문장을 찾아 밑줄을 그어 봅시다.

다음 글의 목적으로 가장 적절한 것은?

❶Thank you for buying I-Dog. ❷Read and follow all the instructions carefully before you use this product. ❸To begin playing with your I-Dog, you must insert batteries first. ❹Be sure to insert the batteries correctly. ❺Then, turn it on by pressing the button on its nose. ❻It will move its head and ears. ❼It will also play a special LED light animation and make a sound. ❽To turn it off, press and hold the nose button for two seconds. ❾After the I-Dog plays an LED light animation and makes a sound, it will fall asleep.

① 신제품 출시를 알리려고
② 로봇 전시회 개최를 알리려고
③ 제품 사용법에 대해 설명하려고
④ 새로운 만화 영화 개봉을 알리려고
⑤ 새로 문을 연 동물 병원을 홍보하려고

UNDERSTAND DEEPLY

1 윗글의 제목을 완성하시오.
How to _____ _____

2 윗글의 내용과 일치하면 T, 그렇지 않으면 F를 쓰시오.
(1) You must put the batteries in the product first. _____
(2) You must press the button on its head to turn it on. _____

3 빈칸에 알맞은 단어를 윗글에서 찾아 쓰시오.
Your I-Dog will play a special LED light animation and make a sound when you _____ it _____ and _____.

READ CLOSELY

의미 단위로 끊어 읽고(/), 주어와 동사에 표시해 봅시다.

지문 듣기

❶ Thank you for buying I-Dog.

❷ Read and follow all the instructions carefully before you use this product.

❸ To begin playing with your I-Dog, you must insert batteries first.

❹ Be sure to insert the batteries correctly.

❺ Then, turn it on by pressing the button on its nose.

❻ It will move its head and ears.

❼ It will also play a special LED light animation and make a sound.

❽ To turn it off, press and hold the nose button for two seconds.

❾ After the I-Dog plays an LED light animation and makes a sound, it will fall asleep.

GRAMMAR TIP

명령문은 주어 없이 동사원형으로 시작하는 문장으로 '~해라'라고 상대방에게 무언가를 명령하거나 지시할 때 사용해요.

• **Open** the door.

• **Freeze** and **put** your hands up!

명령문의 부정형은 「Don't+동사원형 ~」으로 '~하지 마라'의 의미를 나타내요.

• **Don't move!**

• **Don't use** your cell phone during class.

READING TIP

지시문(instructions)에서는 명령문이나 조동사 must, have to, should 등을 사용하여 일의 절차나 주의 사항을 전달하는 경우가 많아요.

WORDS

follow 따르다, 따라 하다
instructions 지시, 설명(서)
product 상품, 제품
cf. produce 생산하다
insert 끼우다, 넣다
battery 건전지
correctly 바르게, 정확하게
cf. correct 정확한, 옳은
turn on ~을 켜다
press 누르다
turn off ~을 끄다
second (시간 단위) 초
asleep 잠이 든

READING
23

READING GUIDE

글을 읽으면서 필자의 심경에 변화를 가져오는 상황이 나타나 있는 문장을 찾아 밑줄을 그어 봅시다.

다음 글에 드러난 'I'의 심경 변화로 가장 적절한 것은?

❶ "Don't worry, Nicky. I'll be right there," I said. ❷ Then I turned off my phone. ❸ I was tired, but I was late, so I had to hurry. ❹ I went outside and walked toward the subway station. ❺ Soon I heard footsteps behind me. ❻ "Nobody would follow me," I thought. ❼ But I turned a corner to make sure. ❽ The person behind me turned, too. ❾ As the footsteps got louder, I started to walk faster. ❿ The footsteps became faster, and they were getting closer. ⓫ I couldn't get away, so finally I turned around. ⓬ There was a man right behind me. ⓭ He said, "Hey, you dropped your hat. Here it is."

① scared → relieved
② hopeful → sad
③ angry → happy
④ excited → bored
⑤ worried → proud

UNDERSTAND
DEEPLY

1 윗글의 흐름을 다음과 같이 정리할 때, 빈칸에 알맞은 단어를 윗글에서 찾아 쓰시오.

I had to (1)_____ to meet Nicky.

⬇

I heard (2)_____ behind me.

⬇

The (3)_____ got (4)_____, and I walked (5)_____.

⬇

The (6)_____ became faster and (7)_____.

⬇

When I (8)_____ around, a man gave me my (9)_____.

2 윗글의 내용과 일치하도록 다음 질문에 우리말로 답하시오.

Q: Why did "the man" follow "me"?

A: _____

READ CLOSELY

의미 단위로 끊어 읽고(/), 주어와 동사에 표시해 봅시다.

❶ "Don't worry, Nicky. I'll be right there," I said.

❷ Then I turned off my phone.

❸ I was tired, but I was late, so I had to hurry.

❹ I went outside and walked toward the subway station.

❺ Soon I heard footsteps behind me.

❻ "Nobody would follow me," I thought.

❼ But I turned a corner to make sure.

❽ The person behind me turned, too.

❾ As the footsteps got louder, I started to walk faster.

❿ The footsteps became faster, and they were getting closer.

⓫ I couldn't get away, so finally I turned around.

⓬ There was a man right behind me.

⓭ He said, "Hey, you dropped your hat. Here it is."

GRAMMAR TIP

「be동사+동사원형-ing」를 사용하여 진행 중인 일을 나타낼 수 있어요. 현재 '~하고 있는 중이다'라고 할 때는 「am/are/is+동사원형-ing」로, 과거에 '~하고 있었다'라고 할 때는 「was/were+동사원형-ing」로 표현해요.

• I **am watching** TV now.
• My brother **was sleeping** then.

READING TIP

심경 변화를 묻는 지문의 경우 주인공이 처한 상황을 이해하며 읽어야 해요. 상황이 변함에 따라 주인공의 심경이 어떻게 변하는지 파악하는 것이 중요해요.

WORDS

turn off ~을 끄다
cf. turn on ~을 켜다
tired 피곤한
hurry 서두르다
toward ~ 쪽으로
subway station 지하철역
soon 곧
footstep 발소리, 발자국
behind ~ 뒤에
cf. in front of ~ 앞에
follow 따라오다
corner 모퉁이, 구석
make sure 확인하다
person 사람
loud (소리가) 큰
get away 벗어나다
turn around 뒤로 돌다
drop 떨어뜨리다

READING GUIDE

글을 읽으면서 사건이 시작되는 부분의 문장을 찾아 밑줄을 그어 봅시다.

다음 글의 상황에 나타난 분위기로 가장 적절한 것은? 기출응용

❶A little after 9 a.m., an airplane was ready for takeoff. ❷It started to go down the runway toward the ocean. ❸The airport was just a mile away from a beautiful white sand beach. ❹A few seconds after takeoff, there was a loud bang from the plane. ❺One of the engines was on fire. ❻The pilot told the control tower, "I'm coming back around!" ❼Then there were two more explosions. ❽The plane went off the radar screen in the control tower. ❾When the police arrived at the scene, they could only see part of the plane. ❿The plane was sinking into the ocean very fast.

* control tower 관제탑 ** radar screen 레이더 화면

① merry   ② peaceful   ③ urgent

④ humorous   ⑤ boring

UNDERSTAND DEEPLY

1 윗글의 내용과 일치하면 T, 그렇지 않으면 F를 쓰시오.

(1) There were three explosions before the plane went off the radar screen. _____

(2) The plane sank completely before the police came. _____

2 윗글의 내용과 일치하도록 <u>틀린</u> 부분을 고쳐 쓰시오.

The first explosion from the plane occurred right before landing.

_____ → _____

3 다음 질문에 알맞은 답을 윗글에서 찾아 쓰시오.

Q: Why did the pilot try to come back around?

A: Because _____.

READ CLOSELY

의미 단위로 끊어 읽고(/), 주어와 동사에 표시해 봅시다.

지문 듣기　기출 원문 보기

❶ A little after 9 a.m., an airplane was ready for takeoff.

❷ It started to go down the runway toward the ocean.

❸ The airport was just a mile away from a beautiful white sand beach.

❹ A few seconds after takeoff, there was a loud bang from the plane.

❺ One of the engines was on fire.

❻ The pilot told the control tower, "I'm coming back around!"

❼ Then there were two more explosions.

❽ The plane went off the radar screen in the control tower.

❾ When the police arrived at the scene, they could only see part of the plane.

❿ The plane was sinking into the ocean very fast.

GRAMMAR TIP

「am/are/is+동사원형-ing」 형태의 현재진행시제는 가까운 미래의 일도 나타낼 수 있어요.

• The guests **are leaving** soon.

• My aunt **is having** a baby next week.

WORDS

be ready for ~할 준비가 되다

takeoff 이륙

runway 활주로

ocean 대양, 바다

airport 공항

mile 마일(거리 단위)

away 떨어져

white sand beach 백사장

bang 쾅(하는 소리)

engine 엔진

be on fire 불타고 있다

pilot (비행기 등의) 조종사

explosion 폭발

go off 벗어나다

police 경찰

arrive at ~에 도착하다

scene 현장

sink 가라앉다

REVIEW TIME

1 우리말 뜻을 쓰고, 의미가 반대인 말과 연결하시오.

(1) (forget: _____) (2) (behind: _____) (3) (turn off: _____)

ⓐ turn on   ⓑ deserve   ⓒ in front of   ⓓ remember

2 우리말 뜻에 맞도록 주어진 철자를 바르게 배열하시오.

(1) 이륙   a k f t f o e   → _____

(2) 대양   c a n o e   → _____

(3) 서두르다   r y u r h   → _____

(4) 넣다   s t e i r n   → _____

(5) 대학   l g o l c e e   → _____

(6) 선택   c i h e o c   → _____

3 우리말 뜻에 해당하는 단어를 찾아 동그라미 하고 빈칸에 쓰시오.

F	L	V	B	O	A	T	I	I	N	T	L
F	O	L	A	T	R	B	O	L	F	A	H
L	K	O	T	E	Z	G	R	L	P	B	R
E	T	T	O	A	H	J	N	I	U	Z	
K	J	P	E	S	Z	C	P	I	N	P	J
B	H	Q	R	S	T	P	G	W	G	T	D
T	R	Y	Y	I	J	E	A	M	T	I	G
M	V	F	Q	M	T	Y	P	X	I	E	P
E	X	P	L	O	S	I	O	N	C	Y	E
J	M	V	E	C	I	L	O	P	Q	Y	I
T	P	B	H	M	D	Q	F	S	I	L	T
K	T	X	M	D	B	B	B	B	S	X	A	V

(1) 활주로 _____

(2) 조종사 _____

(3) 폭발 _____

(4) 건전지 _____

(5) 발자국 _____

(6) 경찰 _____

4 주어진 단어를 사용하여 우리말 뜻에 해당하는 표현을 쓰시오. (한 번씩만 쓸 것)

(1) 확인하다 _____

(2) 벗어나다 _____

(3) 뒤로 돌다 _____

(4) ～에 도착하다 _____

| turn | at | sure | make |
| away | arrive | around | get |

5 네모 안에서 어법에 맞는 것을 고르시오.

(1) Not / Don't worry, Nicky. I'll be right there.

(2) Read and follow / following all the instructions carefully.

(3) The footsteps became faster, and they were get / getting closer.

6 우리말과 의미가 같도록 괄호 안의 말을 이용하여 문장을 완성하시오.

(1) 나는 되돌아갈 것입니다! (be, come)

→ I _____ back around!

(2) 너는 Royal Holloway에 다니게 될 것이다. (be going to, attend)

→ You _____ Royal Holloway.

(3) 대학에서 행복한 시간을 보내고, 열심히 공부해라. (study, hard)

→ Have a happy time at university, and _____.

(4) 비행기는 매우 빠르게 바닷속으로 가라앉고 있었다. (be, sink)

→ The plane _____ into the ocean very fast.

READING 25

READING GUIDE

밑줄 친 부분을 먼저 보고 성별을 확인한 다음, 글을 읽으면서 그 성별을 가진 새로운 등장인물에 모두 동그라미 쳐 봅시다.

밑줄 친 부분이 가리키는 대상이 나머지 넷과 다른 것은? (기출응용)

❶Bibiana was the only daughter of Baron Von Landshort. ❷After her birth, all the neighbors said, "①She is the most beautiful girl in Germany!" ❸②Her smart aunt, Katrin, was a fine lady. ❹Fine ladies should know a lot of things, and she knew everything. ❺③She raised and taught Bibiana. ❻Under her care, Bibiana learned many skills. ❼When she was only the age of eighteen, people already knew her as a fine lady. ❽④She could make many beautiful things. ❾⑤She was also good at music. ❿She played a lot of melodies on the harp and knew many ballads by heart. ⓫She was the perfect example of a fine lady.

UNDERSTAND DEEPLY

1 윗글의 내용과 일치하면 T, 그렇지 않으면 F를 쓰시오.

(1) Bibiana had no sisters or brothers. _____

(2) Bibiana taught herself many skills. _____

(3) Bibiana was able to play the harp. _____

2 윗글의 요지를 다음과 같이 나타낼 때, 빈칸에 알맞은 말을 윗글에서 찾아 쓰시오.

Thanks to her _____ Katrin—her _____ and teaching, Bibiana grew up to be a perfect _____ _____.

READ CLOSELY

의미 단위로 끊어 읽고(/), 주어와 동사에 표시해 봅시다.

지문 듣기   기출 원문 보기

❶ Bibiana was the only daughter of Baron Von Landshort.

❷ After her birth, all the neighbors said, "She is the most beautiful girl in Germany!"

❸ Her smart aunt, Katrin, was a fine lady.

❹ Fine ladies should know a lot of things, and she knew everything.

❺ She raised and taught Bibiana.

❻ Under her care, Bibiana learned many skills.

❼ When she was only the age of eighteen, people already knew her as a fine lady.

❽ She could make many beautiful things.

❾ She was also good at music.

❿ She played a lot of melodies on the harp and knew many ballads by heart.

⓫ She was the perfect example of a fine lady.

GRAMMAR TIP

a lot of는 '많은'이라는 뜻으로, 셀 수 있는 명사와 셀 수 없는 명사 모두에 쓸 수 있어요.

- The man has **a lot of** *cars*.
- The woman has **a lot of** *money*.

cf. many와 much도 '많은'이라는 뜻이지만, many는 셀 수 있는 명사, much는 셀 수 없는 명사에 써요.

- I ate **many** *cookies*.
- Bill ate **much** *chocolate*.

READING TIP

가리키는 대상이 다른 것을 묻는 지문을 읽을 때는 글에 나오는 주요 등장인물을 먼저 파악한 후, 인칭대명사가 가리키는 인물이 누구인지를 구분하며 읽는 게 효과적이에요.

WORDS

birth 탄생, 출생
neighbor 이웃
Germany 독일
smart 현명한, 영리한
fine lady 우아한 숙녀
raise 키우다, 기르다
care 돌봄, 보살핌
skill 기술, 기량
know A as B A를 B로 알다
be good at ~을 잘하다
cf. **be poor at** ~을 못하다
melody 멜로디, 선율
harp 하프
know ~ by heart ~을 암기하고 있다
ballad 발라드(시나 노래)
perfect 완벽한
example 본보기, 예

READING **26**

READING GUIDE

밑줄 친 부분을 먼저 보고 성별을 확인한 다음, 글을 읽으면서 그 성별을 가진 새로운 등장인물에 모두 동그라미 쳐 봅시다.

UNDERSTAND
DEEPLY

밑줄 친 부분이 가리키는 대상이 나머지 넷과 다른 것은?

❶Do you have happy childhood memories? ❷I'd like to tell you about Helen's happiest childhood memories. ❸ⓐThey are of ①her great-grandmother. ❹Her great-grandmother always carried candy in her pockets. ❺②She gave some to Helen and her brother when they visited. ❻Helen's dad always teased them and said, "③Grandma, don't give them any candy!" ❼But she did anyway. ❽In ④her garden, there were many trees and colorful flowers. ❾So, they enjoyed playing hide-and-seek with her there. ❿She passed away last year, and now ⑤Helen's grandmother takes care of the house and garden. ⓫Helen often visits the place with her brother. ⓬They have tea with some candy to remember their great-grandmother's love.

1 윗글의 밑줄 친 ⓐThey가 가리키는 것을 윗글에서 찾아 4단어로 쓰시오.

_____

2 윗글의 내용과 일치하면 T, 그렇지 않으면 F를 쓰시오.

(1) Helen's great-grandmother gave cookies to Helen and her brother when they visited. _____

(2) Helen and her brother used to play hide-and-seek with their great-grandmother in the garden. _____

3 윗글의 요지를 다음과 같이 나타낼 때, 빈칸에 알맞은 말을 윗글에서 찾아 쓰시오.
Helen has happy _____ memories of her _____ and misses her after her death.

READ CLOSELY

의미 단위로 끊어 읽고(/), 주어와 동사에 표시해 봅시다.

지문 듣기

❶ Do you have happy childhood memories?

❷ I'd like to tell you about Helen's happiest childhood memories.

❸ They are of her great-grandmother.

❹ Her great-grandmother always carried candy in her pockets.

❺ She gave some to Helen and her brother when they visited. ↗TIP

❻ Helen's dad always teased them and said, "Grandma, don't give them any candy!" ↗TIP

❼ But she did anyway.

❽ In her garden, there were many trees and colorful flowers.

❾ So, they enjoyed playing hide-and-seek with her there.

❿ She passed away last year, and now Helen's grandmother takes care of the house and garden.

⓫ Helen often visits the place with her brother.

⓬ They have tea with some candy to remember their great-grandmother's love.

GRAMMAR TIP

give, send, show, lend, teach, make, buy, ask 등의 동사는 사람 목적어(간접목적어)와 사물 목적어(직접목적어) 두 개를 가질 수 있어요. '~에게 …을 주다/보내 주다/보여 주다/빌려 주다/가르쳐 주다/만들어 주다/사 주다/물어보다' 등의 의미를 나타내요. 이런 동사들을 '수여동사'라고 불러요.

• Tim **sent** her an e-mail. (her: 간접목적어, an e-mail: 직접목적어)

• Dad **made** us pasta. (us: 간접목적어, pasta: 직접목적어)

cf. 간접목적어를 직접목적어 뒤로 보낼 수도 있어요. 이때 수여동사에 따라 간접목적어 앞에 전치사 to, for, of 중 하나를 써요.

• Tim **sent** an e-mail *to* her.

• Dad **made** pasta *for* us.

WORDS

childhood 어린 시절
great-grandmother 증조모
cf. great-grandfather 증조부
carry 가지고 다니다
visit 방문하다
cf. visitor 방문객, 손님
tease 놀리다
anyway 그래도, 어쨌든
garden 정원
hide-and-seek 숨바꼭질
pass away 사망하다, 돌아가시다
take care of ~을 돌보다
place 장소, 곳
tea 차, 티

READING GUIDE

밑줄 친 부분을 먼저 보고 성별을 확인한 다음, 글을 읽으면서 그 성별을 가진 새로운 등장인물에 모두 동그라미 쳐 봅시다.

밑줄 친 부분이 가리키는 대상이 나머지 넷과 다른 것은? (기출응용)

❶When Mom decided to marry Dad, her father didn't like him. ❷Dad was a painter from a poor family, and ①he didn't have a good background. ❸For Mom, that wasn't important, because she and ②he were soulmates. ❹That was more important than anything. ❺She wanted to spend the rest of her life with ③him. ❻So they got married and started a family in Millerton. ❼Soon, my grandfather changed his mind. ❽④He accepted Dad as his family. ❾When Dad couldn't make enough money from his work, ⑤he and Mom bought an old house on Grant Avenue. ❿There, they ran a guesthouse.

UNDERSTAND DEEPLY

1 윗글의 내용과 일치하면 T, 그렇지 않으면 F를 쓰시오.

(1) Dad was born into a rich family. _____

(2) At first, Mom's father didn't accept Dad as his family. _____

(3) Dad was a successful painter and he earned a lot of money. _____

2 What did Mom and Dad run together?

→ _____

3 필자의 부모님의 결혼을 통하여 얻을 수 있는 교훈을 다음과 같이 나타낼 때, 빈칸에 알맞은 말을 윗글에서 찾아 쓰시오.

The most important thing in a happy marriage is not the partner's job, family, or _____, but loving each other as _____.

READ CLOSELY

의미 단위로 끊어 읽고(/), 주어와 동사에 표시해 봅시다.

지문 듣기　　기출 원문 보기

GRAMMAR TIP

「비교급+than anything」은 '어떤 것보다도 더 ～한/하게'의 의미로, '가장 ～한/하게'라는 의미와 같아요. anything 대신 「any other+단수명사」를 쓸 수도 있어요.

• Diamond is **harder than anything**.

• Judy is **more popular than any other girl** in our school.

① When Mom decided to marry Dad, her father didn't like him.

② Dad was a painter from a poor family, and he didn't have a good background.

③ For Mom, that wasn't important, because she and he were soulmates.

④ That was more important than anything.　➔ TIP

⑤ She wanted to spend the rest of her life with him.

⑥ So they got married and started a family in Millerton.

⑦ Soon, my grandfather changed his mind.

⑧ He accepted Dad as his family.

⑨ When Dad couldn't make enough money from his work, he and Mom bought an old house on Grant Avenue.

⑩ There, they ran a guesthouse.

WORDS

decide 결심하다, 결정하다
cf. decision 결정, 판단
marry 결혼하다
cf. marriage 결혼 (생활)
painter 화가
background 배경
important 중요한
soulmate 영혼의 동반자
spend (시간을) 보내다; (돈을) 쓰다
the rest of ～의 나머지
get married 결혼하다
change one's mind 마음을 바꾸다
accept 받아들이다
make money 돈을 벌다
work 일
avenue 거리, ～가
run 운영하다; 달리다 (run - ran - run)
guesthouse 게스트하우스

1 세 단어 중 서로 의미가 비슷한 것 두 개를 고르시오.

(1) pass away ─── visit ─── die

(2) earn ─── make money ─── work

(3) important ─── smart ─── clever

(4) mind ─── skill ─── heart

2 우리말 뜻에 알맞은 영어 단어를 연결하시오.

(1) 결혼하다 (2) 결심하다 (3) 놀리다 (4) 키우다, 기르다

ⓐ decide ⓑ tease ⓒ raise ⓓ marry

3 우리말 뜻에 맞게 주어진 철자로 시작하는 단어 퍼즐을 완성하시오.

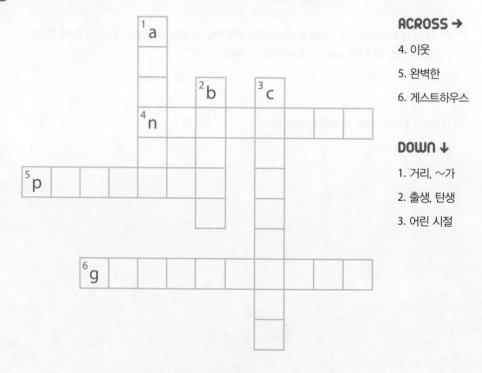

ACROSS →

4. 이웃
5. 완벽한
6. 게스트하우스

DOWN ↓

1. 거리, ~가
2. 출생, 탄생
3. 어린 시절

4 A와 B에서 알맞은 말을 하나씩 골라 우리말에 맞게 표현을 완성하시오.

A

take	soul
know	fine

B

mate	care of
lady	by heart

(1) 우아한 숙녀 _____

(2) ~을 암기하고 있다 _____

(3) 영혼의 동반자 _____

(4) ~을 돌보다 _____

5 네모 안에서 어법에 맞는 것을 고르시오.

(1) Mom decided marrying / to marry Dad.

(2) She could make many / much beautiful things.

(3) There was / were many trees and colorful flowers in her garden.

6 우리말과 의미가 같도록 괄호 안의 말을 바르게 배열하시오.

(1) 그들에게 어떤 사탕도 주지 마세요! (give / candy / them / any)

→ Don't _____!

(2) 그녀는 하프로 많은 멜로디를 연주했다. (of / a / melodies / lot)

→ She played _____ on the harp.

(3) 그것은 어떤 것보다도 더 중요했다. (anything / more / than / important)

→ That was _____.

(4) 그녀는 Helen과 그의 남동생에게 사탕을 주었다. (to / and / candy / gave / Helen / her brother)

→ She _____.

READING **28**

READING GUIDE

글을 읽으면서 필자가 말하고
자 하는 바가 가장 잘 드러난
문장 두 개를 찾아 밑줄을 그
어 봅시다.

다음 빈칸에 들어갈 말로 가장 적절한 것은? 기출응용

❶A teenager in my neighborhood repainted his neighbor's roof one summer. ❷He had the highest IQ among all the students at our school. ❸He climbed up on the roof with his paint bucket and roller. ❹Then he started to paint from the bottom to the top. ❺At the highest point of the roof, he was in trouble. ❻He couldn't get down! ❼When he tried, he slipped on the fresh paint and fell off the roof. ❽He broke his leg. ❾He was very good at math and reading, but he didn't think about starting from the top. ❿Sometimes common sense and practical knowledge are more useful than _____.

① social skills   ② great confidence
③ intellectual ability   ④ body strength
⑤ childhood dreams

UNDERSTAND DEEPLY

1 빈칸에 알맞은 단어를 윗글에서 찾아 쓰시오.
People with a high IQ may do well at school but may not have _____ _____.

2 윗글의 A teenager in my neighborhood에 관한 문장 중 틀린 부분을 고쳐 쓰시오.
(1) He repainted his roof.
_____ → _____
(2) He had the lowest IQ among the students in his school.
_____ → _____
(3) He painted the roof from the top to the bottom.
_____ → _____

3 윗글의 내용과 일치하도록 문장을 완성하시오.
He broke his leg when he _____.

GRAMMAR TIP

about, by, of, in, at 등 전치사 다음에는 명사 또는 동명사가 올 수 있어요.

• She was thinking **about studying** in Canada.
• I'm good **at drawing** cartoons.

❶ A teenager in my neighborhood repainted his neighbor's roof one summer.

❷ He had the highest IQ among all the students at our school.

❸ He climbed up on the roof with his paint bucket and roller.

❹ Then he started to paint from the bottom to the top.

❺ At the highest point of the roof, he was in trouble.

❻ He couldn't get down!

❼ When he tried, he slipped on the fresh paint and fell off the roof.

❽ He broke his leg.

❾ He was very good at math and reading, but he didn't think about starting from the top.

❿ Sometimes common sense and practical knowledge are more useful than _____.

WORDS

neighborhood 이웃, 근처
repaint ~을 다시 칠하다
climb up ~에 오르다
bucket 양동이
bottom 맨 아래
be in trouble 어려움에 처하다
get down 내려오다
slip 미끄러지다
fall off 떨어지다
break 부러지다, 부수다
common sense 상식
practical 실용적인
knowledge 지식

29

READING GUIDE

글을 읽으면서 필자가 말하고
자 하는 바를 가장 잘 담고 있
는 문장을 찾아 밑줄을 그어
봅시다.

다음 빈칸에 들어갈 말로 가장 적절한 것은? (기출응용)

❶It isn't easy to write email messages to people. ❷It's more difficult if you don't know them well or they are in a higher position. ❸In these cases, you should remember a few things. ❹One of them is _____. ❺The message needs to be easy to read. ❻Don't write long messages, and don't include too much information. ❼Reading those kinds of messages is stressful. ❽Consider this example: You need to cancel an appointment or miss class because you are ill. ❾You don't have to add all the details. ❿Just say, "I'm sick and can't come today." ⓫They will understand your message right away.

① to use common expressions
② to express requests politely
③ to keep your messages short
④ to start with a casual greeting
⑤ to respond to messages quickly

UNDERSTAND
DEEPLY

1 빈칸에 알맞은 단어를 윗글에서 찾아 쓰시오.

If a message is _____ and has _____ _____ _____, the reader can be stressed.

2 윗글에서 필자가 주장하는 바를 가장 바르게 이해한 사람은?

① 혜주: 웃어른께는 예를 갖춰 정중하게 행동해야 한다.
② 선아: 핵심 정보만을 담아서 간결하게 메일을 써야 한다.
③ 유진: 자신의 상황이나 처지를 상대방에게 상세하게 전달해야 한다.
④ 미나: 상대방의 지적 수준에 맞춰서 적절한 표현을 사용해야 한다.
⑤ 고은: 약속을 지키지 못할 상황이 되면 상대방에게 미리 양해를 구해야 한다.

지문 듣기   기출 원문 보기

❶ It isn't easy to write email messages to people.

_____

❷ It's more difficult if you don't know them well or they are in a higher position.

_____

❸ In these cases, you should remember a few things.

_____

❹ One of them is _____.

_____

❺ The message needs to be easy to read.

_____

❻ Don't write long messages, and don't include too much information.

_____

❼ Reading those kinds of messages is stressful.

_____

❽ Consider this example: You need to cancel an appointment or miss class because you are ill.

_____

❾ You don't have to add all the details.

_____

❿ Just say, "I'm sick and can't come today."

_____

⓫ They will understand your message right away.

_____

GRAMMAR TIP

길이가 긴 to부정사(구)가 문장에서 주어 역할을 할 때는 주어 자리에 가짜 주어 It을 쓰고, 진짜 주어인 to부정사(구)는 문장의 뒤로 보내요.

- **It** is important **to wash your hands often**.
- **It** is difficult **to learn foreign languages**.

READING TIP

빈칸에는 주로 글의 주제나 필자의 주장과 관련된 내용이 들어가요. 따라서 빈칸이 포함된 글을 읽을 때는 글의 도입부를 통해 주제를 파악하거나 should, must 등이 포함된 문장을 통해 필자의 주장을 파악한 후 글의 흐름을 잘 살피면서 읽는 것이 중요해요.

WORDS

message 전갈, 메시지
position 위치, 지위
case 경우, 사례
include 포함하다
information 정보
stressful 스트레스가 많은
consider 고려[숙고]하다
example 예, 사례
cancel 취소하다
appointment 약속
miss (수업에) 결석하다
details 세부 사항
right away 즉시, 곧바로

READING GUIDE

글을 읽으면서 빈칸 뒤의 However 이후에 반대 상황이 된 결정적 이유가 가장 잘 드러나 있는 문장을 찾아 밑줄을 그어 봅시다.

다음 빈칸에 들어갈 말로 가장 적절한 것은?

❶In 1914, a farm boy from Iowa started the American Pop Corn Company and began to sell popcorn. ❷Gradually, popcorn became popular all over the United States. ❸In the 1920s, people began to bring popcorn to movie theaters. ❹They wanted to eat it during movies, but the theater owners didn't allow it. ❺In their opinion, _____. ❻However, the film industry soon moved from silent movies to movies with sound. ❼After this, the theater owners had a change of heart. ❽They decided to sell popcorn inside their theaters. ❾Sounds from the movie could hide the sound of people eating popcorn. ❿They could also make money on popcorn. ⓫So, today, popcorn is a must-eat snack during movies.

① popcorn smelled terrible
② movie tickets were cheap
③ eating popcorn made too much noise
④ popcorn made the theater dirty
⑤ making popcorn cost a lot of money

UNDERSTAND DEEPLY

1 빈칸에 알맞은 단어를 써서 극장 소유주들의 생각 변화에 관한 표를 완성하시오.

background	silent movies	➡	movies with sounds
thought	They didn't allow (1)_____ _____ during movies.	➡	They decided to (2)_____ inside their theaters.
reason	It made (3)_____ _____.	➡	Sounds from the movie could hide the sound of p e o p l e (4)_____ _____.

2 윗글의 내용과 일치하도록 틀린 부분을 고쳐 쓰시오.

Today, people don't like to eat popcorn during movies.

_____ → _____

❶ In 1914, a farm boy from Iowa started the American Pop Corn Company and began to sell popcorn.

❷ Gradually, popcorn became popular all over the United States.

❸ In the 1920s, people began to bring popcorn to movie theaters.

❹ They wanted to eat it during movies, but the theater owners didn't allow it. ↱TIP

❺ In their opinion, _____.

❻ However, the film industry soon moved from silent movies to movies with sound.

❼ After this, the theater owners had a change of heart.

❽ They decided to sell popcorn inside their theaters.

❾ Sounds from the movie could hide the sound of people eating popcorn.

❿ They could also make money on popcorn.

⓫ So, today, popcorn is a must-eat snack during movies. ↱TIP

> **GRAMMAR TIP**
>
> during은 '~ 동안'이라는 뜻의 전치사로, 특정 기간을 나타내는 명사 앞에 써요.
>
> • Turn off your phone **during** *class*.
> • I will learn to skate **during** *the winter vacation*.
>
> *cf.* 전치사 for도 '~ 동안'이라는 뜻이지만, 숫자로 표현된 기간 앞에 써요.
>
> • We lived in London **for** *three years*.
> • Seri studies vocabulary **for** *an hour* every day.

WORDS

farm 농장
sell 팔다
gradually 점차적으로
bring 가져오다
movie theater 영화관
owner 주인, 소유주
allow 허락하다, 허용하다
opinion 의견, 생각
film 영화
industry 산업
silent 조용한, 무성의
have a change of heart 마음을 바꾸다
decide 결정하다, 결심하다
inside ~ 안[내부]에
hide 가리다, 감추다
snack 간식

1 우리말 뜻에 맞게 틀린 철자를 바르게 고쳐 단어를 다시 쓰시오.

(1) 위치, 지위   pogition   → _____

(2) 지식   knowleige   → _____

(3) 사회적인   sosial   → _____

(4) 능력   avility   → _____

(5) 취소하다   cansel   → _____

2 여러 개의 단어가 하나로 연결되어 있다. 단어가 끊기는 부분을 찾아 빗금(/)으로 표시하고 찾은 단어와 그 뜻을 순서대로 쓰시오.

industrysilentallowinformationappointmentneighborhood

(1) _____   (2) _____

(3) _____   (4) _____

(5) _____   (6) _____

3 우리말 뜻에 맞게 퍼즐을 완성한 다음, 파란색 칸의 철자를 연결한 단어와 그 뜻을 쓰시오.

(1) 흔한, 일반적인

(2) 인사말

(3) 응답하다, 답장을 보내다

(4) 유용한

(5) 다시 칠하다

(6) 바꾸다

(7) 자신감

(8) Hidden Word: _____   우리말 뜻: _____

4 주어진 단어를 사용하여 우리말 뜻에 해당하는 표현을 쓰시오. (한 번씩만 쓸 것)

(1) 즉시, 곧바로 _____

(2) 내려오다 _____

(3) 상식 _____

(4) ~에 오르다 _____

common	up	right	down

away	get	sense	climb

5 네모 안에서 어법에 맞는 것을 고르시오.

(1) He was very good at reading / to read .

(2) Don't include too many / much information.

(3) They wanted to eat popcorn for / during movies.

(4) Reading those kinds of messages is / are stressful.

6 우리말과 의미가 같도록 괄호 안의 말을 알맞은 형태로 쓰시오.

(1) 메시지는 읽기에 쉬워야 한다. (read)

→ The message needs to be easy _____.

(2) 사람들에게 이메일 메시지를 쓰는 것은 쉽지 않다. (write)

→ It isn't easy _____ email messages to people.

(3) 그는 위에서부터 시작하는 것에 대해 생각하지 못했다. (start)

→ He didn't think about _____ from the top.

Play Time

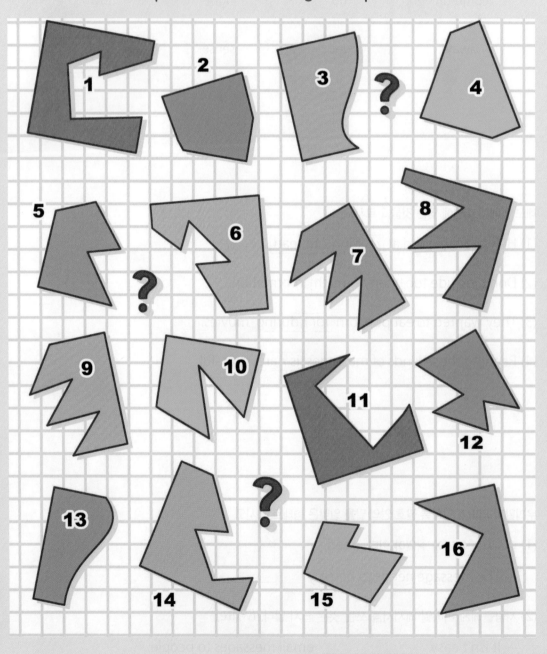

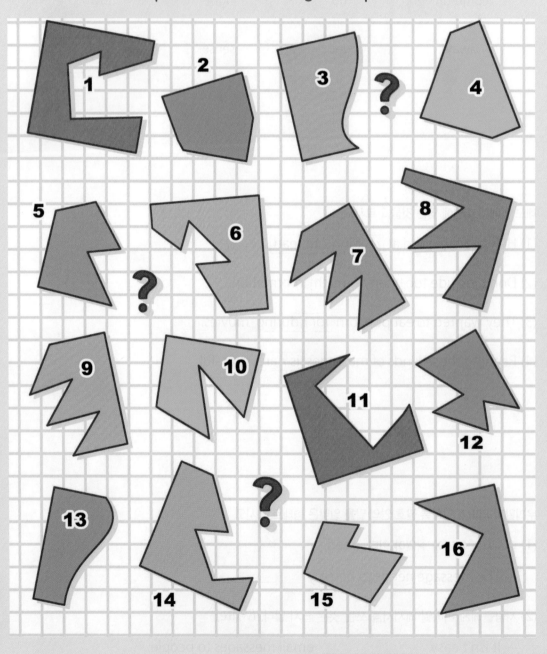

Match the shapes to make eight squares.

PART 4

흐름
파악하기

글의 흐름이란
뭔가요?

글이 하나의 주제를 가지고 첫 문장부터 마지막 문장
까지 논리적으로 자연스럽게 연결되는 것을 말해요.

어떻게 공부
하나요?

글의 주제를 파악하고, 이를 중심으로 문장과 문장이 서
로 어떤 유기적 관계를 맺으며 전개되고 있는지를 정리
하면서 글을 읽어요.

시험에 어떻게
나오나요?

다음 네 가지 유형으로 출제돼요.

READING GUIDE

글을 읽으면서 중심 소재를 찾아 동그라미 치고, 글의 주제를 파악해 봅시다.

다음 글의 빈칸 (A), (B)에 들어갈 말로 가장 적절한 것은?

① Do you know about acai berries? **②** They grow on acai palm trees in Brazil. **③** They are similar in size to grapes, and they look like grapes too. **④** But their seeds are very large. **⑤** _____(A)_____, the seed makes up 80% of the berry! **⑥** Acai berries taste like a mixture of dark berries and chocolate. **⑦** Like blueberries or red grapes, they have a very strong color. **⑧** It is deep purple or black. **⑨** This is because they are rich in anthocyanins. **⑩** Anthocyanins protect cells in the body. **⑪** _____(B)_____, acai berries are very healthy. **⑫** They can prevent aging and diseases such as heart disease and cancer.

* anthocyanin 안토시아닌(빨강 및 파랑 등의 색을 내는 항산화 성분)

(A)	(B)		(A)	(B)
① Lately	⋯⋯	Therefore	② In fact ⋯⋯	Therefore
③ Lately	⋯⋯	However	④ In fact ⋯⋯	However
⑤ At last	⋯⋯	For example		

UNDERSTAND DEEPLY

1 What is the color of acai berries?

→ _____

2 빈칸에 알맞은 말을 써서 acai berries에 관한 표를 완성하시오.

원산지	(1) _____
생김새	(2) _____와 유사
맛	어두운 베리류와 (3) _____이 섞인 맛
영양소	(4) _____이 풍부
효능	(5) _____ 방지 및 심장병, 암 등의 질병 예방

❶ Do you know about acai berries?

_____

❷ They grow on acai palm trees in Brazil.

_____

❸ They are similar in size to grapes, and they look like grapes too.

_____

❹ But their seeds are very large.

_____

❺ _____, the seed makes up 80% of the berry!

_____

❻ Acai berries taste like a mixture of dark berries and chocolate.

_____

❼ Like blueberries or red grapes, they have a very strong color.

_____

❽ It is deep purple or black.

_____

❾ This is because they are rich in anthocyanins. → TIP

_____

❿ Anthocyanins protect cells in the body.

_____

⓫ _____, acai berries are very healthy.

_____

⓬ They can prevent aging and diseases such as heart disease and cancer.

_____

_____

GRAMMAR TIP

This[That] is because ~는 '이것[그것]은 ~하기 때문이다'라는 뜻으로, 앞에서 말한 내용에 대한 이유나 원인을 설명할 때 써요.

• I like Park Bogum. **This is because** he acts very well.

• I feel so good. **That is because** today is Friday.

cf. 앞에서 말한 내용이 원인이 되어 발생한 결과를 설명할 때는 This[That] is why ~를 써요. '이것[그것]이 ~하는 이유이다'라는 뜻이에요.

• Park Bogum acts very well. **This is why** I like him.

• Today is Friday. **That is why** I feel so good.

READING TIP

연결어를 묻는 지문의 경우, 우선 글의 도입부를 통해 글의 중심 소재를 파악한 후 빈칸 앞뒤의 문장을 꼼꼼히 살피면서 글의 흐름에 유의하여 읽는 것이 도움이 돼요.

WORDS

palm tree 야자나무
similar 비슷한
seed 씨, 씨앗
make up ~을 구성하다
mixture 혼합물
deep 짙은
be rich in ~이 풍부하다
protect 보호하다
cell 세포
prevent 예방하다, 막다
aging 노화
disease 질병
cancer 암

READING 32

READING GUIDE

글을 읽으면서 중심 소재를 찾아 동그라미 치고, 글의 주제를 파악해 봅시다.

다음 글의 빈칸 (A), (B)에 들어갈 말로 가장 적절한 것은? 기출응용

❶What's happening when we're doing two things at once? ❷It's simple. ❸Our brain has many channels. ❹So we can process different kinds of data in different parts of our brain. ❺_____(A)_____, you can talk and walk at the same time. ❻There is no channel interference. ❼One is happening in the foreground and the other in the background. ❽But you can't really focus on both activities. ❾When you are explaining how to operate a complex machine on the phone, you will stop walking. ❿_____(B)_____, when you are crossing a rope bridge over a valley, you will stop talking. ⓫You can do two things at once only when they're not too complex.

*interference 간섭

	(A)		(B)			(A)		(B)
①	However	······	Thus		②	However	······	Similarly
③	Therefore	······	For example		④	Therefore	······	Similarly
⑤	Moreover	······	For example					

UNDERSTAND DEEPLY

1 윗글에서 알맞은 단어를 찾아 윗글의 제목을 완성하시오.

The Processing of _____ _____ _____ in Our _____

2 윗글의 내용과 일치하면 T, 그렇지 않으면 F를 쓰시오.

(1) We can't process different kinds of data in different parts of our brain. _____

(2) When you walk and talk at the same time, there is no channel interference. _____

3 윗글에서 '복잡한 일이라 동시에 처리할 수 없는 것'의 예 두 가지를 찾아 우리말로 쓰시오.

(1) _____

(2) _____

❶ What's happening when we're doing two things at once?

❷ It's simple.

❸ Our brain has many channels.

❹ So we can process different kinds of data in different parts of our brain.

❺ _____, you can talk and walk at the same time.

❻ There is no channel interference.

❼ One is happening in the foreground and the other in the background.

❽ But you can't really focus on both activities.

❾ When you are explaining how to operate a complex machine on the phone, you will stop walking.

❿ _____, when you are crossing a rope bridge over a valley, you will stop talking.

⓫ You can do two things at once only when they're not too complex.

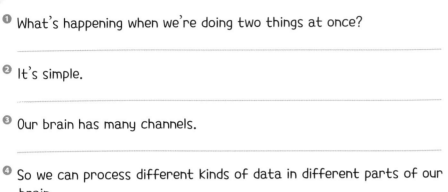

GRAMMAR TIP

「how + to부정사」는 '어떻게 ~할지[~하는 방법]'라는 뜻이에요. 문장에서 명사처럼 주어, 보어, 목적어 역할을 하는데, 주로 목적어로 쓰여요. how 자리에 what, where, when 등의 의문사를 쓸 수 있으며 의문사에 따라 의미가 달라져요.

• **How to live** happily is most important.
(주어 역할: 어떻게 ~할지)

• I don't know **what to buy** for her.
(목적어 역할: 무엇을 ~할지)

• The problem is **where to park** the car.
(보어 역할: 어디에 ~할지)

WORDS ....

happen 일어나다, 발생하다
at once 동시에
simple 간단한
channel 채널, 경로
process 처리하다
foreground 전면
background 후면
focus on ~에 집중하다
activity 행동, 활동
explain 설명하다
operate 작동하다
complex 복잡한
machine 기계
on the phone 전화로
cross 건너다
rope 밧줄
valley 계곡

READING

33

READING GUIDE

글을 읽으면서 주제가 가장
잘 드러난 문장을 찾아 밑줄
을 그어 봅시다.

다음 글의 빈칸 (A), (B)에 들어갈 말로 가장 적절한 것은? (기출응용)

➊ All living languages change. ➋ How fast do they change? ➌ It is different from time to time and from language to language. ➍ ____(A)____, reading Icelandic documents from the Middle Ages is not very difficult for a modern Icelander. ➎ That is because Icelandic changes slowly. ➏ Icelandic history began a thousand years ago. ➐ But today the language is pretty much the same. ➑ ____(B)____, modern English users have great difficulty with English documents from the year 1300. ➒ In fact, English from the year 900 seems like a foreign language to them. ➓ At that time, the English was a lot different from its modern form.

	(A)		(B)
①	For example	......	In addition
②	For example	......	In contrast
③	Similarly	......	In short
④	Instead	......	In short
⑤	Instead	......	In contrast

UNDERSTAND
DEEPLY

1 주어진 철자에 맞게 빈칸을 채워 윗글의 요약문을 완성하시오.

Some languages c_____ f_____, other languages
c_____ s_____.

2 윗글에서 대조하고 있는 두 가지를 찾아 쓰시오.

_____ and _____

3 윗글의 내용과 일치하면 T, 그렇지 않으면 F를 쓰시오.

(1) Reading Icelandic documents from the Middle Ages is very difficult for a modern Icelander. _____

(2) Modern English is similar to English from the year 900. _____

GRAMMAR TIP

동명사는 명사처럼 문장에서 주어 역할을 할 수 있어요. 동명사구 주어는 단수 취급하므로 단수 동사를 써요.

- **Being honest** *is* best.
- **Making gimchi** *was* a big family event.

❶ All living languages change.

_____

❷ How fast do they change?

_____

❸ It is different from time to time and from language to language.

_____

❹ _____, reading Icelandic documents from the Middle Ages is not very difficult for a modern Icelander.   TIP

_____

_____

❺ That is because Icelandic changes slowly.

_____

❻ Icelandic history began a thousand years ago.

_____

❼ But today the language is pretty much the same.

_____

❽ _____, modern English users have great difficulty with English documents from the year 1300.

_____

_____

❾ In fact, English from the year 900 seems like a foreign language to them.

_____

❿ At that time, the English was a lot different from its modern form.

_____

WORDS

living 살아 있는
language 언어
Icelandic 아이슬란드(어)의; 아이슬란드어
document 문서
modern 현대의
Icelander 아이슬란드인
pretty 아주, 꽤
user 사용자
have difficulty with ~에 어려움을 겪다
seem like ~처럼 보이다
foreign 외국의
at that time 그 당시에
be different from ~와 다르다
form 모습, 형태

4 주어진 단어를 사용하여 우리말 뜻에 해당하는 표현을 쓰시오. (중복 사용 가능)

(1) ~에 뒤섞이다 _____

(2) ~에 부딪치다 _____

(3) 도망가다 _____

(4) ~에 타다 _____

(5) ~에 맞서다 _____

(6) ~을 겁주어 쫓아버리다 _____

| get | away | blend | stand |
| scare | crash | up to | run | into |

5 우리말과 의미가 같도록 네모 안에서 알맞은 말을 고르시오.

(1) 어떻게 아주 작은 애벌레가 자신을 보호할까?

→ How does a tiny caterpillar protect it / itself ?

(2) 그녀는 개보다 훨씬 더 크게 소리를 낸다.

→ She makes a sound very / much louder than the dog does.

(3) 배가 바위에 부딪쳤을 때, 뱃사공이 학자에게 몸을 돌렸다.

→ As / Since the boat crashed into a rock, the boatman turned to the scholar.

6 우리말과 의미가 같도록 괄호 안의 말을 바르게 배열하시오.

(1) 너는 강해야 한다. (be / to / strong / have)

→ You _____.

(2) 그 점들은 커다란 빨간 입 위에 있는 눈처럼 보인다. (like / look / eyes)

→ The spots _____ above a big red mouth.

(3) 그들이 말하고 있을 때 나는 이웃의 뒤뜰을 배회한다. (talk / as / they)

→ _____, I wander into the backyard of the neighbor's.

READING GUIDE

주어진 문장을 먼저 읽고, 연결어와 대명사에 집중하여 해석해 봅시다. 그런 다음, 글을 읽으면서 대명사가 가리키는 것을 찾아 밑줄을 그어 봅시다.

글의 흐름으로 보아, 주어진 문장이 들어가기에 가장 적절한 곳은?

❶ Later, its meaning changed to "kind."

❷ If someone says to you, "You are a silly person," you may become angry. ❸ If another says, "You are a nice person," you may become happy. ❹ However, five hundred years ago, people liked to hear "You are a silly person" more than "You are a nice person." Why? (①) ❺ The word "silly" meant "happy" in the old days. (②) ❻ Its meaning changed over time. (③) ❼ Now the word means "foolish." (④) ❽ On the other hand, in the old days, the meaning of "nice" was "foolish." (⑤) ❾ As in these examples, the meanings of some words can change over time.

UNDERSTAND DEEPLY

1 윗글의 내용과 일치하면 T, 그렇지 않으면 F를 쓰시오.

(1) A long time ago, people didn't like to hear "You are a nice person."
_____

(2) In the past, the words "silly" and "nice" had the same meaning.
_____

2 What did the word "nice" mean five hundred years ago?

→ _____

3 윗글의 요지를 다음과 같이 나타낼 때 빈칸에 알맞은 말을 윗글에서 찾아 쓰시오.

The _____ of some words can _____ as time passes.

지문 듣기

① Later, its meaning changed to "kind."

② If someone says to you, "You are a silly person," you **may** become angry.

③ If another says, "You are a nice person," you **may** become happy.

④ However, five hundred years ago, people liked to hear "You are a silly person" more than "You are a nice person." Why?

⑤ The word "silly" meant "happy" in the old days.

⑥ Its meaning changed over time.

⑦ Now the word means "foolish."

⑧ On the other hand, in the old days, the meaning of "nice" was "foolish."

⑨ As in these examples, the meanings of some words can change over time.

GRAMMAR TIP

may는 '∼일 수도 있다, ∼일지도 모른다'라는 뜻의 추측을 나타내는 조동사예요. 부정형은 may not(∼이 아닐 수도 있다, ∼이 아닐지도 모른다)으로 써요.

• They **may** win or they **may** lose.

• Ann **may not** come to the party tonight.

cf. may는 '∼해도 된다'라는 뜻의 허가를 나타내기도 해요.

• **May** I use your pen?

• You **may not** enter this room.

READING TIP

주어진 문장을 먼저 읽고, 앞뒤의 내용을 추측할 수 있는 연결어나 대명사에 주목해요. 여기서는 its가 가리키는 것을 알면 답을 찾을 수 있어요.

WORDS

change to ∼로 바뀌다
kind 친절한
someone 어떤 사람
silly 어리석은
angry 화난
another 다른 사람
nice 좋은
hundred 백, 100
in the old days 옛날에는
over time 시간이 흐르면서
foolish 어리석은
on the other hand 반면에

READING GUIDE

주어진 문장을 먼저 읽고, 핵심어구에 집중하여 해석해 봅시다. 그런 다음, 글을 읽으면서 핵심어구와 관련된 내용이 시작되는 문장을 찾아 밑줄을 그어 봅시다.

글의 흐름으로 보아, 주어진 문장이 들어가기에 가장 적절한 곳은?

> ❶ Are you a bad cook?

❷ Are you out of sugar in the kitchen? ❸ Is your egg tray empty? ❹ Is the nearest shop too far away? ❺ You won't find these kinds of problems in the future. (①) ❻ The kitchen is getting smarter. (②) ❼ In the future, your kitchen will be able to give you advice on planning your menu. ❽ It will even keep in mind your likes and dislikes! (③) ❾ You don't need to worry. ❿ The kitchen computer system will tell you the ingredients for each dish. (④) ⓫ In a smart kitchen, you can also download recipes when you need them. ⓬ Is the fridge empty? (⑤) ⓭ The kitchen will automatically call and order things from the supermarket.

UNDERSTAND DEEPLY

1 윗글에서 알맞은 단어를 찾아 글의 제목을 완성하시오.

The _____ Kitchen of the Future

2 빈칸에 알맞은 말을 써서 다음 표를 완성하시오.

미래 부엌의 다양한 기능
• (1)_____ 계획에 대한 조언
• 음식에 대한 호불호 기억
• 요리 (2)_____ 안내
• (3)_____ 다운로드 가능
• 슈퍼마켓에 물건 (4)_____

READ **CLOSELY** 의미 단위로 끊어 읽고(/), 주어와 동사에 표시해 봅시다.

❶ Are you a bad cook? →TIP
_____

❷ Are you out of sugar in the kitchen?
_____

❸ Is your egg tray empty?
_____

❹ Is the nearest shop too far away?
_____

❺ You won't find these kinds of problems in the future.
_____

❻ The kitchen is getting smarter.
_____

❼ In the future, your kitchen will be able to →TIP give you advice on planning your menu.
_____
_____

❽ It will even keep in mind your likes and dislikes!
_____

❾ You don't need to worry.
_____

❿ The kitchen computer system will tell you the ingredients for each dish.
_____
_____

⓫ In a smart kitchen, you can also download recipes when you need them.
_____
_____

⓬ Is the fridge empty?
_____

⓭ The kitchen will automatically call and order things from the supermarket.
_____
_____

GRAMMAR TIP

조동사는 두 개를 연달아 쓸 수 없어요. 그래서 둘 중 하나를 조동사를 대신하는 말로 바꿔서 써야 해요.

- Soon you **will ~~can~~ be able to** find the answer to the question.

- Sam **will ~~must~~ have to** wait before the doctor sees him.

READING TIP

주어진 문장에 별다른 단서가 없다면 소재와 내용에 집중해요. a bad cook이 언급되었으므로 글을 읽으면서 그와 관련된 내용이 나오는 부분을 찾아야 해요.

WORDS

cook 요리사
cf. cooker 조리 기구
be out of ~이 다 떨어지다
sugar 설탕
tray 쟁반
empty 비어 있는
future 미래
advice 조언
plan 계획하다
keep A in mind A를 기억해 두다
ingredient 재료
recipe 조리법
fridge 냉장고(= refrigerator)
automatically 자동으로
order A from B B에서 A를 주문하다

READING **42**

READING GUIDE

주어진 문장을 먼저 읽고, 핵심어구에 집중하여 해석해 봅시다. 그런 다음, 글을 읽으면서 핵심어구와 관련된 내용이 시작되는 문장을 찾아 밑줄을 그어 봅시다.

글의 흐름으로 보아, 주어진 문장이 들어가기에 가장 적절한 곳은?

> **❶** But the best tip for public speaking is to practice a lot.

❷ Do you often give presentations? **❸** Do you feel nervous when you make a speech? (①) **❹** But don't worry. **❺** Even great speakers can feel nervous. (②) **❻** We can't remove the fear of public speaking completely, but we can try to overcome it in different ways. (③) **❼** Some people take a deep breath, and others drink some water. (④) **❽** With enough practice, you can reduce your fear and improve your skills. (⑤) **❾** You will surely feel more comfortable and confident.

UNDERSTAND
DEEPLY

1 윗글에 나온 문제와 해결책을 찾아 표를 완성하시오.

Problem	You (1)_____ _____ when you make a speech.
Solution 1	Take a (2)_____ _____.
Solution 2	Drink some (3)_____.
Solution 3	(4)_____ a lot.

2 윗글의 요지를 다음과 같이 요약할 때 빈칸에 알맞은 말을 윗글에서 찾아 쓰시오.

If you _____ enough, you can _____ your presentation skills and feel more _____ and _____.

지문 듣기

❶ But the best tip for public speaking is to practice a lot. ↗TIP

GRAMMAR TIP

to부정사가 be동사 뒤에 오면 '～하는 것(이다)'라는 의미예요. 이때의 to부정사는 명사처럼 쓰여 문장에서 보어 역할을 해요.

• My dream *is* **to become** a scientist.

• Seri's plan *is* **to study** harder next year.

❷ Do you often give presentations?

❸ Do you feel nervous when you make a speech?

❹ But don't worry.

❺ Even great speakers can feel nervous.

❻ We can't remove the fear of public speaking completely, but we can try to overcome it in different ways.

❼ Some people take a deep breath, and others drink some water.

❽ With enough practice, you can reduce your fear and improve your skills.

❾ You will surely feel more comfortable and confident.

WORDS

public speaking 대중 연설
practice 연습하다; 연습
give a presentation 발표하다
nervous 불안해하는
make a speech 연설하다
speaker 연사, 발표자
remove 없애다
fear 두려움
completely 완전히
overcome 극복하다
take a deep breath 심호흡하다
enough 충분한
reduce 줄이다
improve 향상시키다
surely 확실히
comfortable 편안한
confident 자신감 있는

REVIEW TIME

1 사진을 보고, 빈칸에 알맞은 철자를 넣어 단어를 완성하시오.

(1)

(2)

(3) **100**

f _ _ _ _ e   k i _ _ _ _ n   h u n _ _ _ _ _

2 우리말 뜻에 맞는 단어를 보기 에서 찾아 쓰시오.

보기

overcome	remove	silly
confident	improve	comfortable

(1) 자신감 있는 _____   (2) 편안한 _____

(3) 극복하다 _____   (4) 어리석은 _____

(5) 향상시키다 _____   (6) 없애다 _____

3 우리말 뜻에 맞게 퍼즐을 완성한 다음, 파란색 칸의 철자를 연결한 단어와 그 뜻을 쓰시오.

(1) 설탕

(2) 주문하다

(3) 불안해하는

(4) 어리석은

(5) 조리법

(6) 연사, 발표자

(7) Hidden Word: _____   우리말 뜻: _____

4 A와 B에서 알맞은 말을 골라 우리말에 맞게 표현을 완성하시오. (한 번씩만 쓸 것)

A	
make	keep
take	give

B	
a deep breath	a speech
in mind	a presentation

(1) 발표하다 _____

(2) 연설하다 _____

(3) 심호흡하다 _____

(4) ~을 기억해 두다 _____

5 네모 안에서 어법에 맞는 것을 고르시오.

(1) Your kitchen will can / be able to give you advice.

(2) The best tip for public speaking is practice / to practice a lot.

(3) Do you feel nervous / nervously when you make a speech?

6 우리말과 의미가 같도록 괄호 안의 말을 이용하여 문장을 완성하시오.

(1) 부엌이 점점 더 똑똑해지고 있다. (be, get, smart)

→ The kitchen _____.

(2) 우리는 여러 가지 방법으로 두려움을 극복하려고 노력한다. (try, overcome)

→ We _____ the fear in different ways.

(3) 누군가 당신에게 "You are a silly person"이라고 말하면 당신은 화가 날지도 모른다.
(may, become, angry)

→ If someone says to you, "You are a silly person," _____.

Play Time

바른답·알찬풀이 | p. 45

All the blocks have the same weight. Then what number is the heaviest? What number is the lightest? Which 3 objects weigh the same?

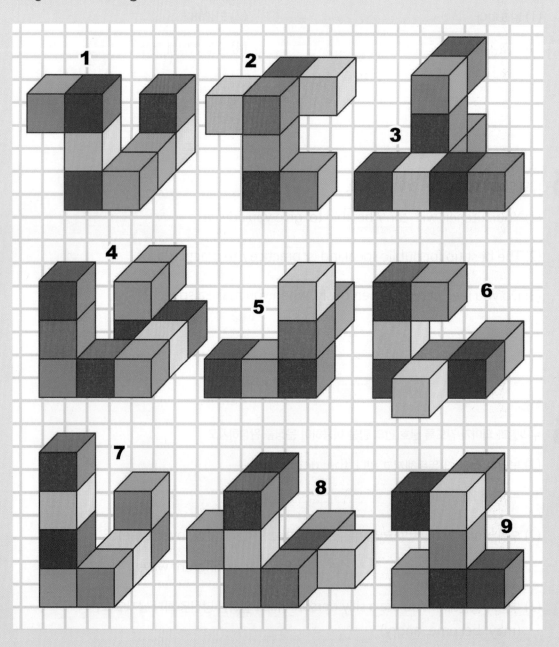

PART 5

긴 글
이해하기

 **긴 글이란
뭔가요?**

독해에서 긴 글은 보통 두 단락 이상으로 이루어진 글을
말해요.

 **어떻게 공부
하나요?**

단락마다 중심 내용을 요약하면서 글을 읽고, 이를 종합
하여 글 전체의 주제를 파악하도록 해요.

• 한꺼번에 빠르게 읽어 내용을 이해하려고 하면 실수를 하게
되거나 글을 여러 번 읽게 되어 시간을 낭비할 수도 있어요.
이런 독해 습관은 피해야 해요.

**시험에 어떻게
나오나요?**

다음 두 가지 유형으로 출제돼요.

✓ **장문 이해하기**   UNIT 14

✓ **복합문단 이해하기**   UNIT 15

GET READY

문제 1~2를 먼저 읽고, 무엇에 중점을 두고 글을 읽어야 하는지 알아봅시다.

다음 글을 읽고, 물음에 답하시오. 기출응용

❶What do you get from the air around you? ❷You can't see it, but you take it in every breath. ❸We call this "oxygen." ❹All animals need oxygen. ❺Water animals get their oxygen from the water. ❻Plants also need gases from the air. ❼In order to make and consume food, they need carbon dioxide in the day and oxygen at night.

❽Where do these gases come from? ❾They come from plants and animals! ❿Plants make oxygen, and animals use it. ⓫Animals give off carbon dioxide, and plants use it. ⓬Animals and plants take part in the carbon dioxide and oxygen cycles. ⓭The carbon dioxide and oxygen cycles are the _____ of these two gases. ⓮The gases move from one group of living things to another in both water and land ecosystems. ⓯Thus, living things can survive because they don't use up the gases, but exchange them.

*carbon dioxide 이산화탄소

READING GUIDE

글을 읽으면서 글의 주제를 가장 잘 담고 있는 문장을 찾아 밑줄을 그어 봅시다.

1 윗글의 제목으로 가장 적절한 것은?

① Water and Land Ecosystems

② How Do Living Things Use Air?

③ The Life Cycle of Water Animals

④ Why Is the Earth Getting Warmer?

⑤ Oxygen: An Important Gas for Living Things

READING GUIDE

글을 읽으면서 빈칸에 들어갈 말을 유추할 수 있는 가장 중요한 단어를 찾아 동그라미 쳐 봅시다.

2 윗글의 빈칸에 들어갈 말로 가장 적절한 것은?

① trading   ② storing   ③ dividing

④ freezing   ⑤ destroying

UNDERSTAND DEEPLY

1 윗글의 내용과 일치하면 T, 그렇지 않으면 F를 쓰시오.

(1) Plants need oxygen to make and consume food in the day. _____

(2) Carbon dioxide and oxygen come from animals and plants. _____

(3) Carbon dioxide and oxygen won't be available in the near future. _____

2 What do all animals take in when they breathe?

→ _____

3 윗글의 내용을 다음과 같이 요약할 때 빈칸에 알맞은 말을 윗글의 단어를 활용하여 쓰시오.

Animals and plants can live by _____ carbon dioxide and _____.

지문 듣기   기출 원문 보기

TIP

GRAMMAR

one ~ another ...는 셋 이상의 대상 중에서 하나(one)와 또 다른 하나(another)를 가리킬 때 쓰는 표현이에요.

• Parents sat at **one** table and children sat at **another** table.

• You can copy a file from **one** folder to **another** by dragging it.

cf. 두 대상 중에서 하나와 나머지 하나를 가리킬 때는 one ~ the other ...라고 해요.

• I have two cats. **One** is white and **the other** is black.

• There are two special dishes. **One** is japchae and **the other** is jeon.

❶ What do you get from the air around you?

_____

❷ You can't see it, but you take it in every breath.

_____

❸ We call this "oxygen."

_____

❹ All animals need oxygen.

_____

❺ Water animals get their oxygen from the water.

_____

❻ Plants also need gases from the air.

_____

❼ In order to make and consume food, they need carbon dioxide in the day and oxygen at night.

_____

❽ Where do these gases come from?

_____

❾ They come from plants and animals!

_____

❿ Plants make oxygen, and animals use it.

_____

⓫ Animals give off carbon dioxide, and plants use it.

_____

⑫ Animals and plants take part in the carbon dioxide and oxygen cycles.

_____

_____

⑬ The carbon dioxide and oxygen cycles are the _____ of these two gases.

_____

_____

⑭ The gases move from one group of living things to another in both water and land ecosystems.

_____

_____

⑮ Thus, living things can survive because they don't use up the gases, but exchange them.

_____

_____

READING TIP

장문은 글을 읽기 전에 먼저 지시문과 선택지를 훑어보고 어디에 초점을 맞추어 읽어야 하는지 파악하는 게 좋아요. 문제의 유형에 따라 접근 방식을 달리하는 것도 효과적인 문제 풀이 비법이에요.

WORDS

breath 숨

cf. breathe 숨 쉬다

oxygen 산소

gas 기체

consume 소모[소비]하다

cf. consumer 소비자

come from ~에서 나오다

give off ~을 내뿜다

take part in ~에 참여하다

cycle 순환

living things 생물

land 육지, 땅

ecosystem 생태계

survive 살아남다

use up ~을 다 써 버리다

exchange 교환하다

READING

44

GET READY

문제 1~2를 먼저 읽고, 무엇에 중점을 두고 글을 읽어야 하는지 알아봅시다.

다음 글을 읽고, 물음에 답하시오. 기출응용

❶A few years ago, Roberta Vinci had a tennis match with famous tennis champion Serena Williams in the US Open. ❷To everyone's surprise, Vinci won! ❸In an interview after the match, Vinci talked about her thoughts before the game. ❹She didn't expect to win. ❺So she tried to forget about winning. ❻"In my mind I said, 'Hit the ball and run. Don't think, just run.' And then I won."

❼Positivity is an important virtue, but Vinci's attitude is the exact opposite of it. ❽If you feel like something is impossible, people recommend thinking positively. ❾However, if something seems impossible and you don't expect to succeed, then thinking positively can increase your anxiety. ❿It actually doesn't help at all. ⓫Therefore, sometimes the best method for success is this: Stop thinking about the possibility and go forward one step at a time. ⓬Remember, focusing too much on the ＿＿＿＿＿＿ can stop you from achieving it. ⓭Forget about it. ⓮Just hit the ball, and run.

*virtue 덕목

READING GUIDE

글을 읽으면서 글의 주제를 가장 잘 담고 있는 문장을 찾아 밑줄을 그어 봅시다.

1 윗글의 제목으로 가장 적절한 것은?

① The Power of Positive Thinking
② Stop Thinking, Be in the Moment
③ Keep Your Original Plan on Track
④ Physical Activity Reduces Anxiety
⑤ Want to Succeed? Learn from Your Mistakes!

READING GUIDE

글을 읽으면서 빈칸에 들어갈 말을 유추할 수 있는 가장 중요한 문장을 찾아 밑줄을 그어 봅시다.

2 윗글의 빈칸에 들어갈 말로 가장 적절한 것은?

① goal   ② effort   ③ fame
④ luck   ⑤ pleasure

UNDERSTAND DEEPLY

1 윗글의 내용과 일치하면 T, 그렇지 않으면 F를 쓰시오.

(1) Many people expected Roberta Vinci's victory. _____

(2) Roberta Vinci tried to think positively throughout the game. _____

2 윗글의 내용과 일치하도록 틀린 부분을 고쳐 쓰시오.

Roberta Vinci tried to think about winning before the match.

_____ → _____

3 필자의 주장을 다음과 같이 나타낼 때 빈칸에 알맞은 말을 윗글에서 찾아 쓰시오.

If you feel like something is impossible, it's sometimes more helpful to stop thinking _____ and just take things _____ at a time.

지문 듣기   기출 원문 보기

GRAMMAR TIP

「seem+형용사」는 '~해 보이다'라는 뜻이에요. 「look+형용사」와 쓰임이 비슷하지만, seem은 겉보기뿐만 아니라 느낌이나 생각에 보이는 모습을 말하며, look은 겉보기에 보이는 모습에 더 중점을 둔 표현이에요.

• Our new classmate **seems** smart.

• Bill's company **seems** successful.

cf. 「look like+명사」처럼 「seem like+명사」로도 쓸 수 있어요. '~처럼 보이다'라는 뜻이에요.

• A minute **seems like** an hour.

• Mike doesn't **seem like** a bad guy.

❶ A few years ago, Roberta Vinci had a tennis match with famous tennis champion Serena Williams in the US Open.

❷ To everyone's surprise, Vinci won!

❸ In an interview after the match, Vinci talked about her thoughts before the game.

❹ She didn't expect to win.

❺ So she tried to forget about winning.

❻ "In my mind I said, 'Hit the ball and run. Don't think, just run.' And then I won."

❼ Positivity is an important virtue, but Vinci's attitude is the exact opposite of it.

❽ If you feel like something is impossible, people recommend thinking positively.

❾ However, if something seems impossible ←TIP and you don't expect to succeed, then thinking positively can increase your anxiety.

❿ It actually doesn't help at all.

⑪ Therefore, sometimes the best method for success is this: Stop thinking about the possibility and go forward one step at a time.

_____

⑫ Remember, focusing too much on the _____ can stop you from achieving it.

_____

⑬ Forget about it.

_____

⑭ Just hit the ball, and run.

_____

◗ WORDS ·····························

have a match 경기를 하다
to one's surprise 놀랍게도
thought 생각
expect 예상[기대]하다
winning 우승
positivity 긍정
cf. positive 긍정적인
attitude 태도
exact 정확한
opposite 반대
impossible 불가능한
cf. possible 가능한
recommend 권하다
positively 긍정적으로
increase 증가시키다
cf. decrease 감소시키다
anxiety 불안감
actually 실제로
not ~ at all 전혀 ~ 않다
possibility 가능성
go forward 나아가다
focus on ~에 집중하다, ~에 초점을 맞추다
stop A from -ing A가 ~하지 못하게 하다

GET READY

문제 1~2를 먼저 읽고, 무엇에 중점을 두고 글을 읽어야 하는지 알아봅시다.

다음 글을 읽고, 물음에 답하시오. (기출응용)

❶ For a manager, food is an important tool for managing workers. ❷ When workers have full stomachs, they feel happier and more satisfied. ❸ When they eat together, they get along better with each other. ❹ Give them a snack or pay for lunch sometimes. ❺ Then, your office can be friendlier. ❻ You don't need to plan these events carefully. ❼ You don't need to worry about money. ❽ If you have a small budget, you can't buy lunch at a restaurant for all your workers. ❾ Bringing in some cookies sometimes is enough. ❿ You can even encourage workers to bring in food themselves.

⓫ To use food effectively, you should make it a _____ event. ⓬ If you are planning to bring doughnuts to the Friday meeting, don't tell anyone. ⓭ The food must appear suddenly. ⓮ Then, friendly and helpful feelings can easily come up between workers. ⓯ When workers bring in food themselves, you should praise them. ⓰ This creates an atmosphere of sharing.

*budget 예산

READING GUIDE

글을 읽으면서 글의 주제를 가장 잘 담고 있는 문장을 찾아 밑줄을 그어 봅시다.

1 윗글의 제목으로 가장 적절한 것은?

① Give People Food for a Better Workplace
② Eat Out but Think about Your Budget
③ Eat More Lunch but Less Dinner
④ Don't Eat During Work Hours
⑤ Take a Break to Rest Up

READING GUIDE

글을 읽으면서 빈칸에 들어갈 말을 유추할 수 있는 가장 중요한 문장을 찾아 밑줄을 그어 봅시다.

2 윗글의 빈칸에 들어갈 말로 가장 적절한 것은?

① surprising　　　② humorous　　　③ comfortable
④ mysterious　　　⑤ regular

UNDERSTAND
DEEPLY

1 빈칸에 알맞은 단어를 윗글에서 찾아 쓰시오.

_____ can make a _____ and _____ atmosphere at work.

2 윗글의 내용과 일치하도록 틀린 부분을 고쳐 쓰시오.

(1) You must plan an event carefully when you want to eat together with your workers. _____ → _____

(2) You can bring some cookies if you have a large budget.
_____ → _____

(3) When workers bring some snacks to the office, you should stop them. _____ → _____

지문 듣기   기출 원문 보기

TIP
GRAMMAR

should는 '~해야 한다, ~하는 것이 좋겠다'라는 의미로, 어떤 일을 하는 것이 옳은 일임을 나타내거나 충고할 때 써요. shouldn't는 '~하지 말아야 한다, ~하지 않는 것이 좋겠다'라는 뜻이에요.

• We **should** be polite to the teachers.

• You **shouldn't** eat too much junk food.

cf. must도 '~해야 한다'라는 뜻이지만, 매우 중요하거나 반드시 해야 하는 일을 나타낼 때 써요.

• My mom **must** go on a business trip next week.

• Students **must** follow the school rules.

❶ For a manager, food is an important tool for managing workers.

_____

❷ When workers have full stomachs, they feel happier and more satisfied.

_____

_____

❸ When they eat together, they get along better with each other.

_____

❹ Give them a snack or pay for lunch sometimes.

_____

❺ Then, your office can be friendlier.

_____

❻ You don't need to plan these events carefully.

_____

❼ You don't need to worry about money.

_____

❽ If you have a small budget, you can't buy lunch at a restaurant for all your workers.

_____

_____

❾ Bringing in some cookies sometimes is enough.

_____

❿ You can even encourage workers to bring in food themselves.

_____

⓫ To use food effectively, you should make it a _____ event.

_____

⓬ If you are planning to bring doughnuts to the Friday meeting, don't tell anyone.

_____

_____

⑬ The food must appear suddenly.

⑭ Then, friendly and helpful feelings can easily come up between workers.

⑮ When workers bring in food themselves, you should̲ praise them. •▶TIP

⑯ This creates an atmosphere of sharing.

⊂WORDS ....

manager 경영자, 매니저

tool 수단, 도구

manage 관리하다, 운영하다

have a full stomach 배가 부르다

satisfied 만족하는

get along well with ～와 잘 지내다

pay for ～의 비용을 지불하다

friendly 다정한, 화기애애한

worry about ～에 대해 걱정하다

bring in ～을 가져오다

encourage 장려하다

effectively 효과적으로

cf. **effective** 효과적인

doughnut 도넛

meeting 회의

appear 나타나다

cf. **disappear** 사라지다

suddenly 갑자기

come up 생기다

praise 칭찬하다

create 만들다, 형성하다

atmosphere 분위기

sharing 나눔

REVIEW TIME

1 우리말 뜻에 맞게 빈칸에 알맞은 철자를 넣어 단어를 완성하시오.

(1) 가능한   p o ☐ ☐ ☐ l e   (2) 나타나다   ☐ ☐ ☐ a r

(3) 증가하다   ☐ ☐ c r e a ☐ ☐   (4) 소모하다   c o n ☐ ☐ ☐ ☐

(5) 반대   o ☐ ☐ ☐ s i ☐ ☐   (6) 만들다   c r ☐ ☐ ☐ ☐

2 여러 개의 단어가 하나로 연결되어 있다. 단어가 끊기는 부분을 찾아 빗금(/)으로 표시하고 찾은 단어와 그 뜻을 순서대로 쓰시오.

atmospheresatisfiedpossibilityexpectsurviveexchange

(1) _____   (2) _____

(3) _____   (4) _____

(5) _____   (6) _____

3 우리말 뜻에 맞게 주어진 철자로 시작하는 단어 퍼즐을 완성하시오.

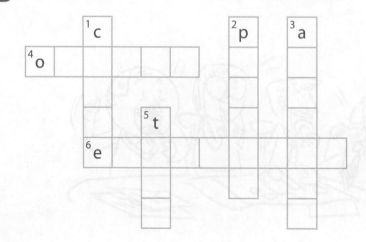

ACROSS →

4. 산소
6. 생태계

DOWN ↓

1. 순환
2. 칭찬하다
3. 불안감
5. 도구

4 A와 B에서 알맞은 말을 골라 우리말에 맞게 표현을 완성하시오.

A

have	to one's
take	give
get along	use

B

well with	a match
up	surprise
off	part in

(1) ~을 내뿜다 _____

(2) ~에 참여하다 _____

(3) ~을 다 써 버리다 _____

(4) 경기를 하다 _____

(5) 놀랍게도 _____

(6) ~와 잘 지내다 _____

5 우리말과 의미가 같도록 네모 안에서 알맞은 것을 고르시오.

(1) 가능성에 대해 생각하는 것을 멈춰라.

→ Stop thinking / to think about the possibility.

(2) 그녀는 이기는 것에 대해 잊으려고 애썼다.

→ She tried forgetting / to forget about winning.

(3) 음식을 효과적으로 사용하기 위해서 여러분은 그것을 깜짝 이벤트로 만들어야 한다.

→ To use food effectively, you may / should make it a surprising event.

6 밑줄 친 부분이 어법에 맞으면 ○표, 그렇지 않으면 바르게 고치시오.

(1) Bringing in some cookies <u>are</u> enough.

(2) You don't need to <u>plan</u> these events carefully.

(3) The gases move from one group of living things to <u>another</u>.

(4) If something seems <u>impossibly</u>, thinking positively cannot be helpful.

GET READY

문제 **1~3**을 먼저 읽고, 무엇에 중점을 두고 글을 읽어야 하는지 알아봅시다.

다음 글을 읽고, 물음에 답하시오. (기출응용)

(A) ❶A college student needed to pay his school fees. ❷He was an orphan, so he couldn't ask anyone for a lot of money. ❸Then, he came up with an idea. ❹He decided to host a concert on campus to raise money for his fees. ❺He asked the great pianist Ignacy Paderewski to come and play. ❻(a) His manager asked for $2,000 as payment for the piano performance. ❼The student agreed and began planning the concert.

(B) ❽Paderewski later became the Prime Minister of Poland. ❾He was a great leader. ❿Unfortunately, however, World War I broke out, and Poland fell into great trouble. ⓫There were more than 1.5 million hungry people in (b) his country, and the government could not buy enough food for them. ⓬Paderewski needed help. ⓭Finally, he went to the US Food and Relief Administration.

*the prime minister 수상 ** the US Food and Relief Administration 미국식량구호청

(C) ⓮Herbert Hoover was the head of this organization. ⓯Hoover later became the US President. ⓰(c) He agreed and provided food for Poland. ⓱Paderewski was really thankful. ⓲Later, when (d) he thanked Hoover for his help, Hoover said, "You shouldn't be thanking me, Mr. Prime Minister. You may not remember this, but many years ago, you helped a poor college student. That was me."

(D) ⓳The big day arrived. ⓴But unfortunately, he collected only $1,600 by selling tickets. ㉑He went to Paderewski and explained his difficulty. ㉒Paderewski returned the $1,600 and told the student, "Here's the $1,600. Use the money for your fees." ㉓The student was surprised, and thanked (e) him heartily.

1 주어진 글 (A)에 이어질 내용을 순서에 맞게 배열한 것으로 가장 적절한 것은?

① (B) – (D) – (C)   ② (C) – (B) – (D)   ③ (C) – (D) – (B)

④ (D) – (B) – (C)   ⑤ (D) – (C) – (B)

2 밑줄 친 (a)~(e) 중에서 가리키는 대상이 나머지 넷과 다른 것은?

① (a)   ② (b)   ③ (c)   ④ (d)   ⑤ (e)

3 윗글의 Ignacy Paderewski에 관한 내용과 일치하지 <u>않는</u> 것은?

① 학생으로부터 연주 요청을 받았다.

② 나중에 폴란드의 수상이 되었다.

③ 미국에 도움을 요청했다.

④ Hoover로부터 학비를 지원받았다.

⑤ 학생에게 1,600달러를 되돌려 주었다.

1 윗글의 내용과 어울리는 속담으로 가장 적절한 것은?

① 뿌린 대로 거둔다.

② 좋은 약은 입에 쓰다.

③ 바늘 도둑이 소도둑 된다.

④ 서당 개 삼 년이면 풍월을 읊는다.

⑤ 될성부른 나무는 떡잎부터 다르다.

2 다음 질문에 알맞은 답을 20자 내외의 우리말로 쓰시오.

Q: What was Hoover's idea to pay his school fees when he was a college student?

A: _____

지문 듣기   기출 원문 보기

GRAMMAR (TIP)

and는 단어와 단어, 구와 구, 절과 절을 연결해 주는 접속사로, 연결되는 말은 문법적 형태나 역할이 같아야 해요. 연결되는 어구가 멀리 떨어져 있는 경우에는 어느 어구와 연결되는지 쉽게 보이지 않을 수 있고, 동사와 동사가 연결될 때는 수와 시제가 같아야 하므로 주의를 기울여야 해요.

- I like <u>strawberries</u> **and** <u>watermelons</u>. (단어 연결)
- My sister enjoys <u>playing with Lego blocks</u> **and** <u>riding her bike</u>. (구 연결)
- Dad <u>cleans the house</u> **and** <u>washes the dishes</u> every weekend. (구 연결)
- <u>I am reading a book</u>, **and** <u>my brother is doing his homework</u>. (절 연결)

❶ A college student needed to pay his school fees.

❷ He was an orphan, so he couldn't ask anyone for a lot of money.

❸ Then, he came up with an idea.

❹ He decided to host a concert on campus to raise money for his fees.

❺ He asked the great pianist Ignacy Paderewski to come and play.

❻ His manager asked for $2,000 as payment for the piano performance.

❼ The student agreed and began planning the concert. TIP

❽ Paderewski later became the Prime Minister of Poland.

❾ He was a great leader.

❿ Unfortunately, however, World War I broke out, and Poland fell into great trouble.

⓫ There were more than 1.5 million hungry people in his country, and the government could not buy enough food for them.

⓬ Paderewski needed help.

⓭ Finally, he went to the US Food and Relief Administration.

⑭ Herbert Hoover was the head of this organization.

⑮ Hoover later became the US President.

⑯ He agreed and provided food for Poland.

⑰ Paderewski was really thankful.

⑱ Later, when he thanked Hoover for his help, Hoover said, "You shouldn't be thanking me, Mr. Prime Minister. You may not remember this, but many years ago, you helped a poor college student. That was me."

⑲ The big day arrived.

⑳ But unfortunately, he collected only $1,600 by selling tickets.

㉑ He went to Paderewski and explained his difficulty. ↗TIP

㉒ Paderewski returned the $1,600 and told the student, "Here's the $1,600. Use the money for your fees." ↗TIP

㉓ The student was surprised, and thanked him heartily.

READING TIP

복합문단은 지문을 읽기 전에 어떤 문제들이 출제되었는지 확인하면서 대략적인 내용을 먼저 파악하는 게 효율적이에요. 세부 내용을 묻는 문제는 순서를 배열한 후에 푸는 것이 오답률을 줄일 수 있어요.

WORDS

school fees 학비
orphan 고아
come up with ~을 생각해 내다
host 주최하다, 열다
campus 교정
raise 모금하다
payment 보수, 지불 금액
performance 공연
cf. perform 공연하다
agree 동의하다
leader 지도자
cf. lead 이끌다
break out 발발하다
fall into ~에 빠지다
trouble 문제, 곤란
head (단체의) 책임자, 수장
organization 단체
president 대통령
provide A for B B에게 A를 제공하다
thankful 감사하는
collect 모으다
explain 설명하다
difficulty 어려움
return 돌려주다
heartily 진심으로

GET READY

문제 1~3을 먼저 읽고, 무엇에 중점을 두고 글을 읽어야 하는지 알아봅시다.

다음 글을 읽고, 물음에 답하시오. (기출응용)

(A) ❶Do you know about the Great Wall of China? ❷Emperor Qin Shi Huang built it. But why? ❸There is a story behind its construction. ❹Emperor Qin Shi Huang enjoyed national peace and a life of luxury after he united the Seven Kingdoms. ❺One day, he suddenly became afraid of dying and losing power. ❻So (a) he decided to look for the elixir of life.

*a life of luxury 호화로운 생활 ** elixir of life 불로장생의 약

(B) ❼When the emperor received the book, he was surprised to find the line "Northern tribes will destroy Qin." ❽So the emperor decided to attack them first, while (b) he was powerful. ❾He sent a lot of soldiers north for the war.

(C) ❿As the emperor's soldiers attacked, the northern tribes ran away from Qin's army. ⓫They were not ready for a fight. ⓬Still, the emperor worried about their attacks. ⓭So (c) he ordered his servants to build a strong wall. ⓮This wall would keep out the northern tribes. ⓯We now call this the Great Wall.

(D) ⓰At that time, a man volunteered to bring (d) him the elixir of life. ⓱His name was Lu Sheng. ⓲The emperor happily gave him a lot of gold and silver for his trip. ⓳After a few months, he found the elixir in a fairyland. ⓴But the people there didn't want to give it up, so they gave (e) him a secret book instead. ㉑He returned to the emperor with it.

*fairyland 도원경

READING GUIDE

글을 읽으면서 각 단락의 중심 내용을 파악해 봅시다.

1 주어진 글 (A)에 이어질 내용을 순서에 맞게 배열한 것으로 가장 적절한 것은?

① (B) – (D) – (C)　　　② (C) – (B) – (D)　　　③ (C) – (D) – (B)

④ (D) – (B) – (C)　　　⑤ (D) – (C) – (B)

READING GUIDE

글을 읽으면서 앞에 언급된 사람 중 누구를 가리키는지 각 보기 아래에 써 봅시다.

2 밑줄 친 (a)~(e) 중에서 가리키는 대상이 나머지 넷과 다른 것은?

① (a)　　　② (b)　　　③ (c)　　　④ (d)　　　⑤ (e)

READING GUIDE

글을 읽으면서 ①~⑤의 내용이 나오는 문장에 밑줄을 그어 봅시다.

3 윗글의 Emperor Qin Shi Huang에 관한 내용과 일치하지 <u>않는</u> 것은?

① 나라를 통일한 후 호화로운 삶을 즐겼다.

② 죽음과 권력 상실에 대한 두려움을 느꼈다.

③ 책에서 자신을 찬양하는 문구를 발견했다.

④ 북방 민족의 공격을 두려워했다.

⑤ Lu Sheng에게 많은 금과 은을 지급했다.

UNDERSTAND DEEPLY

1 What did the people in a fairyland give to Lu Sheng?

→ _____

2 다음은 윗글의 진시황에 관련된 흐름을 정리한 표이다. 빈칸에 알맞은 말을 넣어 표를 완성하시오.

> 7개의 왕국을 통일한 후, (1)_____과 (2)_____의 상실에 대한 두려움을 느껴 (3)_____을 구하기로 함

↓

> Lu Sheng이 자원했고, 도원경에서 (4)_____을 찾았으나 그것 대신에 (5)_____을 받아 옴

↓

> (6)_____이 진을 멸할 것이라는 구절을 발견하고 선제 (7)_____을 위해 병사들을 북쪽으로 보냄

↓

> (8)_____은 도망쳤지만, 진시황은 여전히 그들의 공격을 우려하여 (9)_____을 쌓게 함

지문 듣기   기출 원문 보기

to부정사가 감정을 나타내는 형용사 뒤에 오면 감정을 느끼게 된 원인을 나타내어 '~해서 ···한'으로 해석돼요. 이때의 to부정사의 쓰임을 부사적 용법이라고 해요.

• I am *happy* **to meet** you.
• We were *shocked* **to hear** the news.

❶ Do you know about the Great Wall of China?

❷ Emperor Qin Shi Huang built it. But why?

❸ There is a story behind its construction.

❹ Emperor Qin Shi Huang enjoyed national peace and a life of luxury after he united the Seven Kingdoms.

❺ One day, he suddenly became afraid of dying and losing power.

❻ So he decided to look for the elixir of life.

❼ When the emperor received the book, he was surprised to find the line "Northern tribes will destroy Qin." ⟋TIP

❽ So the emperor decided to attack them first, while he was powerful.

❾ He sent a lot of soldiers north for the war.

⑩ As the emperor's soldiers attacked, the northern tribes ran away from Qin's army.

___

⑪ They were not ready for a fight.

___

⑫ Still, the emperor worried about their attacks.

___

⑬ So he ordered his servants to build a strong wall.

___

⑭ This wall would keep out the northern tribes.

___

⑮ We now call this the Great Wall.

___

⑯ At that time, a man volunteered to bring him the elixir of life.

___

⑰ His name was Lu Sheng.

___

⑱ The emperor happily gave him a lot of gold and silver for his trip.

___

⑲ After a few months, he found the elixir in a fairyland.

___

⑳ But the people there didn't want to give it up, so they gave him a secret book instead.

___

㉑ He returned to the emperor with it.

___

WORDS

the Great Wall of China (중국) 만리장성
emperor 황제
construction 건설
national 전국의
peace 평화
unite 통일하다
kingdom 왕국
look for ~을 찾다, 구하다
receive 받다
line 구절
northern 북쪽의
tribe 부족
destroy 파괴하다
Qin (중국) 진(나라)
attack 공격하다; 공격
powerful 강한, 강력한
soldier 병사
north 북쪽으로
run away from ~에서 도망치다
army 군대
fight 싸움
servant 신하
keep out ~을 못 들어오게 하다
volunteer 자원하다
give up ~을 내주다
secret 비밀의; 비밀
return to ~로 돌아가다

문제 1~3을 먼저 읽고, 무엇에 중점을 두고 글을 읽어야 하는지 알아봅시다.

다음 글을 읽고, 물음에 답하시오. (기출응용)

(A)　❶A young boy by the name of Robby lived with his elderly mother. ❷She wanted him to learn the piano. ❸She sent her son to a piano teacher. ❹However, Robby was a very slow learner. ❺The teacher was not hopeful about Robby's ability, but every week his mother sent him to the teacher.

(B)　❻Finally, (a) she allowed him to play last. ❼The big day came. ❽The children gave their best performances. ❾Then it was Robby's turn. ❿The teacher was very nervous because (b) she wanted to have a successful concert. ⓫As Robby started playing, the crowd became silent. ⓬Surprisingly, his performance was amazing.

(C)　⓭After the concert, the teacher wanted to know his secret. ⓮Robby said, "I couldn't attend the piano lessons because my mother was sick with cancer. She passed away recently, and I wanted her to hear my performance. Actually, (c) she heard my playing for the first time tonight. She was deaf when she was alive. Now she is listening to me in heaven. I have to play my best for her!"

(D)　⓯One day Robby stopped attending the piano lessons. ⓰The teacher was relieved, as (d) she did not feel much hope for Robby. ⓱Not long after this, the piano teacher took on the task of organizing a piano concert in town. ⓲Suddenly, (e) she received a call from Robby. ⓳He wanted to take part in the concert. ⓴The teacher didn't want to allow it because Robby was not good enough. ㉑Robby asked for just one chance.

1 주어진 글 (A)에 이어질 내용을 순서에 맞게 배열한 것으로 가장 적절한 것은?

① (B) – (D) – (C)　　② (C) – (B) – (D)　　③ (C) – (D) – (B)

④ (D) – (B) – (C)　　⑤ (D) – (C) – (B)

2 밑줄 친 (a)~(e) 중에서 가리키는 대상이 나머지 넷과 <u>다른</u> 것은?

① (a)　　② (b)　　③ (c)　　④ (d)　　⑤ (e)

3 윗글의 Robby에 관한 내용과 일치하지 <u>않는</u> 것은?

① 어머니가 원해서 피아노를 배우기 시작했다.

② 처음에 피아노 선생님의 신뢰를 얻지 못했다.

③ 콘서트에서 마지막 순서로 연주했다.

④ 돌아가신 어머니를 위해 피아노를 연주했다.

⑤ 콘서트에서 연주해 달라는 전화를 받았다.

UNDERSTAND DEEPLY

1 다음 질문에 알맞은 답을 윗글에서 찾아 쓰시오.

(1) Why was the teacher relieved when Robby stopped attending the piano lessons?

→ Because _____ .

(2) Why couldn't Robby's mother hear his playing when she was alive?

→ Because _____ .

2 빈칸에 알맞은 단어를 윗글에서 찾아 쓰시오.

Robby was not _____ at playing the piano at first, but later he gave a great _____ at the concert because he played his best for his mother in _____ .

지문 듣기   기출 원문 보기

GRAMMAR TIP

want, allow 등의 동사 뒤에 「목적어＋to부정사」가 오면 '목적어가 ~하는 것을 원하다/허락하다' 등으로 해석해요. 이때의 to부정사는 명사처럼 쓰여 문장에서 목적격보어 역할을 해요.

• I don't **want** *Tom* **to move** to another city.

cf. I don't **want to move** to another city. (want의 목적어로 쓰인 to부정사)

• Mr. Kim **allowed** *us* **to go** home early.

❶ A young boy by the name of Robby lived with his elderly mother.

❷ She wanted him to learn the piano.   TIP

❸ She sent her son to a piano teacher.

❹ However, Robby was a very slow learner.

❺ The teacher was not hopeful about Robby's ability, but every week his mother sent him to the teacher.

❻ Finally, she allowed him to play last.   TIP

❼ The big day came.

❽ The children gave their best performances.

❾ Then it was Robby's turn.

❿ The teacher was very nervous because she wanted to have a successful concert.

⓫ As Robby started playing, the crowd became silent.

⓬ Surprisingly, his performance was amazing.

⓭ After the concert, the teacher wanted to know his secret.

⓮ Robby said, "I couldn't attend the piano lessons because my mother ▸TIP
was sick with cancer. She passed away recently, and I wanted her
to hear my performance. Actually, she heard my playing for the
first time tonight. She was deaf when she was alive. Now she is
listening to me in heaven. I have to play my best for her!"

⓯ One day Robby stopped attending the piano lessons.

⓰ The teacher was relieved, as she did not feel much hope for Robby.

⓱ Not long after this, the piano teacher took on the task of
organizing a piano concert in town.

⓲ Suddenly, she received a call from Robby.

⓳ He wanted to take part in the concert.

⓴ The teacher didn't want to allow it because Robby was not good
enough.

㉑ Robby asked for just one chance.

WORDS

by the name of ~라는 이름의
elderly 연세가 드신
hopeful 희망에 찬, 기대하는
ability 능력
give a performance 공연[연주]
하다
turn 차례
nervous 불안해하는
successful 성공적인
crowd 청중
surprisingly 놀랍게도
amazing 놀라운, 굉장한
attend 다니다, 참석하다
be sick with ~을 앓다
pass away 돌아가시다, 사망하다
recently 최근에
for the first time 처음으로
deaf 청각 장애가 있는
alive 살아 있는
heaven 천국
relieved 안도하는
take on ~을 맡다
task 일
organize 계획[준비]하다
take part in ~에 참가하다
chance 기회

1 우리말에 뜻에 맞는 단어를 보기 에서 찾아 쓰시오.

보기

| volunteer | heartily | deaf |
| heaven | campus | performance |

(1) 천국 _____

(2) 청각 장애가 있는 _____

(3) 자원하다 _____

(4) 공연 _____

(5) 교정 _____

(6) 진심으로 _____

2 우리말 뜻에 맞게 빈칸에 알맞은 철자를 넣어 단어를 완성하시오.

(1) 왕국 k i n g ▢ ▢ ▢

(2) 연세가 드신 e l ▢ ▢ ▢ ▢ ▢ y

(3) 병사 s o l ▢ ▢ ▢ r

(4) 대통령 p r e ▢ ▢ ▢ ▢ n ▢

(5) 청중 c r ▢ ▢ ▢

(6) 파괴하다 d ▢ ▢ ▢ ▢ o y

3 우리말 뜻에 맞게 퍼즐을 완성한 다음, 파란색 칸의 철자를 연결한 단어와 그 뜻을 쓰시오.

(1) 최근에

(2) 싸움

(3) 평화

(4) 통일하다

(5) 비밀

(6) 성공적인

(7) Hidden Word: _____   우리말 뜻: _____

4 주어진 단어를 사용하여 우리말 뜻에 해당하는 표현을 쓰시오. (한 번씩만 쓸 것)

(1) ～을 내주다 _____ (2) ～에 빠지다 _____

(3) ～을 맡다 _____ (4) 발발하다 _____

take	on	break	into
out	fall	up	give

5 네모 안에서 어법에 맞는 것을 고르시오.

(1) She wanted him learning / to learn the piano.

(2) Finally, she allowed him playing / to play last.

(3) He went to Paderewski and explain / explained his difficulty.

(4) He returned the $1,600 and told / to tell the student to use the money.

6 우리말과 의미가 같도록 괄호 안의 말을 바르게 배열하시오.

(1) 그는 그 구절을 발견하고 깜짝 놀랐다. (to / surprised / find)

→ He was _____ the line.

(2) 나는 그녀가 내 연주를 듣기를 원했다. (her / hear / wanted / to)

→ I _____ my performance.

(3) 황제는 그에게 많은 금을 주었다. (him / gold / gave / a lot of)

→ The emperor _____.

Play Time

바른답·알찬풀이 | p. 54

1 Draw the given picture without taking your pencil off the paper.

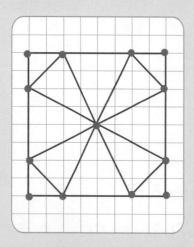

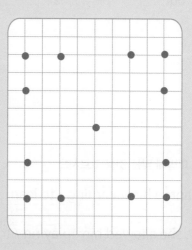

2 Which drawing can you draw without taking your pencil off the paper?

1

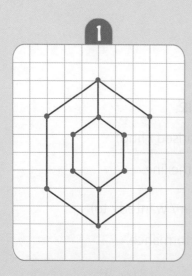

2

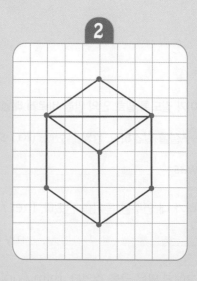

넘어서기

결국 나는 어떻게 해서든
뚫고 넘어가 한걸음 나아갈 거야.
멋지게 넘어서 볼게!

그렇게 남의 마음에
무단 침입했다는 건가요?

친절도
병이다 보니
오해가~...

철컹   철컹

서로의 인격을 지켜주는 선은 넘지 말자!

Memo

수학 개념을 쉽게 이해하는 방법?
개념수다로 시작하자!

수학의 진짜 실력자가 되는 비결 -
나에게 딱 맞는 개념서를 술술 읽으며 시작하자!

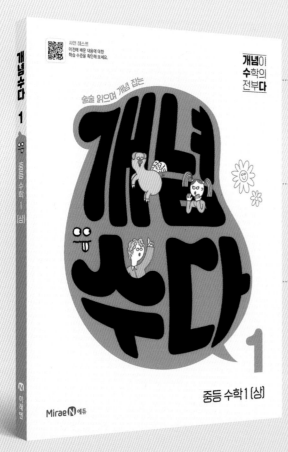

개념 이해
친구와 수다 떨듯 쉽고 재미있게,
베테랑 선생님의 동영상 강의로 완벽하게

개념 확인·정리
깔끔하게 구조화된 문제로 개념을 확인하고,
개념 전체의 흐름을 한 번에 정리

개념 끝장
온라인을 통해 개개인별 성취도 분석과
틀린 문항에 대한 맞춤 클리닉 제공

| 추천 대상 |

- 중등 수학 과정을 예습하고 싶은 초등 5~6학년
- 중등 수학을 어려워하는 중학생

수학은 순서를 따라 학습해야 효과적이므로,
초등 수학부터 꼼꼼하게 공부해 보자.

개념이 수학의 전부다
수학 개념을 제대로 공부하는 EASY 개념서

개념수다 시리즈 (전7책)

0_초등 핵심 개념
1_중등 수학 1(상), 2_중등 수학 1(하)
3_중등 수학 2(상), 4_중등 수학 2(하)
5_중등 수학 3(상), 6_중등 수학 3(하)

초등 핵심 개념
한 권으로 빠르게 정리!

중등 도서안내

REARING
BITE | 바른답 · 알찬풀이

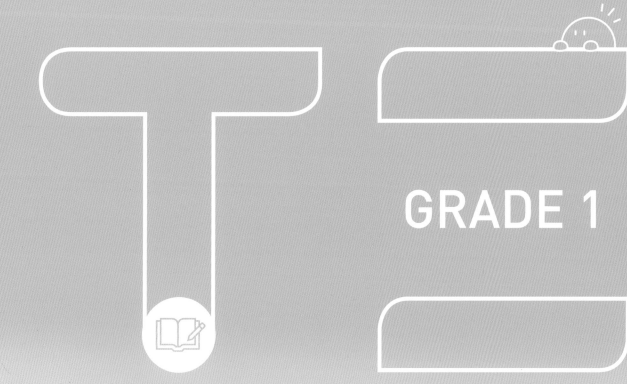

GRADE 1

바른답·알찬풀이

STUDY POINT

해석과 문제 풀이
정확한 해석과 상세하고 꼼꼼한 문제 해설로 정답과
오답의 정확한 근거와 이유를 짚어 줍니다.

문장 분석
주어와 동사 표시, 의미 단위별로 끊어 읽기와 직독직
해식 해석과 상세한 문법 첨삭 해설로 학습한 내용을
다시 확인해 볼 수 있습니다.

바른답·알찬풀이

Answers

READING
BITE
Grade 1

주제 파악하기

01 정답 ② p. 12

영어 어휘력을 향상시키는 방법으로, 필자의 영어 어휘 노트 작성에 대해 이야기하는 글이다.

오답풀이 사전에서 영어 단어를 찾는 내용이 글에 나오므로 ④를 정답으로 착각할 수 있다. 하지만 사전에서 단어의 의미를 찾는 것은 영어 어휘 노트를 작성하는 과정의 일부이므로 글의 주제로는 알맞지 않다.

READING GUIDE ②

UNDERSTAND DEEPLY 1 keep a vocabulary notebook 2 one meaning → multiple meanings 3 reserve

1 (1) 필자는 영어 어휘력을 향상시키기 위해 영어 어휘 노트를 작성한다고 하면서 자신의 방법을 사용해 보라고 추천하고 있다.

해석 여러분의 어휘력을 향상시키기 위해서 여러분은 어휘 노트를 작성하는 것이 좋다.

2 필자는 새로운 단어를 읽으면 그 단어의 여러 의미를 찾아본다고 했다.

해석 필자는 새로운 단어를 읽으면 그 단어의 한 가지 의미(→ 여러 가지 의미)를 찾는다.

3 밑줄 친 book은 동사로서 '예약하다(reserve)'라는 의미를 나타낸다.

해석 나는 오늘 저녁 8시에 2명을 위한 테이블을 예약하고 싶어요.

READ CLOSELY p. 13

❶ How do you / improve your vocabulary?
여러분은 어떻게 / 여러분의 어휘력을 향상시키는가

❷ I keep / a vocabulary notebook.
나는 쓴다 / 어휘 노트를

❸ When I read / a new English word, / I write it down / and look up its meaning / in that sentence / in a dictionary.
내가 읽을 때 / 새로운 영어 단어를 / 나는 그것을 적는다 / 그리고 그것의 의미를 찾아본다 / 그 문장에서의 / 사전에서

❹ I then check / its other meanings, / too.
나는 그런 다음 확인한다 / 그것의 다른 의미들을 / 또한

❺ For example, / the word "book" / is a verb / as well as a noun.
예를 들어 / 단어 'book'은 / 동사이다 / 명사일 뿐만 아니라

❻ As a verb, / it means / "to reserve something / like a hotel room, / a table, / or a ticket."
동사로서 / 그것은 의미한다 / 무언가를 예약하는 것을 / 호텔 방 같은 / 테이블 / 또는 티켓을

❼ With a vocabulary notebook, / I can review and remember new words / easily.
어휘 노트로 / 나는 새로운 단어를 복습하고 기억할 수 있다 / 쉽게

❽ Also, / I can learn / the multiple meanings of words.
또한 / 나는 익힐 수 있다 / 단어의 다양한 의미를

❾ Do you want to build your vocabulary?
여러분은 여러분의 어휘력을 쌓고 싶은가

❿ Then / use my method.
그렇다면 / 내 방법을 사용해 보라

⓫ It really works.
그것은 정말로 효과가 있다

지문해석 여러분은 어휘력을 어떻게 향상시키는가? 나는 어휘 노트를 작성한다. 나는 새로운 영어 단어를 읽을 때, 그것을 적고 사전에서 그 문장에서의 그것의 의미를 찾아본다. 그런 다음 나는 그것의 다른 의미들도 확인한다. 예를 들어, 'book'이라는 단어는 명사일 뿐만 아니라 동사이기도 하다. 동사로서 그것은 '호텔 방, 테이블, 티켓 같은 것을 예약하다'라는 의미이다. 어휘 노트로 나는 새로운 단어를 쉽게 복습하고 기억할 수 있다. 또한, 나는 단어의 다양한 의미를 익힐 수 있다. 여러분은 어휘력을 쌓고 싶은가? 그렇다면 내 방법을 사용해 보라. 그것은 정말로 효과가 있다.

문장 돋보기

구동사의 목적어가 대명사이면 구동사 사이에 위치 →
❸ When I read a new English word, I write it down
부사절 접속사(시간: ~할 때)
and look up its meaning in that sentence in a
구동사의 목적어가 명사이면 구동사 뒤나 구동사 사이에 위치
dictionary.

❺ For example, the word "book" is a verb as well as
a noun.
A as well as B(B뿐만 아니라 A도)
= not only B but also A

02 정답 ④ p. 14

아침 식사를 하면 더 잘 집중하고 문제를 더 빨리 풀 수 있으므로, 학교에서 공부를 잘하려면 아침 식사를 하라는 내용의 글이다.

오답풀이 수면에 대한 내용이 나오기 때문에 답을 ①이나 ③으로 착각할 수 있다. 그러나 이 글에서는 잠을 더 자고 싶어서 아침을 거르는 것은 좋지 않으므로, 잠이 중요하긴 하지만 일찍 자고 아침 식사를 꼭 해야 한다고 주장하고 있다.

READING GUIDE breakfast

UNDERSTAND DEEPLY 1 fuel 2 (1) F (2) T 3 (1) 뇌가 더 잘 집중한다. (2) 뇌가 문제를 더 빨리 푼다.

1 필자는 독자에게 자신이 차와 같다고 상상해 보라고 하면서 아침 식사를

연료에 비유하고 있다.

[해석] 아침 식사는 뇌에 주는 연료와 같다.

2 (1) 필자는 아침을 먹지 않고 잠을 더 자려고 하지 말고, 잠을 더 자고 싶으면 더 일찍 자고 아침을 먹으라고 조언하고 있다.

[해석] (1) 잠을 더 자고 싶으면, 아침을 안 먹어도 된다.

(2) 학교 공부를 잘하고 싶으면 아침을 먹어야 한다.

3 충분한 연료가 있으면 뇌가 더 잘 집중하고 문제를 더 빨리 푼다고 했는데, 이 글에서 연료는 아침 식사를 뜻한다.

READ CLOSELY
p. 15

❶ Imagine / you are a car.

상상해 보라 / 여러분이 자동차라고

❷ You can't run / without fuel.

여러분은 달릴 수 없다 / 연료 없이

❸ According to scientists, / a healthy breakfast / is / the brain's fuel.

과학자들에 따르면 / 건강에 좋은 아침 식사는 / ~이다 / 뇌의 연료

❹ With enough fuel, / the brain concentrates / better / and solves problems / faster.

연료가 충분하면 / 뇌는 집중한다 / 더 잘 / 그리고 문제를 푼다 / 더 빨리

❺ Some students don't want to eat breakfast.

어떤 학생들은 아침을 먹고 싶어 하지 않는다

❻ Instead, / they want to sleep / a few minutes more.

대신 / 그들은 자고 싶어 한다 / 몇 분 더

❼ But they're wrong!

하지만 그들은 틀렸다

❽ Of course, / sleep is important.

물론 / 잠은 중요하다

❾ If they want more sleep, / they should go to bed / earlier / and shouldn't skip breakfast.

그들이 더 자고 싶다면 / 그들은 잠자리에 들어야 한다 / 더 일찍 / 그리고 아침 식사를 거르지 말아야 한다

❿ For students, / breakfast is / the most important meal / of the day.

학생들에게 / 아침 식사는 ~이다 / 가장 중요한 식사 / 하루 중에

⓫ If you want to do well in school, / give your brain / enough fuel / every morning.

여러분이 학교 공부를 잘하고 싶다면 / 여러분의 뇌에 제공하라 / 충분한 연료를 / 매일 아침

[지문해석] 여러분이 자동차라고 상상해 보라. 연료가 없이 여러분은 달릴 수 없다. 과학자들에 따르면, 건강에 좋은 아침 식사는 뇌의 연료이다. 연료가 충분하면, 뇌는 더 잘 집중하고 문제를 더 빨리 푼다. 어떤 학생들은 아침을 먹고 싶어 하지 않는다. 대신 그들은 몇 분 더 자고 싶어 한다. 하지만 그들은 틀

렸다! 물론, 잠은 중요하다. 그들이 더 자고 싶다면, 그들은 더 일찍 잠자리에 들어야 하고 아침 식사를 거르지 말아야 한다. 학생들에게 아침 식사는 하루 중 가장 중요한 식사이다. 학교 공부를 잘하고 싶다면, 매일 아침 여러분의 뇌에 충분한 연료를 제공하라.

문장 돋보기

❶ Imagine [you are a car].
동사 Imagine의 목적어절

❾ If they want more sleep, they should go to bed
부사절 접속사(조건: 만약 ~라면)   should+동사원형(~해야 한다)
earlier and shouldn't skip breakfast.
shouldn't+동사원형(~하면 안 된다)

⓫ If you want to do well in school, give your brain
want+to부정사(~하고 싶다)   give A B(A에게 B를 주다)
enough fuel every morning.

03 [정답] ③
p. 16

돌고래와 코끼리를 예로 들며 동물들이 다친 동료를 어떻게 도와주는지를 설명하는 글이다.

[오답풀이] save(구하다)라는 동사가 나오므로 답을 ②로 착각할 수 있다. 하지만 이 글에서는 인간이 야생 동물을 구조하는 내용이나 구조하기 어렵다는 내용은 나오지 않는다.

READING GUIDE ❶

UNDERSTAND DEEPLY

1 Dolphins[Elephants], elephants[dolphins]

2 (1) surface (2) breathe (3) under (4) push, up (5) falls (6) breathe (7) raise, up

1 이 글에서는 다친 동료를 돕는 동물의 예로 돌고래와 코끼리가 제시되었다.

[해석] 돌고래[코끼리]와 코끼리[돌고래]는 자신의 친구들을 구한다.

2 이 글은 전체적으로 문제와 해결책의 구조로 이루어져 있다. 돌고래의 경우, 문제는 다친 돌고래가 숨을 쉬기 위해 수면으로 올라오지 못하는 상황이고, 그에 대한 해결책은 돌고래 친구들이 다친 돌고래 밑에 모여서 돌고래를 들어 올린다는 것이다. 한편, 코끼리의 경우는 코끼리가 넘어지면 숨을 잘 쉬지 못한다는 문제가 있고, 그에 대한 해결책은 다른 코끼리들이 넘어진 코끼리를 일으켜 세우려고 노력하는 것이다.

[해석] [문제] 다친 돌고래는 숨을 쉬기 위해 수면으로 올라오지 못한다.
→ [해결책] 그 친구들이 그것 아래에 모여서 그것을 밀어 올린다.
[문제] 코끼리가 넘어져서 숨을 잘 쉬지 못한다. → [해결책] 그 친구들이 그것을 일으켜 세우려고 노력한다.

READ CLOSELY
p. 17

❶ Several animals help / their wounded friends.

몇몇 동물들은 돕는다 / 자신의 다친 친구들을

❷ For example, / dolphins need to reach / the surface of

the water / in order to breathe.

예를 들어 / 돌고래들은 도달해야 한다 / 수면에 / 숨을 쉬기 위해서

❸ If a wounded dolphin / cannot swim / to the surface / by itself, / other dolphins ⟨gather⟩ / under it / and ⟨push it up⟩.

다친 돌고래가 / 헤엄치지 못한다면 / 수면까지 / 혼자서 / 다른 돌고래들이 모인다 / 그것 아래에 / 그리고 그것을 밀어 올린다

❹ They sometimes ⟨do⟩ this / for several hours / to save their friend.

그들은 때때로 이것을 한다 / 몇 시간 동안 / 자신의 친구를 구하기 위해

❺ Elephants ⟨do⟩ the same.

코끼리들도 똑같이 한다

❻ If an elephant falls down, / sometimes / it ⟨can't get up⟩.

코끼리가 넘어지면 / 때때로 / 그것은 일어나지 못한다

❼ Then, / the elephant ⟨can't breathe⟩ / easily / because of / its own weight.

그러면 / 코끼리는 숨을 쉬지 못한다 / 잘 / ~때문에 / 자신의 무게

❽ Or it ⟨can become⟩ too hot / in the sun.

또는 그것은 너무 뜨거워질 수 있다 / 햇볕에서

❾ So other elephants ⟨try⟩ to raise it up.

그래서 다른 코끼리들은 그것을 일으켜 세우려고 노력한다

지문해석 몇몇 동물들은 자신의 다친 친구들을 돕는다. 예를 들어, 돌고래들은 숨을 쉬기 위해 수면에 도달해야 한다. 다친 돌고래가 혼자서 수면까지 헤엄치지 못하면, 다른 돌고래들은 그것의 아래에 모여 그것을 들어 올린다. 그들은 때때로 그들의 친구를 구하기 위해 몇 시간이고 그렇게 한다. 코끼리들도 똑같이 한다. 코끼리가 넘어지면, 그것은 때때로 일어나지 못한다. 그러면 코끼리는 자신의 무게로 인해 숨을 잘 쉬지 못한다. 또는 햇볕에서 너무 뜨거워질 수도 있다. 그래서 다른 코끼리들은 그것을 일으켜 세우려고 노력한다.

문장 돋보기

❷ For example, dolphins need to reach the surface
need to+동사원형(~할 필요가 있다)
of the water in order to breathe.
in order to+동사원형(~하기 위해서)

❹ They sometimes do this for several hours to save
앞 문장의 gather under it and push it up을 가리킴   to부정사의 부사적 용법
their friend.   (목적: ~하기 위해서)

❾ So other elephants try to raise it up.
try+to부정사(~하려고 노력하다)

REVIEW TIME

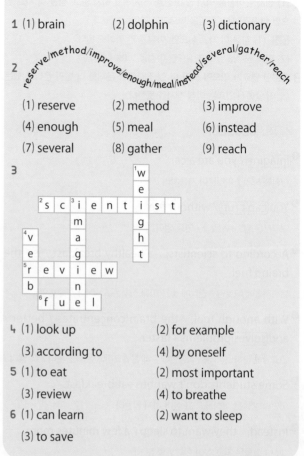

p. 18

1 (1) brain   (2) dolphin   (3) dictionary

2 reserve/method/improve/enough/meal/instead/several/gather/reach

(1) reserve   (2) method   (3) improve
(4) enough   (5) meal   (6) instead
(7) several   (8) gather   (9) reach

3

	w	
²s c ³i e n t i s t	e	
	m		g
⁴v		a		h
e		g		t
⁵r e v i e w		
b		n	
⁶f u e l		

4 (1) look up   (2) for example
  (3) according to   (4) by oneself

5 (1) to eat   (2) most important
  (3) review   (4) to breathe

6 (1) can learn   (2) want to sleep
  (3) to save

2 (1) reserve 예약하다 (2) method 방법 (3) improve 향상시키다
  (4) enough 충분한 (5) meal 식사 (6) instead 대신에 (7) several
  몇몇의 (8) gather 모이다 (9) reach ~에 이르대[닿다]

5 (1) want는 목적어로 to부정사를 쓴다.
  해석 몇몇 학생들은 아침을 먹고 싶어 하지 않는다.
  (2) 앞에 the가 있고 뒤에 than이 쓰이지 않았으므로 최상급인 most important가 알맞다.
  해석 아침 식사는 하루 식사 중 가장 중요하다.
  (3) 조동사 can 뒤에 동사원형을 쓴다.
  해석 어휘 노트를 가지고 나는 새로운 단어를 쉽게 복습할 수 있다.
  (4) 「in order to+동사원형」으로 써서 '~하기 위해서'의 의미로 목적을 나타낸다.
  해석 돌고래들은 숨을 쉬기 위해서 수면에 도달해야 한다.

6 (1) 조동사 can 뒤에 동사원형을 쓴다.
  (2) want의 목적어로 to부정사가 온다.
  (3) to부정사(to+동사원형)로 '~하기 위해서'라는 뜻의 목적을 나타낼 수 있다.

4   Answers

UNIT 02

요지 · 주장 파악하기

04　정답 ③　　　　　p. 20

이 글은 활발한 개, 수줍은 고양이, 시끄러운 마코 앵무새를 예로 들면서 반려동물의 요구를 잘 이해하고 존중해야 한다고 설명하고 있다.

오답풀이　활발한 개의 예에서 매일 한 시간씩 밖에서 공놀이를 하라는 내용이 나오므로 답을 ①로 착각할 수 있다. 하지만 이는 개의 활발한 특성을 존중하는 하나의 예로 제시된 것이므로 반려동물에게 운동이 필요하다는 내용이 글의 요지는 아니다.

READING GUIDE ③

UNDERSTAND
DEEPLY　**1** (1) active　(2) Play ball together outside
　　　　(3) shy　(4) take　(5) to a cat show
　　　　2 are → are not[aren't] 또는 quiet → loud

1 활발한 개를 기른다면 매일 한 시간 동안 밖에서 공놀이를 하고, 수줍은 고양이를 기른다면 고양이 쇼에 데리고 가지 말라고 필자는 조언하고 있다.
해설　[반려동물] 활발한 개 – [조언] 하루에 한 시간씩 밖에서 함께 공놀이를 하라.
[반려동물] 수줍은 고양이 – [조언] 그/그녀를 고양이 쇼에 데리고 가지 말라.

2 필자는 마코 앵무새가 시끄럽기 때문에 아파트가 좋은 집이 될 수 없다고 설명하고 있다.
해설　마코 앵무새는 조용하기(→ 조용하지 않기/시끄럽기) 때문에 아파트는 마코 앵무새에게 좋은 집이 아니다.

READ CLOSELY　　　　　p. 21

❶ Do you have a pet?
여러분은 반려동물을 기르는가

❷ How well do you know / your pet's needs?
여러분은 얼마나 잘 아는가 / 여러분의 반려동물의 요구를

❸ You should understand / and respect those needs.
여러분은 이해해야 한다 / 그리고 그러한 요구를 존중해야 한다

❹ For example, / if you have an active dog, / play ball / together / outside / for an hour / every day.
예를 들어 / 여러분이 활발한 개를 기른다면 / 공놀이를 하라 / 함께 / 밖에서 / 한 시간 동안 / 매일

❺ After that, / your dog will be happier / when you are indoors.
그 후에 / 여러분의 개는 더 행복할 것이다 / 여러분이 실내에 있을 때

❻ What if you have / a shy cat?
만약 여러분이 기른다면 어떨까 / 수줍은 고양이를

❼ Don't even think about / taking him or her / to a cat show.
~을 생각하지도 말라 / 그 혹은 그녀를 데리고 가는 것 / 고양이 쇼에

❽ Meeting new people or new cats / will be stressful / for your cat.
새로운 사람들이나 새로운 고양이들을 만나는 것은 / 스트레스를 줄 것이다 / 여러분의 고양이에게

❾ Similarly, / macaws are never / quiet or still.
마찬가지로 / 마코 앵무새는 ~인 적이 없다 / 조용하거나 가만히 있는

❿ They are / naturally loud animals.
그들은 ~이다 / 선천적으로 시끄러운 동물

⓫ So an apartment is not / a good home / for them.
그래서 아파트는 ~이 아니다 / 좋은 집 / 그들에게

지문해석　여러분은 반려동물을 기르는가? 반려동물의 요구를 얼마나 잘 알고 있는가? 여러분은 그러한 요구를 이해하고 존중해야 한다. 예를 들어, 여러분이 활발한 개를 기른다면, 매일 한 시간 동안 밖에서 함께 공놀이를 하라. 그러고 나면, 여러분이 실내에 있을 때에도 여러분의 개는 더 행복할 것이다. 만약 여러분이 수줍은 고양이를 기른다면 어떨까? 그 혹은 그녀를 고양이 쇼에 데리고 가는 것은 생각도 하지 말라. 새로운 사람들이나 새로운 고양이들을 만나는 것은 여러분의 고양이에게 스트레스를 줄 것이다. 마찬가지로, 마코 앵무새는 조용하거나 가만히 있는 적이 없다. 그들은 선천적으로 시끄러운 동물이다. 그래서 아파트는 그들에게 좋은 집이 아니다.

문장 돋보기

❼ Don't even think about taking him or her to a cat show.
　　　　　　　　　　　　전치사(about)+동명사

❽ Meeting new people or new cats will be stressful
　동명사구 주어(~하는 것은)　　　　　　동사
for your cat.

05　정답 ③　　　　　p. 22

Rubik의 호기심에서 시작되어 시행착오를 거쳐 만들어진 루빅스 큐브의 발명 과정을 서술한 글로 호기심이 위대한 발명품을 만들어 낼 수 있다는 요지의 글이다.

오답풀이　요지는 필자가 전달하려고 하는 글의 주제이므로 ⑤와 같이 글의 일부 내용을 나타낸 것을 요지로 생각하고 답으로 고르면 안 된다.

READING GUIDE ❶

UNDERSTAND
DEEPLY　**1** curiosity　**2** elastic bands → a round inner
　　　　part　**3** (1) T　(2) T

1 해설　Erno Rubik은 그의 호기심으로 루빅스 큐브를 발명했다.

2 elastic bands(고무줄)를 이용해서 블록들을 결합한 것은 실패했고, a round inner part(둥근 내부)를 사용했다고 했다.

> **해석** 더 작은 블록들은 고무줄(→ 둥근 내부)로 결합할 수 있었고 다양한 방향으로 움직일 수 있었다.

3 (2) 큰 큐브의 각 면을 다른 색으로 표시했다고 했으므로 글의 내용과 일치한다.

> **해석** (1) 루빅스 큐브는 각 면에 9개의 작은 큐브들을 갖고 있다.
> (2) 큰 큐브의 각 면은 다른 색을 갖고 있다.

READ CLOSELY

p. 23

❶ Curiosity can lead to / a great invention.

호기심은 ~로 이어질 수 있다 / 위대한 발명

❷ Here is an example.

여기 한 예가 있다

❸ Hungarian architect Erno Rubik / designed / a colorful cube.

헝가리의 건축가인 Erno Rubik이 / 만들었다 / 색이 다채로운 큐브를

❹ Each face of the cube / has / nine smaller cubes.

그 큐브의 각각의 면은 / 가지고 있다 / 9개의 작은 큐브들을

❺ The design of the cube / started / with Rubik's curiosity.

큐브의 설계는 / 시작되었다 / Rubik의 호기심으로

❻ He asked, / "How can the smaller blocks move / in many directions / but not fall apart?"

그는 물었다 / 어떻게 더 작은 블록들이 움직일 수 있을까 / 다양한 방향으로 / 떨어지지 않고

❼ He first used elastic bands / to join the blocks together.

그는 처음에 고무줄을 사용했다 / 블록들을 결합하기 위해서

❽ However, / this failed.

하지만 / 이것은 실패했다

❾ Next, / he used / a round inner part.

다음에 / 그는 사용했다 / 둥근 내부를

❿ In this way, / the blocks moved / smoothly and easily.

이런 방식으로 / 블록들은 움직였다 / 부드럽고 쉽게

⓫ Then / he marked / each side of the big cube / with a different color.

그런 뒤에 / 그는 표시했다 / 큰 큐브의 각각의 면을 / 다른 색으로

⓬ After only a few turns, / the colors began to mix.

단지 몇 번 돌린 후에 / 그 색깔들은 섞이기 시작했다

⓭ Finally, / he found the answer / to his question.

마침내 / 그는 답을 찾았다 / 그의 질문에 대한

⓮ His great invention, the Rubik's Cube, / became / the world's best-selling puzzle.

그의 위대한 발명품인 루빅스 큐브는 / ~이 되었다 / 전 세계에서 가장 많이 팔리는 퍼즐

> **지문해석** 호기심은 위대한 발명으로 이어질 수 있다. 여기 한 예가 있다. 헝가리의 건축가인 Erno Rubik이 색이 다채로운 큐브를 만들었다. 그 큐브의 각각의 면은 9개의 작은 큐브들을 가지고 있다. 큐브의 설계는 Rubik의 호기심으로 시작되었다. 그는 "어떻게 더 작은 블록들이 떨어지지 않고 다양한 방향으로 움직일 수 있을까?"라고 물었다. 그는 처음에 블록들을 결합하기 위해서 고무줄을 사용했다. 하지만 이것은 실패했다. 다음에 그는 둥근 내부를 사용했다. 이런 방식으로 블록들은 부드럽고 쉽게 움직였다. 그런 뒤에 그는 큰 큐브의 각각의 면을 다른 색으로 표시했다. 단지 몇 번 돌린 후에 그 색깔들은 섞이기 시작했다. 마침내, 그는 그의 질문에 대한 답을 찾았다. 그의 위대한 발명품인 루빅스 큐브는 전 세계에서 가장 많이 팔리는 퍼즐이 되었다.

문장 돋보기

❼ He first used elastic bands to join the blocks together.
to부정사의 부사적 용법(목적)

⓮ His great invention, the Rubik's Cube, became the world's best-selling puzzle.
주어 — = 동격 — 동사 — 보어

06 정답 ⑤

p. 24

결과는 상황으로부터 오는 것이 아니라는 점을 Joni Eareckson의 예를 들어 역설하면서, 현재 상황에서 자신의 가능성을 찾아 꿈을 달성하라는 요지의 글이므로 필자의 주장으로 가장 적절한 것은 ⑤이다.

> **오답풀이** 어려운 상황에도 불구하고 꿈을 이뤄 낸 예시를 제시하고 있으므로 ①은 적절하지 않다.

READING GUIDE ⑫, ⑬

UNDERSTAND DEEPLY　**1** (1) F (2) T　**2** (1) arms (2) legs (3) teeth (4) painter (5) writer

1 (1) 결과는 상황에서 비롯되는 것이 아니라고 했고, 나쁜 상황을 극복하고 꿈을 이룬 예를 들고 있으므로 글의 내용과 일치하지 않는다.

(2) Joni Eareckson은 팔다리를 움직일 수 없음에도 불구하고 치아를 사용하여 그림을 계속 그리는 유명한 화가라고 했으므로 글의 내용과 일치한다.

> **해석** (1) 나쁜 상황에서는 좋은 결과를 얻을 수 없다.
> (2) Joni Eareckson은 어려움을 극복했고 성공적인 삶을 산다.

2 **해석** [상황] 그녀는 심한 사고 때문에 팔다리를 움직일 수 없었다. → [가능성] 그녀는 그림을 그리고 글을 쓰기 위해 자신의 치아를 사용할 수 있었다. → [결과] 그녀는 유명한 화가이자 작가가 되었다.

❶ We all (have) dreams, / but not everyone (achieves) their dreams.

우리는 모두 꿈을 가지고 있다 / 하지만 모든 사람이 자신의 꿈을 이루는 것은 아니다

❷ We (think), / "I (failed) / because I am / in a bad situation."

우리는 생각한다 / 내가 실패했다고 / 내가 처해 있기 때문에 / 나쁜 상황에

❸ However, / the results (don't come from) the situation. // Here('s) an example.

하지만 / 결과는 상황에서 비롯되지 않는다 // 여기 한 가지 예가 있다

❹ When Joni Eareckson was 18, / she (was) / in a terrible accident.

Joni Eareckson은 18살 때 / 그녀는 당했다 / 심한 사고를

❺ Because of the accident, / she (couldn't move) / her arms or legs.

그 사고 때문에 / 그녀는 움직일 수 없었다 / 그녀의 팔도 다리도

❻ At first, / she (was) / heartbroken and helpless.

처음에 / 그녀는 ~였다 / 비통하고 무력한

❼ But then / she (thought) / again.

하지만 그때 / 그녀는 생각했다 / 다시

❽ She (could) still (hold) a paintbrush / between her teeth.

그녀는 여전히 붓을 들 수 있었다 / 그녀의 이 사이에

❾ She (could) still (paint). // Now / she (is) / a famous painter and writer.

그녀는 여전히 그림을 그릴 수 있었다 // 현재 / 그녀는 ~이다 / 유명한 화가이자 작가

❿ We (should be) / like Joni / and (look for) possibilities.

우리는 되어야 한다 / Joni처럼 / 그리고 가능성을 찾다

⓫ Then / we (can achieve) our dreams / too.

그러면 / 우리는 우리의 꿈을 이룰 수 있다 / 또한

⓬ (Ask) yourself / this question: / "What (can) I (do)?"

여러분 자신에게 물어보아라 / 이 질문을 / 나는 무엇을 할 수 있을까

⓭ Then / (step forward) / and (make) something beautiful.

그리고 나서 / 앞으로 나아가라 / 그리고 무엇인가 아름다운 것을 만들어 내라

지문해석 우리는 모두 꿈을 가지고 있지만 모든 사람이 자신의 꿈을 이루는 것은 아니다. 우리는 "내가 나쁜 상황에 처해 있기 때문에 실패했다"고 생각한다. 하지만 결과는 상황에서 비롯되지 않는다. 여기 한 가지 예가 있다. Joni Eareckson은 18살 때 심한 사고를 당했다. 그 사고 때문에 그녀는 팔

도 다리도 움직일 수 없었다. 처음에 그녀는 비통했고 무력했다. 하지만 그때 그녀는 다시 생각했다. 그녀는 여전히 그녀의 이 사이에 붓을 들 수 있었다. 그녀는 여전히 그림을 그릴 수 있었다. 현재 그녀는 유명한 화가이자 작가이다. 우리는 Joni처럼 되어야 하고 가능성을 찾아야 한다. 그러면 우리도 우리의 꿈을 이룰 수 있다. 여러분 자신에게 이 질문을 하라: "나는 무엇을 할 수 있을까?" 그러고 나서 앞으로 나아가 무엇인가 아름다운 것을 만들어 내라.

문장 돋보기

❶ We all have dreams, but not everyone achieves their dreams.
부분부정(not + all/every):
모두 ~한 것은 아니다

⓬ Ask yourself this question.
ask A B(A에게 B를 묻다)

07 정답 ⑤　　　　　　　　　　p. 26

자연재해나 전쟁으로 인해 집을 잃거나 음식이나 옷이 충분하지 않은 사람들을 위해 이번 생일에는 가족이나 친구들에게 생일 선물을 받는 대신 그들이 자선 단체에 기부하게 하자는 내용이므로 필자의 주장으로 가장 적절한 것은 ⑤이다.

오답풀이 돈을 자선 단체에 기부하자는 내용이 나오므로 ③을 답으로 착각할 수 있으나 필요 없는 물건이 아니라 생일 선물을 받는 대신 선물에 드는 비용을 기부하는 것이므로 ③은 정답이 될 수 없다.

READING GUIDE ❾

UNDERSTAND DEEPLY 1 donate[give], charity, gifts[presents] 2 ①, ⑤

1 필자는 생일 때 선물을 주고받는 대신 돈을 정말 필요로 하는 사람들을 위해 자선 단체에 기부할 것을 권장하고 있다.

　해석 생일을 축하하기 위해서 우리는 서로에게 생일 선물을 주는 대신에 자선 단체에 돈을 기부할[줄] 수 있다.

2 밑줄 친 others는 '음식, 옷, 거주지가 필요한 사람들'을 가리킨다.

　해석 ① 그들은 산불로 집을 잃었다.
　② 그들은 아프리카 아이들에게 옷을 준다.
　③ 그들은 자신의 생일을 축하할 수 없다.
　④ 그들은 새로운 장난감과 게임을 원한다.
　⑤ 그들은 항상 음식이 부족하다.

❶ Some people (need) money / more than we do.

어떤 사람들은 돈을 필요로 한다 / 우리보다 더 많이

❷ For example, / some people (lose) their homes / in natural disasters or wars.

예를 들어 / 어떤 사람들은 그들의 집을 잃는다 / 자연재해나 전쟁으로

❸ Other people (don't have) / enough food or clothing.

다른 사람들은 가지고 있지 않다 / 충분한 음식이나 옷을

❹ So, / this year, / I have a good idea.

그래서 / 올해 / 나는 가지고 있다 / 좋은 생각을

❺ We can celebrate our birthdays / differently.

우리는 우리의 생일을 축하할 수 있다 / 다르게

❻ Instead of giving gifts / to us, / our friends and family / can donate money / to a charity!

선물을 주는 대신에 / 우리에게 / 우리의 친구들과 가족은 / 돈을 기부할 수 있다 / 자선 단체에

❼ Of course, / some kids might want birthday presents, / and I understand that.

물론 / 어떤 어린이들은 생일 선물을 원할 수도 있다 / 그리고 나는 그것을 이해한다

❽ However, / remember this: / We don't need / new toys or games, / but some people really need / food, clothing, or shelter.

하지만 / 이것을 기억해라 / 우리는 필요로 하지 않는다 / 새 장난감이나 게임을 / 하지만 어떤 사람들은 정말 필요로 한다 / 음식, 옷, 집을

❾ So, / for our birthdays / this year, / let's give / to others.

그러므로 / 생일에는 / 올해 / 기부하자 / 다른 사람들에게

지문해석 어떤 사람들은 우리보다 더 많이 돈을 필요로 한다. 예를 들어, 어떤 사람들은 자연재해나 전쟁으로 그들의 집을 잃는다. 다른 사람들은 충분한 음식이나 옷을 가지고 있지 않다. 그래서, 올해 나는 좋은 생각을 가지고 있다. 우리는 우리의 생일을 다르게 축하할 수 있다. 우리에게 선물을 주는 대신에 우리의 친구들과 가족은 자선 단체에 돈을 기부할 수 있다! 물론 어떤 어린이들은 생일 선물을 원할 수도 있고, 나는 그것을 이해한다. 하지만 이것을 기억하라. 우리는 새 장난감이나 게임을 필요로 하지 않지만 어떤 사람들은 음식, 옷, 집을 정말 필요로 한다. 그러므로, 올해 생일에는 다른 사람들에게 기부하자.

문장 돋보기

❶ Some people need money more than we do.
　　　　　　　　　비교급+than(~보다 더 많이)

❼ Of course, some kids might want birthday
　　　　　　　　　조동사: ~일지 모른다(추측)
presents, and I understand that.
　　　　　　앞 절의 내용을 가리킴(some kids ~ presents)

1 (1) ⓓ　　　　(2) ⓑ　　　　(3) ⓐ

2 (1) shelter　　　　(2) charity
　(3) achieve　　　　(4) curiosity
　(5) respect　　　　(6) disaster

3

N	T	U	C	B	M	I	H	T	C	P	X
P	N	C	F	U	M	R	N	U	A	N	J
E	E	F	E	L	B	E	X	I	O	D	U
B	D	Y	T	T	S	E	N	A	G	W	V
G	I	K	G	E	I	T	O	O	T	H	J
U	C	L	R	G	B	H	M	P	S	M	S
L	C	P	Y	R	S	J	C	R	F	N	H
Z	A	I	U	J	U	T	I	R	R	Y	F
M	R	S	V	H	G	V	M	I	A	N	B
Q	H	I	K	A	B	H	Y	M	Z	X	C
E	T	K	G	T	W	T	T	F	A	W	P
E	T	N	E	M	T	R	A	P	A	V	O

4 (1) fall apart　　　　(2) lead to
　(3) instead of　　　　(4) come from

5 (1) do　　　　(2) yourself
　(3) Because of　　　　(4) giving

6 (1) Here is an example.
　(2) I failed because I am in a bad situation.
　(3) ○　　　　(4) ○

2 (1) outside 밖에서 – indoors 실내에서
　(2) loud 시끄러운 – quiet 조용한
　(3) differently 다르게 – similarly 유사하게
　ⓒ smoothly 부드럽게

3 (1) apartment 아파트 (2) cube 정육면체 (3) paintbrush 그림 붓
　(4) tooth 치아 (5) accident 사고 (6) present 선물

5 (1) 일반동사인 need를 대신하는 대동사이므로 do가 알맞다.
　해석 어떤 사람들은 우리가 필요한 것보다 더 많이 돈을 필요로 한다.
　(2) 명령문의 생략된 주어인 you와 같은 목적어이므로 재귀대명사 yourself를 쓴다.
　해석 여러분 자신에게 이 질문을 하라: 나는 무엇을 할 수 있을까?
　(3) 뒤에 명사구가 오므로 Because of가 알맞다.
　해석 그 사고 때문에 그녀는 팔도 다리도 움직일 수 없었다.
　(4) 전치사 of의 목적어 자리이므로 동명사가 알맞다.
　해석 우리에게 선물을 주는 대신에 그들은 자선 단체에 돈을 기부할 수 있다!

6 (1) Here와 같은 부사가 문두에 오면 주어와 동사가 도치된다.
　해석 여기 한 예가 있다.

(2) 뒤에 「주어+동사」의 절이 오므로 because of가 아니라 because를 써야 한다.

해석 나는 나쁜 상황에 처해 있기 때문에 실패했다.

(3) -thing으로 끝나는 명사는 형용사가 뒤에서 수식한다.

해석 앞으로 나아가 무언가 아름다운 것을 만들어 내라.

(4) if는 조건의 접속사로 뒤에 「주어+동사」의 절이 온다.

해석 만약 활발한 개를 기른다면 밖에서 함께 공놀이를 하라.

제목 추론하기

08 정답 ①   p. 30

무게를 가볍게 하기 위해 경륜용 자전거는 브레이크가 없는데, 장갑을 낀 손으로 앞바퀴를 꽉 잡아서 멈추게 하므로 경륜 선수들에게 장갑이 매우 중요하다고 설명하고 있다. 따라서 글의 제목으로 ① '자전거를 멈추게 하는 장갑'이 가장 적절하다.

오답풀이 ② 경륜: 인기 있는 스포츠
③ 자전거 장갑: 부의 상징
④ 경륜 선수가 되기 위한 훈련
⑤ 자전거 브레이크의 기본 구조

READING GUIDE ⑩

UNDERSTAND
DEEPLY   **1** (1) F (2) T (3) F   **2** The rider backpedals and holds the front wheel tight with his hand.
3 heavy → light, a pedal → brakes

1 (1) 경륜용 자전거는 브레이크가 없다고 했으므로 글의 내용과 일치하지 않는다. (2) 장갑을 낀 손으로 앞바퀴를 꽉 잡아서 경륜용 자전거를 멈춘다고 했으므로 글의 내용과 일치한다. (3) 손이 심하게 다치는 것을 장갑이 막아 준다고 했으므로 글의 내용과 일치하지 않는다.

해석 (1) 브레이크는 모든 자전거에 필수적이다.
(2) 경륜 선수들은 손을 사용해서 자전거를 멈출 수 있다.
(3) 브레이크는 경륜 선수들이 손을 심하게 다치는 것을 막아 준다.

2 페달을 뒤로 돌리고 앞바퀴를 꽉 잡아서 자전거를 멈춘다고 했다.

해석 경륜 선수는 경륜용 자전거를 어떻게 멈추는가?
→ 경륜 선수는 페달을 뒤로 돌리고 자신의 손으로 앞바퀴를 꽉 잡는다.

3 경륜용 자전거는 가능한 한 가벼워야 해서 브레이크가 없는 대신 장갑이 그 역할을 한다.

해석 경륜용 자전거는 무거워야(→ 가벼워야) 해서 페달이(→ 브레이크가) 없다.

READ CLOSELY   p. 31

❶ Do you think / all bicycles have brakes?

여러분은 생각하는가 / 모든 자전거가 브레이크를 가지고 있다고

❷ Actually, / track racing bicycles / don't have brakes.

사실 / 경륜용 자전거는 / 브레이크를 갖고 있지 않다

❸ A track racing bicycle / must be / as light as possible, / so it does not have / any unnecessary parts.

경륜용 자전거는 / ～여야 한다 / 가능한 한 가벼운 / 그래서 그것은 가지고 있지 않다 / 어떤 불필요한 부분도

❹ But aren't the brakes necessary?

하지만 브레이크는 필요하지 않은가

❺ How do you stop it / without brakes?

여러분은 그것을 어떻게 멈추는가 / 브레이크 없이

❻ With your gloves, / of course!

장갑을 가지고서 / 당연히

❼ The rider backpedals / and holds / the front wheel / tight / with his hand.

경륜 선수는 페달을 뒤로 돌린다 / 그리고 잡는다 / 앞바퀴를 / 꽉 / 자신의 손으로

❽ This slows the wheel down / and stops the bicycle.

이것은 바퀴의 속도를 늦춘다 / 그리고 자전거를 멈춘다

❾ So gloves are very important / for bicycle racers.

그래서 장갑은 매우 중요하다 / 경륜 선수들에게

❿ Thanks to gloves, / they avoid hurting their hands / terribly / every time they try to stop.

장갑 덕에 / 그들은 자신의 손이 다치는 것을 피한다 / 심하게 / 그들이 멈추려고 할 때마다

지문해석 여러분은 모든 자전거가 브레이크를 가지고 있다고 생각하는가? 사실 경륜용 자전거는 브레이크를 갖고 있지 않다. 경륜용 자전거는 가능한 한 가벼워야 해서 그것은 어떤 불필요한 부분도 가지고 있지 않다. 하지만 브레이크는 필요하지 않은가? 여러분은 브레이크 없이 그것을 어떻게 멈추는가? 당연히 장갑을 가지고서! 경륜 선수는 페달을 뒤로 돌리고 자신의 손으로 앞바퀴를 꽉 잡는다. 이것은 바퀴의 속도를 늦추고 자전거를 멈춘다. 그래서 장갑은 경륜 선수들에게 매우 중요하다. 장갑 덕분에 그들은 자전거를 멈추려고 할 때마다 손이 심하게 다치는 것을 피한다.

문장 돋보기

❶ Do you think [all bicycles have brakes]?
(목적어절을 이끄는 명사절 접속사 that)
❸ A track racing bicycle must be as light as possible,
as+형용사/부사의 원급+as possible(가능한 한 ～한/하게)
so it does not have any unnecessary parts.

09 정답 ②　　　　　　　　　　p. 32

세탁하지 않고 15개월 동안 입은 청바지와 세탁 후 2주 동안 입은 청바지에서 박테리아 표본을 추출한 결과, 두 표본에 있는 박테리아 수가 거의 같았다는 연구에 대한 글이다. 따라서 글의 제목으로 가장 적절한 것은 ② '자주 세탁하는 것이 정말 필요한가?'이다.

오답풀이 ① 세탁은 환경에 해롭다

③ 박테리아는 악취의 원인인가?

④ 더러운 청바지: 박테리아의 서식지

⑤ 새 청바지: 십 대들의 필수품

READING GUIDE ❶, ❷

UNDERSTAND
DEEPLY　**1** stay clean　**2** It[The number of bacteria in the two samples] was about the same.　**3** (1) F　(2) T

1 15개월 동안 세탁하지 않고 입은 청바지와 2주 동안 입은 청바지의 박테리아 수가 거의 같았다고 했으므로 오래 빨지 않은 청바지도 청결이 유지될 수 있음을 알 수 있다.
해석 오랫동안 청바지를 빨지 않더라도 그것은 깨끗하게 유지될 것이다.

2 15개월 동안 세탁하지 않고 입은 청바지와 2주 동안 입은 청바지의 박테리아 수는 거의 같았다.
해석 Le의 청바지에서 나온 두 개의 표본에 있는 박테리아 수는 어땠는가?
→ 그것은[두 표본의 박테리아 수는] 거의 같았다.

3 (1) 15개월 동안 세탁하지 않고 입은 청바지와 2주 동안 입은 청바지의 박테리아 수가 거의 같다고 했으므로 글의 내용과 일치하지 않는다.
해석 (1) 너무 자주 세탁을 하면 박테리아가 많이 증가할 것이다.
(2) Josh Le는 냄새를 제거하기 위해서 청바지에 바람을 쐬어 주었다.

READ CLOSELY　　　　　　　　　　p. 33

❶ If you don't have time / for doing laundry, / don't worry about it.
만약 여러분이 시간이 없다면 / 세탁할 / 그것에 대해 걱정하지 말라

❷ At least / your jeans will stay clean.
적어도 / 여러분의 청바지는 깨끗한 채로 있을 것이다

❸ Josh Le, / a student at the University of Alberta, / wore / a pair of jeans / for fifteen months / without washing them at all.
Josh Le는 / 앨버타 대학의 학생인 / 입었다 / 청바지 한 벌을 / 15개월 동안 / 전혀 세탁하지 않고

❹ After this period, / a scientist took / a sample of the bacteria / from the jeans.
이 기간 후에 / 한 과학자가 추출했다 / 박테리아의 표본을 / 그 청바지에서

❺ Then / Le washed the jeans.
그런 뒤에 / Le는 그 청바지를 세탁했다

❻ This time, / he wore the jeans / for only two weeks, / and the scientist took another sample. // The result?

이번에 / 그는 그 청바지를 입었다 / 2주 동안만 / 그리고 그 과학자가 다른 표본을 추출했다 // 그 결과는

❼ The number of bacteria / in the two samples / was about the same.
박테리아의 수는 / 두 개의 표본에 있는 / 거의 같았다

❽ But what about the smell?
하지만 냄새는 어떤가

❾ According to Le, / he aired out his jeans / three times a week, / and he still had / lots of friends.
Le에 따르면 / 그는 자신의 청바지에 바람을 쐬었다 / 일주일에 세 번 / 그리고 그는 여전히 갖고 있었다 / 많은 친구를

지문해석 만약 여러분이 세탁할 시간이 없다면 그것에 대해 걱정하지 말라. 적어도 여러분의 청바지는 깨끗한 채로 있을 것이다. 앨버타 대학의 학생인 Josh Le는 청바지 한 벌을 15개월 동안 전혀 세탁하지 않고 입었다. 이 기간 후에 한 과학자가 그 청바지에서 박테리아의 표본을 추출했다. 그런 뒤에 Le는 그 청바지를 세탁했다. 이번에 그는 그 청바지를 2주 동안만 입었고 그 과학자가 다른 표본을 추출했다. 그 결과는? 두 개의 표본에 있는 박테리아의 수는 거의 같았다. 하지만 냄새는 어떤가? Le에 따르면 그는 자신의 청바지에 일주일에 세 번 바람을 쐬었고, 그는 여전히 많은 친구를 갖고 있었다.

문장 돋보기

❸ Josh Le, a student at the University of Alberta,
　주어 └ = ┘동격
wore a pair of jeans for fifteen months without
동사　　　　　　　　　　　　　　without+v-ing(~하지 않고)
washing them at all.

❼ The number of bacteria in the two samples was
the number of(~의 개수)+복수명사+단수 동사
about the same.

10 정답 ④　　　　　　　　　　p. 34

물구나무서기가 얼굴의 주름을 줄이고 피부를 좋아지게 하며 흰머리를 예방하고 뇌 기능을 개선시킨다고 설명하고 있으므로 글의 제목으로 ④ '물구나무서기의 놀라운 효과들'이 가장 적절하다.

오답풀이 ① 물구나무서는 방법

② 주름을 줄이는 다양한 방법

③ 규칙적인 운동의 중요성

⑤ 노화와 중력의 관계

READING GUIDE ❷

UNDERSTAND
DEEPLY　**1** ②　**2** Gravity, up, wrinkles

1 밑줄 친 '여러 가지 면'은 물구나무서기의 효과를 의미하므로 글에서 언급된 물구나무서기의 효과가 아닌 것은 ② '체중 감소'이다.

2 물구나무서기를 했을 때, 중력이 피부를 끌어 올려서 주름이 감소한다고 했다.

[해석] 물구나무를 서 있을 때 중력이 피부를 위로 당긴다. 그래서 얼굴의 주름이 줄어든다.

READ CLOSELY   p. 35

❶ Can you stand on your hands?

여러분은 물구나무를 설 수 있는가

❷ A regular handstand / is good for your health / in many ways.

규칙적인 물구나무서기는 / 여러분의 건강에 좋다 / 여러 가지 면에서

❸ A handstand can reduce wrinkles / on your face.

물구나무서기는 주름을 감소시킬 수 있다 / 여러분의 얼굴에 있는

❹ If you do it / regularly, / it will give you / a natural "face-lift."

여러분이 그것을 한다면 / 규칙적으로 / 그것은 여러분에게 줄 것이다 / 자연적인 '얼굴 주름 제거'

❺ This happens / because gravity pulls your skin up / when you are upside-down.

이것은 발생한다 / 중력이 여러분의 피부를 위로 끌어당기기 때문에 / 여러분이 거꾸로 있을 때

❻ Furthermore, / more blood flows / to the skin and hair.

게다가 / 더 많은 피가 흐른다 / 피부와 머리카락으로

❼ So the skin becomes / smoother, clearer, and brighter.

그래서 피부는 ~하게 된다 / 더 부드럽고, 더 깨끗하고, 더 밝은

❽ Also, / you can delay gray hair.

또한 / 여러분은 흰머리를 늦출 수 있다

❾ With handstands, / gray hair may even turn back into / its natural color!

물구나무를 서면 / 흰 머리카락이 되돌려질 수 있을지도 모른다 / 그것의 자연색으로

❿ In addition, / they could improve brain function / because the brain cells get / fresh blood and nutrients.

게다가 / 그것은 뇌의 기능을 향상시킬 수도 있다 / 뇌세포가 흡수할 수 있기 때문에 / 신선한 피와 영양소를

⓫ This could improve / your thinking power, / memory, / and concentration.

이것은 향상시킬 수 있다 / 여러분의 사고력 / 기억력 / 그리고 집중력을

⓬ In my opinion, / everyone should do handstands / for a total of five minutes / every day.

내 생각에는 / 모든 사람이 물구나무서기를 해야 한다 / 총 5분 동안 / 매일

[지문해석] 여러분은 물구나무를 설 수 있는가? 규칙적인 물구나무서기는 여러 가지 면에서 여러분의 건강에 좋다. 물구나무서기는 얼굴의 주름을 감소시킬 수 있다. 여러분이 그것을 규칙적으로 한다면 그것은 자연적인 '얼굴 주름 제거'를 줄 것이다. 이것은 여러분이 거꾸로 있을 때 중력이 피부를 위로 끌어당기기 때문에 발생한다. 게다가 더 많은 피가 피부와 머리카락으로 흐른다. 그래서 피부는 더 부드럽고, 더 깨끗하고, 더 밝게 된다. 또한 당신은 흰머리를 늦출 수 있다. 물구나무를 서면 흰 머리카락을 원래의 색으로 되돌릴 수 있을지도 모른다! 게다가 뇌세포가 신선한 피와 영양소를 흡수할 수 있기 때문에 그것은 뇌의 기능을 향상시킬 수도 있다. 이것은 여러분의 사고력, 기억력, 그리고 집중력을 향상시킬 수 있다. 내 생각에는 모든 사람이 매일 총 5분 동안 물구나무서기를 해야 한다.

[문장] 돋보기

❶ Can you stand on your hands?
조동사 의문문(조동사＋주어＋동사원형 ~?)

❼ So the skin becomes smoother, clearer, and brighter.
become＋형용사(~한 상태가 되다)

REVIEW TIME   p. 36

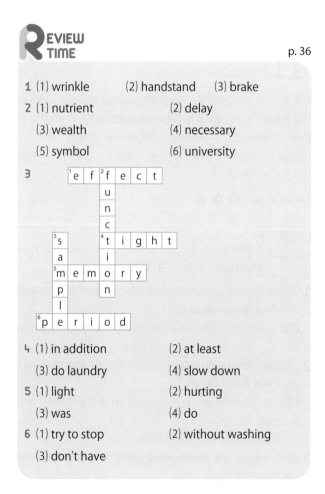

1 (1) wrinkle (2) handstand (3) brake

2 (1) nutrient (2) delay
   (3) wealth (4) necessary
   (5) symbol (6) university

3

	¹e	f	²f	e	c	t	
			u				
			n				
			c				
	³s		⁴t	i	g	h	t
	a		i				
	⁵m	e	m	o	r	y	
	p		n				
	l						
⁶p	e	r	i	o	d		

4 (1) in addition (2) at least
   (3) do laundry (4) slow down

5 (1) light (2) hurting
   (3) was (4) do

6 (1) try to stop (2) without washing
   (3) don't have

2 (1) wrinkle 주름 (2) handstand 물구나무서기 (3) brake 브레이크, 제동 장치

5 (1) 「as＋원급＋as possible」의 형태로 써서 '가능한 한 ~한/하게'의 의

미를 나타내므로 원급이 들어가야 한다.

해설 경륜용 자전거는 가능한 한 가벼워야 한다.

(2) avoid는 동명사를 목적어로 쓴다.

해설 장갑 덕분에 그들은 손이 심하게 다치는 것을 피한다.

(3) 「the number of+복수명사」는 '~의 개수'라는 의미로 단수 취급하므로 단수 동사가 온다.

해설 두 개의 표본에 있는 박테리아의 수는 거의 같았다.

(4) 조건을 나타내는 if절에서는 현재시제가 미래시제를 대신한다.

해설 여러분이 규칙적으로 물구나무서기를 한다면 그것은 자연적인 '얼굴 주름 제거'를 제공할 것이다.

6 (1) '~하려고 노력하다'의 의미를 나타낼 때는 try 뒤에 to부정사를 쓴다.
(2) 「without+동명사」의 형태로 '~하지 않고'의 의미를 나타낸다.
(3) 조건을 나타내는 if절에서는 현재시제가 미래시제를 대신한다.

 PART 1 중심 내용 파악하기

 UNIT 04

요약하기

11 정답 ② p. 38

미국 원주민인 인디언들이 연기와 열을 이용하여 겨울 동안 먹을 고기와 생선을 보존했던 방식인 바비큐의 유래에 대해 설명한 글이므로 요약문의 빈칸에는 ② safe(안전한) – prepare(마련하다)가 가장 적절하다.

오답풀이 ① 안전한 – 배달하다 ③ 신선한 – 배달하다 ④ 맛있는 – 마련하다 ⑤ 맛있는 – 배달하다

(READING GUIDE) ❹, ❻, ❼

(UNDERSTAND
DEEPLY) **1** barbecue, hung   **2** They added wet bark or plants to the fire.   **3** (1) T (2) F

1 인디언들은 고기와 생선을 바비큐로 요리했고, 고기는 특별한 창고에 매달아 두기도 했다고 나와 있다.

해설 인디언들은 고기를 바비큐로 요리했고, 그것을 창고에 매달아 두었다.

2 인디언들은 바비큐를 할 때 젖은 나무껍질이나 식물을 불에 넣어서 많은 양의 연기를 만들었다고 했다.

해설 인디언들은 바비큐를 할 때 많은 양의 연기를 만들기 위해서 무엇을 했는가?
→ 그들은 불에 젖은 나무껍질이나 식물을 넣었다.

3 (2) 많은 연기를 피워 음식을 보존하고 풍미를 더했다고 했으므로 글의 내용과 일치하지 않는다.

해설 (1) 인디언들이 처음으로 '바비큐'라는 단어를 사용했다.
(2) 인디언들은 특별한 손님을 대접하기 위해 음식을 바비큐를 했다.

---

❶ The word "barbecue" /ⓘⓢ Native American.

'바비큐'라는 단어는 / 미국 원주민의 말이다

❷ Indians used this word / first!

인디언들이 이 단어를 사용했다 / 처음

❸ The Indians treated / fish and meat / by cooking them / in a barbecue.

인디언들은 처리했다 / 생선과 고기를 / 그것들을 요리함으로써 / 바비큐로

❹ The smoke and heat / in the barbecue / preserved the food.

연기와 열이 / 바비큐에 있는 / 음식을 보존했다

❺ The Indians even hung the meat / in a special storage room.

인디언들은 심지어 고기를 매달아 두었다 / 특별한 창고에

❻ In this way, / they could store food / for winter.

이런 방식으로 / 그들은 음식을 저장할 수 있었다 / 겨울 동안

❼ The food was safe / to eat / for a long time.

음식은 안전했다 / 먹기에 / 오랫동안

❽ When settlers drew / pictures of native barbecues, / they drew / a lot of smoke.

정착민들이 그렸을 때 / 원주민의 바비큐 그림을 / 그들은 그렸다 / 많은 연기를

❾ There ⓘⓢ a reason / for this.

이유가 있다 / 이것에 대한

❿ Indians added / wet bark or plants / to the fire.

인디언들은 넣었다 / 젖은 나무껍질이나 식물을 / 불에

⓫ This made / a large amount of smoke.

이것은 만들었다 / 많은 양의 연기를

⓬ The thick smoke / from the barbecue / preserved and flavored / the fish and meat.

자욱한 연기가 / 바비큐에서 나온 / 보존하고 풍미를 더했다 / 생선과 고기를

⓭ We call / this method of cooking fish and meat / "smoking."

우리는 부른다 / 생선과 고기를 조리하는 이런 방법을 / '훈제'라고

지문해석 '바비큐'라는 단어는 미국 원주민의 말이다. 인디언들이 이 단어를 처음 사용했다! 인디언들은 생선과 고기를 바비큐로 요리함으로써 처리했다. 바비큐에 있는 연기와 열이 음식을 보존했다. 인디언들은 심지어 고기를 특별한 창고에 매달아 두었다. 이런 방식으로, 그들은 음식을 겨울 동안 저장할 수 있었다. 음식은 오랫동안 먹기에 안전했다. 정착민들이 원주민의 바비큐 그림을 그렸을 때, 그들은 많은 연기를 그렸다. 이것에 대한 이유가 있다. 인디언들

은 젖은 나무껍질이나 식물을 불에 넣었다. 이것은 많은 양의 연기를 만들었다. 바비큐에서 나온 자욱한 연기가 생선과 고기를 보존하고 풍미를 더했다. 우리는 생선과 고기를 조리하는 이런 방법을 '훈제'라고 부른다.
→ 연기와 열이 더 오랫동안 음식을 안전하게 유지하기 때문에 인디언들은 겨울에 먹을 생선과 고기를 마련하기 위해 바비큐를 사용했다.

문장 돋보기

⑫ The thick smoke [from the barbecue] preserved
　　　주어　　　　ㄴ전치사구　　　　　　　　　동사 1
and flavored the fish and meat.
　동사 2　　　　목적어
⑬ We call this method of cooking meat and fish
　　　call＋목적어＋목적격보어(명사): 목적어를 ~라고 부르다
"smoking."

12 정답 ④

p. 40

작은 생물인 박테리아가 식물의 성장과 건강 유지에 필요한 질소를 흙 속에 공급하고 죽은 식물을 분해해 영양분을 흙에 되돌려 줌으로써 식물과 환경에 도움이 되는 중요한 역할을 한다고 설명하고 있으므로 요약문의 빈칸에는 ④ recycle(재활용하다) – environment(환경)가 가장 적절하다.
오답풀이 ① 얻다 – 사회 ② 재활용하다 – 사회 ③ 얻다 – 환경 ⑤ 얻다 – 산

READING GUIDE ⑪, ⑬

UNDERSTAND DEEPLY

1 Busy, Plants　2 (1) F (2) F (3) T

1 윗글에서 필자는 박테리아가 식물과 환경에 도움되며 항상 부지런히 일하고 있다고 기술하고 있다.
해석 박테리아: 식물과 환경을 위한 부지런한 일꾼들

2 (1) 박테리아는 식물도 동물도 아니라고 했으므로 글의 내용과 일치하지 않는다. (2) 농부들은 박테리아 덕분에 비료를 덜 쓸 수 있다고 했지 박테리아를 기르기 위해 비료를 사용하는 것은 아니다. (3) 식물이 죽으면 박테리아는 그것을 분해하여 영양분을 재활용하는 것을 돕는 역할을 한다고 했으므로 글의 내용과 일치한다.
해석 (1) 어떤 박테리아는 동물이고 어떤 박테리아는 식물이다.
(2) 농부들은 박테리아를 기르기 위해 비료를 사용한다.
(3) 박테리아는 죽은 식물을 분해한다.

READ CLOSELY

p. 41

❶ Bacteria are / very tiny living things.
박테리아는 ~이다 / 아주 작은 생물

❷ They are / neither plants nor animals, / and they have / many different shapes.
그것들은 ~이다 / 식물도 아니고 동물도 아닌 / 그리고 그것들은 가지고

있다 / 여러 가지 다양한 형태를

❸ Some look like / grains of rice.
어떤 것들은 ~처럼 보인다 / 쌀알

❹ Others look like shapeless blobs.
다른 것들은 형체가 없는 덩어리처럼 보인다

❺ You may think / bacteria are harmful.
여러분은 생각할 수도 있다 / 박테리아가 해롭다고

❻ In fact, / many bacteria are helpful.
사실 / 많은 박테리아는 도움이 된다

❼ For example, / some bacteria are good for plants.
예를 들어 / 어떤 박테리아는 식물에 도움이 된다

❽ In order to grow and stay healthy, / plants need nitrogen.
성장하고 건강하기 위해서 / 식물들은 질소를 필요로 한다

❾ Bacteria take nitrogen / from the air / and put it into the soil.
박테리아는 질소를 가져온다 / 공기 중에서 / 그리고 그것을 흙 속에 넣는다

❿ Thanks to bacteria, / farmers can use / less plant food.
박테리아 덕분에 / 농부들은 사용할 수 있다 / 더 적은 비료를

⓫ Other bacteria are good for the environment.
다른 박테리아는 환경에 도움이 된다

⓬ When a plant dies, / bacteria start / to break it down.
식물이 죽으면 / 박테리아는 시작한다 / 그것을 분해하기

⓭ This helps to recycle / the plants' nutrients / back into the soil.
이것은 재활용하는 데 도움이 된다 / 식물의 영양분을 / 흙으로 되돌려

⓮ So some people call bacteria / "nature's recyclers."
그래서 어떤 사람들은 박테리아를 부른다 / '자연의 재생 처리기'라고

⓯ Remember, / there are / many good bacteria, / and they are always busy working.
기억하라 / 있다는 것을 / 많은 좋은 박테리아가 / 그리고 그것들은 항상 열심히 일하고 있다는 것을

지문해석 박테리아는 아주 작은 생물이다. 그것들은 식물도 아니고 동물도 아니며 여러 가지 다양한 형태를 가지고 있다. 어떤 것들은 쌀알처럼 보인다. 다른 것들은 형체가 없는 덩어리처럼 보인다. 여러분은 박테리아가 해롭다고 생각할 수도 있다. 사실, 많은 박테리아는 도움이 된다. 예를 들어, 어떤 박테리아는 식물에 도움이 된다. 성장하고 건강하기 위해서 식물들은 질소를 필요로 한다. 박테리아는 공기 중에서 질소를 가져와서 그것을 흙 속에 넣는다. 박테리아 덕분에 농부들은 더 적은 비료를 사용할 수 있다. 다른 박테리아는 환경에 도움이 된다. 식물이 죽으면 박테리아는 그것을 분해하기 시작한다. 이

것은 식물의 영양분을 흙으로 되돌려 재활용하는 데 도움이 된다. 그래서 어떤 사람들은 박테리아를 '자연의 재생 처리기'라고 부른다. 많은 좋은 박테리아가 있고 그것들은 항상 열심히 일하고 있다는 것을 기억하라.

→ 박테리아는 흙 속에서 질소를 공급하고 영양분을 재활용하기 때문에, 그것들은 식물과 환경에 매우 중요한 일을 한다.

문장 돋보기

❷ They are neither plants nor animals, and they
  neither A nor B(A도 B도 아닌)
have many different shapes.

❺ You may think bacteria are harmful.
  (목적어절을 이끄는 접속사 that)

❸ This helps [to recycle the plants' nutrients back
  목적어(to부정사구)
into the soil].
recycle A into B(A를 B로 재활용하다)

13 정답 ⑤
p. 42

어린아이들의 소유욕에 대해 설명한 글로 어려운 상황에서 서로를 기꺼이 도우려고 하지만 자신의 물건을 공유하려고 하지는 않는다는 내용이므로 요약문의 빈칸에는 ⑤ help(돕다) - share(공유하다)가 가장 적절하다.

오답풀이 ① 무시하다 - 공유하다 ② 돕다 - 숨기다 ③ 무시하다 - 지키다 ④ 이해하다 - 숨기다

READING GUIDE ❸, ❹

UNDERSTAND DEEPLY 1 (1) F (2) T (3) T 2 mine

1 (1) 아이들은 자신의 장난감을 다른 아이들과 공유하는 것을 좋아하지 않는다고 했으므로 글의 내용과 일치하지 않는다.

해석 (1) 아이들은 다른 사람들에게 자신의 장난감을 주기를 좋아한다.
(2) 아이들은 18개월밖에 안 되었더라도 서로를 도울 것이다.
(3) 아이들은 그들의 물건을 공유하지 않기 위해서 소리 지르거나 사람들을 때릴지도 모른다.

2 필자가 자신의 자녀가 아직 어릴 때 가장 많이 들은 단어가 '내 거야'라고 했으므로 유아를 둔 부모가 가장 자주 듣는 단어라고 볼 수 있다.

해석 필자에 의하면, 어린아이를 둔 부모들이 가장 자주 듣는 말은 무엇인가?

READ CLOSELY
p. 43

❶ Children are happy / about helping others, / but they do not like to give things / to others.

아이들은 행복해한다 / 다른 사람을 돕는 것에 대해 / 하지만 그들은 물건을 주는 것을 좋아하지 않는다 / 다른 사람에게

❷ You can see this / clearly / in very young children.

여러분은 이것을 볼 수 있다 / 분명히 / 아주 어린 아이들에게서

❸ Eighteen-month-old children will support / each other / in difficult situations.

18개월 된 아이들은 도와주려 할 것이다 / 서로 / 어려운 상황에서

❹ However, / they don't want to share their toys / with other children.

하지만 / 그들은 자신의 장난감을 공유하려고 하지 않는다 / 다른 아이들과

❺ The little ones / will even scream and hit people / in order to defend their things.

어린아이들은 / 심지어 소리를 지르고 사람들을 때릴 것이다 / 자기 물건을 지키기 위해

❻ Parents with toddlers / will experience this / every day.

유아들이 있는 부모들은 / 이것을 경험할 것이다 / 매일

❼ When my daughters were / still in diapers, / they used one word / most often.

내 딸들이 ~이었을 때 / 아직 기저귀를 차고 있는 / 그들은 한 단어를 사용했다 / 가장 자주

❽ It was "mine!"

그것은 "내 거야"였다

지문해석 아이들은 다른 사람을 돕는 것에 행복해하지만, 그들은 물건을 다른 사람에게 주고 싶어 하지는 않는다. 여러분은 이것을 아주 어린 아이들에게서 분명히 볼 수 있다. 18개월 된 아이들은 어려운 상황에서 서로 도와주려 할 것이다. 하지만 그들은 자신의 장난감을 다른 아이들과 공유하려고 하지 않는다. 어린아이들은 자기 물건을 지키기 위해 심지어 소리를 지르고 사람들을 때릴 것이다. 유아들이 있는 부모들은 이것을 매일 경험할 것이다. 내 딸들이 아직 기저귀를 차고 있었을 때 그들은 한 단어를 가장 자주 사용했다. 그것은 "내 거야"였다.

→ 아주 어린아이들은 어려운 상황에서 서로 도울 것이지만 자기 물건을 공유하는 것은 좋아하지 않는다.

문장 돋보기

❹ However, they don't want to share their toys with
  want+to부정사(~하기를 원하다)
other children.

❺ The little ones will even scream and hit people in
order to defend their things.
in order to+동사원형(~하기 위해서)

REVIEW TIME

p. 44

1 (1) scream   (2) hide   (3) hang

2 ignore/defend/experience/shape/harmful/native/thick/flavor/bark

   (1) ignore   (2) defend   (3) experience

   (4) shape   (5) harmful   (6) native

   (7) thick   (8) flavor   (9) bark

3
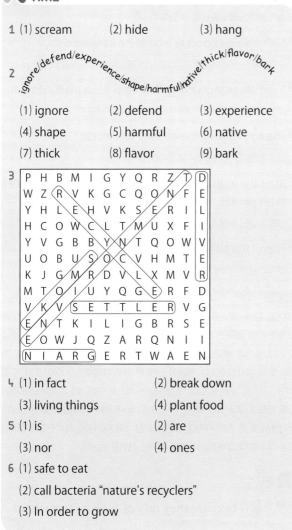

4 (1) in fact   (2) break down

   (3) living things   (4) plant food

5 (1) is   (2) are

   (3) nor   (4) ones

6 (1) safe to eat

   (2) call bacteria "nature's recyclers"

   (3) In order to grow

해석 아이들은 자신의 장난감을 다른 아이들과 공유하려고 하지 않는다. 그 어린아이들은 자기 물건을 지키기 위해서 심지어 소리를 지를 것이다.

6 (1) 「형용사+to부정사」의 형태로 to부정사가 앞에 있는 형용사를 꾸며 주는 부사적 용법으로 쓰여 '~하기에 …한'의 의미를 나타낸다.

   (2) 'A를 B라고 부르다'는 「call A B」로 나타낼 수 있다.

   (3) '~하기 위해서'의 의미는 「in order to+동사원형」으로 나타낼 수 있다.

Play Time

p. 46

1 각 문제가 올바르게 되도록 성냥 한 개를 더하시오.

2 각 문제가 올바르게 되도록 성냥 한 개를 지우시오.

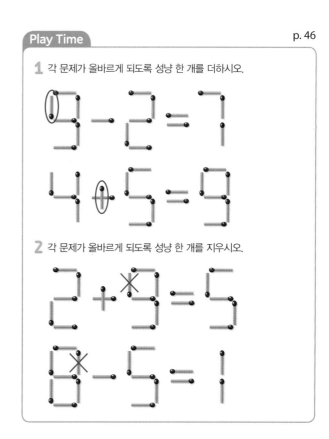

---

1 (1) scream 소리 지르다 (2) hide 숨다, 숨기다 (3) hang 걸다, 매달다

2 (1) ignore 무시하다 (2) defend 방어하다 (3) experience 경험하다 (4) shape 모양 (5) harmful 해로운 (6) native 원주민의 (7) thick 두꺼운 (8) flavor 풍미를 더하다 (9) bark 나무껍질

3 (1) settler (2) smoke (3) grain (4) environment (5) recycle (6) deliver

5 (1) 「there is+단수명사」의 형태로 쓴다.

   해석 이것에는 한 가지 이유가 있다.

   (2) 「there are+복수명사」의 형태로 쓴다.

   해석 많은 좋은 박테리아가 있다.

   (3) neither A nor B: A도 B도 아닌

   해석 그것들은 식물도 동물도 아니다.

   (4) 앞에서 언급된 불특정한 명사를 나타낼 때는 one을 쓴다. 가리키는 명사가 복수인 children이므로 ones를 쓴다.

내용 일치 파악하기

 14 정답 ⑤   p. 48

암컷 해마가 수컷의 새끼주머니 속에 알을 낳으면 몇 주 동안 알이 거기에서 자라고, 부화한 후에 주머니 안에서 조금 더 자란다고 했으므로 ⑤가 글의 내용과 일치하지 않는다.

READING GUIDE ①, ②: ❸ ③: ❺, ❻ ④: ❿ ⑤: ⓬

UNDERSTAND DEEPLY **1** fish **2** Because they do not have a stomach for storing food. **3** a female's stomach → a male's pocket

1 윗글에서 해마는 어류이지만 독특한 어류라고 설명하고 있다.
해석 해마는 어류의 일종이지만 다른 어류와는 달리 독특한 특징을 갖고 있다.

2 해마는 음식을 저장할 위가 없어서 항상 먹는다고 했다.
해석 해마는 왜 항상 먹는가?
→ 왜냐하면 그들은 음식을 저장할 위가 없기 때문이다.

3 암컷 해마가 수컷 해마의 주머니에 알을 낳고, 거기에서 알이 몇 주간 자란 후에 수컷이 새끼를 낳는다고 했다.
해석 알은 부화할 때까지 암컷의 배(→ 수컷의 주머니)에서 자란다.

READ CLOSELY   p. 49

❶ The seahorse ⟨is⟩ / an interesting creature / in many ways.
해마는 ~이다 / 흥미로운 생물 / 여러 가지 면에서

❷ First, / seahorses ⟨are⟩ fish, / but they ⟨are⟩ / very unusual fish.
첫째로 / 해마는 어류이다 / 하지만 그들은 ~이다 / 매우 독특한 어류

❸ They ⟨can't swim⟩ / well, / and they ⟨like⟩ to rest / in one area.
그것들은 수영을 하지 못한다 / 잘 / 그리고 그것들은 쉬는 것을 좋아한다 / 한곳에서

❹ Sometimes, / they ⟨hold onto⟩ / the same piece of coral or seaweed / for days.
때때로 / 그것들은 매달려 있다 / 같은 산호나 해초에 / 며칠 동안

❺ Second, / seahorses ⟨eat⟩ / all the time.
둘째로 / 해마는 먹는다 / 항상

❻ This ⟨is⟩ because they do not have a stomach / for storing food.
이것은 그것들이 위를 갖고 있지 않기 때문이다 / 음식을 저장할

❼ There ⟨is⟩ / one more surprising fact / about seahorses.
~이 있다 / 한 가지 더 놀라운 사실이 / 해마에 관해

❽ Male seahorses ⟨can have⟩ babies!
수컷 해마는 새끼를 낳을 수 있다

❾ Males ⟨have⟩ a pocket / a bit like a kangaroo's.
수컷 해마는 주머니를 가지고 있다 / 캥거루 주머니와 조금 비슷한

❿ A female seahorse / ⟨lays⟩ her eggs / in a male's pocket.
암컷 해마는 / 알을 낳는다 / 수컷 해마의 새끼주머니에

⓫ The eggs ⟨grow⟩ / there / for a few weeks.
알은 자란다 / 거기에서 / 몇 주 동안

⓬ After the eggs hatch, / the babies ⟨grow⟩ a little more / in his pocket.
알이 부화한 후에 / 새끼들은 자란다 / 조금 더 / 새끼주머니 안에서

⓭ Then / the father ⟨gives birth⟩.
그리고 나서 / 아빠 해마는 새끼를 낳는다

지문해석 해마는 여러 가지 면에서 흥미로운 생물이다. 첫째로 해마는 어류이지만 그들은 매우 독특한 어류이다. 그것들은 수영을 잘하지 못하고 한곳에서 쉬는 것을 좋아한다. 때때로 그것들은 같은 산호나 해초에 며칠 동안 매달려 있다. 둘째로 해마는 항상 먹는다. 이것은 그것들이 음식을 저장할 위를 가지고 있지 않기 때문이다. 해마에 관해 한 가지 더 놀라운 사실이 있다. 수컷 해마는 새끼를 낳을 수 있다! 수컷 해마는 캥거루 주머니와 조금 비슷한 주머니를 가지고 있다. 암컷 해마는 수컷 해마의 새끼주머니에 알을 낳는다. 알은 거기에서 몇 주 동안 자란다. 알이 부화한 후에 새끼들은 새끼주머니 안에서 조금 더 자란다. 그리고 나서 아빠 해마는 새끼를 낳는다.

문장 돋보기

❻ This is because they do not have a stomach for
   This is because(이것은 ~ 때문이다)   ~을 위한 (목적·기능)
   storing food.

⓬ After the eggs hatch, the babies grow a little
   시간의 부사절(~한 후에)   주어   동사
   more in his pocket.

 15 정답 ③   p. 50

Cesaria Evora가 음악을 그만둔 것은 1970년대이고, 1985년에는 포르투갈 리스본에서 노래를 다시 시작했다고 했으므로 ③이 글의 내용과 일치하지 않는다.

READING GUIDE ①: ❸ ②: ❹ ③: ❺ ④: ⓫ ⑤: ⓬

UNDERSTAND DEEPLY **1** Barefoot Diva, Cape Verde **2** She met producer Jose da Silva. **3** a Billboard Music Award → a Grammy Award

1 이 글은 '맨발의 디바'라고 불린 카보베르데 출신 가수인 Cesaria Evora 의 일대기를 보여 주고 있다.

해석 Cesaria Evora: 카보베르데 출신의 맨발의 디바

2 Cesaria Evora가 리스본에서 만난 사람은 프로듀서 Jose da Silva이다.

해석 Cesaria Evora는 리스본에서 누구를 만났는가?
→ 그녀는 프로듀서 Jose da Silva를 만났다.

3 Cesaria Evora는 카보베르데 음악을 전 세계에 알린 가수로, 2003년에 그래미상을 받았다.

해석 Cesaria Evora는 카보베르데 음악으로 세계적으로 유명해졌고 2003년에 빌보드 음악상(→ 그래미상)을 받았다.

READ CLOSELY   p. 51

❶ Cesaria Evora (was born) / in 1941 / on a Cape Verde island.

Cesaria Evora는 태어났다 / 1941년에 / 카보베르데의 한 섬에서

❷ She (grew up) / in a poor family.

그녀는 자랐다 / 가난한 가정에서

❸ After her father died, / she (lived) / in an orphanage.

그녀의 아버지가 사망한 후 / 그녀는 살았다 / 고아원에서

❹ As a teenager, / she (began) singing / at sailors' restaurants / and on ships / at the harbor.

십 대 때 / 그녀는 노래를 부르기 시작했다 / 선원들의 식당에서 / 그리고 배에서 / 항구에 있는

❺ But she (stopped) singing / in the 1970s / because she couldn't make enough money.

그러나 그녀는 노래 부르는 것을 그만두었다 / 1970년대에 / 그녀는 충분한 돈을 벌지 못했기 때문에

❻ Then, / in 1985, / she (started) singing / again / in Lisbon, / Portugal.

그러다가 / 1985년에 / 그녀는 노래하기 시작했다 / 다시 / 리스본에서 / 포르투갈의

❼ She (met) / producer Jose da Silva / there.

그녀는 만났다 / 프로듀서 Jose da Silva를 / 거기서

❽ Thanks to da Silva, / she (became) world-famous.

da Silva 덕분에 / 그녀는 세계적으로 유명해졌다

❾ She even (won) / a Grammy Award / in 2003.

그녀는 심지어 받았다 / 그래미상을 / 2003년에

❿ People / around the world / (found out about) / Cape Verdean music / because of her.

사람들이 / 전 세계의 / ~에 대해 알게 되었다 / 카보베르데 음악 / 그녀 때문에

⓫ They (called) her / the "Barefoot Diva" / because she

sang / without shoes.

그들은 그녀를 불렀다 / '맨발의 디바'라고 / 그녀는 노래했기 때문에 / 신발을 신지 않고

⓬ The Barefoot Diva / (died) / in her home country / at the age of 70.

맨발의 디바는 / 죽었다 / 자신의 고국에서 / 70세에

지문해석 Cesaria Evora는 1941년에 카보베르데의 한 섬에서 태어났다. 그녀는 가난한 가정에서 자랐다. 그녀의 아버지가 사망한 후, 그녀는 고아원에서 살았다. 십 대에 그녀는 선원들의 식당과 항구의 배에서 노래하기 시작했다. 그러나 그녀는 충분한 돈을 벌지 못했기 때문에 1970년대에 노래 부르는 것을 그만두었다. 그러다가 1985년에 포르투갈 리스본에서 다시 노래를 하기 시작했다. 그녀는 거기서 프로듀서 Jose da Silva를 만났다. da Silva 덕분에 그녀는 세계적으로 유명해졌다. 그녀는 심지어 2003년에 그래미상을 받았다. 전 세계 사람들이 그녀 때문에 카보베르데 음악에 대해 알게 되었다. 그녀는 신발을 신지 않고 노래를 했기 때문에 그들은 그녀를 '맨발의 디바'라고 불렀다. '맨발의 디바'는 70세의 나이에 자신의 고국에서 눈을 감았다.

> **문장 돋보기**
>
> **❿** People around the world found out about Cape
> 　　주어 ↑___│　　　　수식어구　　　　　　　동사
> Verdean music because of her.
> 　　　　　　　　 because of(전치사)+명사
>
> **⓫** They called her the "Barefoot Diva" because she
> 　　 call A B(A를 B라고 부르다)　　　　　 because(접속사)+
> 　　　　　　　　　　　　　　　　　　　주어+동사
> sang without shoes.

16 정답 ④   p. 52

술은 Joshua 나무의 꽃으로 만들었다고 했으므로 ④가 글의 내용과 일치하지 않는다.

READING GUIDE ①: **❷** ②: **❻** ③: **❼** ④: **❾** ⑤: **⓫**

UNDERSTAND DEEPLY **1** decorations, food　**2** (1) F (2) T (3) T

1 이 글에서는 사람들이 Joshua 나무를 장식용으로 쓰기 위해서 도시에 옮겨 심거나 미국 원주민들이 꽃눈, 씨앗, 꽃 등을 먹었다는 내용을 설명하고 있다.

해석 사람들은 Johusa 나무를 장식용과 식용으로 사용했다.

2 (1) Joshua 나무의 어린 씨앗이 바나나처럼 보이는 것이 아니라 바나나 맛이 났다고 했으므로 글의 내용과 일치하지 않는다. (3) 미국 정부가 Joshua 나무를 장식용이나 식용으로 쓸 수 없도록 법으로 보호한다고 했으므로 글의 내용과 일치한다.

해석 (1) Joshua 나무의 어린 씨앗은 바나나처럼 보인다.
(2) 미국 원주민들은 Joshua 나무 꽃을 주류를 만들기 위해 사용했다.
(3) 오늘날 미국 사람들은 법 때문에 Joshua 나무를 먹을 수 없다.

❶ Joshua trees are evergreens.

Joshua 나무는 상록수이다

❷ At the ends of their branches, / they have many leaves / with sharp points.

그것들의 가지 끝에 / 그것들은 많은 잎을 갖고 있다 / 뾰족한 끝을 가진

❸ The trees look unique.

그 나무들은 독특해 보인다

❹ Because of this, / people used them / as decorations.

이것 때문에 / 사람들은 그것들을 사용했다 / 장식용으로

❺ They dug up / many Joshua trees / and planted them / in urban areas.

그들은 파냈다 / 많은 Joshua 나무를 / 그리고 그것들을 심었다 / 도시 지역에

❻ But these areas were bad for the trees.

하지만 이러한 지역들은 그 나무들에게 나빴다

❼ Long ago, / Native Americans ate / Joshua tree flower buds / and young seeds.

오래전 / 미국 원주민들은 먹었다 / Johusa 나무 꽃눈을 / 그리고 어린 씨앗을

❽ According to them, / the young seeds / tasted like bananas.

그들에 따르면 / 어린 씨앗은 / 바나나 같은 맛이 났다

❾ Native Americans also made alcoholic drinks / from their flowers.

미국 원주민들은 또한 술을 만들었다 / 그것들의 꽃으로

❿ But people cannot use Joshua trees / as decorations or food / anymore.

하지만 사람들은 Joshua 나무를 사용할 수 없다 / 장식용이나 식용으로 / 더 이상

⓫ That's because the U.S. government / protects them / by law.

그것은 미국 정부가 ~하기 때문이다 / 그것들을 보호하기 / 법으로

지문해석 Joshua 나무는 상록수이다. 그것들의 가지 끝에는 뾰족한 끝을 가진 잎이 많이 있다. 그 나무들은 독특해 보인다. 이것 때문에 사람들은 그것들을 장식용으로 사용했다. 그들은 많은 Joshua 나무를 파내 도시 지역에 심었다. 하지만 이런 지역들은 그 나무에 나빴다. 오래전, 미국 원주민들은 Joshua 나무 꽃눈과 어린 씨앗을 먹었다. 그들에 따르면 어린 씨앗은 바나나 같은 맛이 났다. 미국 원주민들은 또한 그것들의 꽃으로 술을 만들었다. 하지만 사람들은 더 이상 Joshua 나무를 장식용이나 식용으로 사용할 수 없다. 그것은 미국 정부가 그것들을 법으로 보호하기 때문이다.

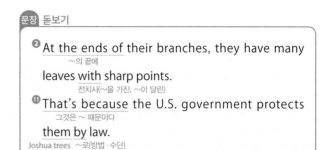

문장 돋보기

❷ At the ends of their branches, they have many
  ~의 끝에
leaves with sharp points.
    전치사(~을 가진, ~이 달린)

⓫ That's because the U.S. government protects
  그것은 ~ 때문이다
them by law.
Joshua trees   ~로(방법·수단)

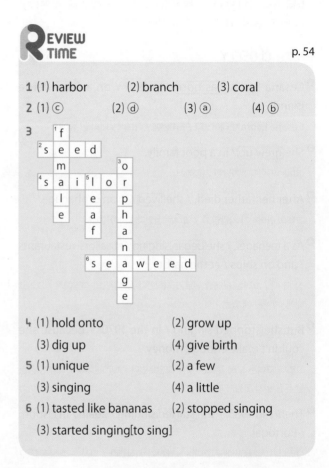

REVIEW TIME   p. 54

1 (1) harbor   (2) branch   (3) coral

2 (1) ⓒ   (2) ⓓ   (3) ⓐ   (4) ⓑ

3

(crossword)
- ¹f
- ²s e e d
- m
- ³o
- ⁴s a i l o r
- l ⁵l e
- e a a f
- f h
- a
- n
- ⁶s e a w e e d
- g
- e

4 (1) hold onto   (2) grow up
  (3) dig up   (4) give birth

5 (1) unique   (2) a few
  (3) singing   (4) a little

6 (1) tasted like bananas   (2) stopped singing
  (3) started singing[to sing]

2 (1) harbor 항구 (2) branch 나뭇가지 (3) coral 산호

5 (1) look 뒤에 형용사가 보어로 쓰인다.
해석 그 나무들은 독특해 보인다.
(2) 뒤에 셀 수 있는 명사의 복수형(weeks)이 있으므로 a few가 알맞다.
해석 알은 몇 주 동안 거기에서 자란다.
(3) begin은 목적어로 동명사나 to부정사를 쓸 수 있으므로 singing이 알맞다.
해석 그녀는 선원들의 식당에서 노래하기 시작했다.
(4) '조금 더 자란다'는 의미로 more는 양·정도를 나타내므로 a little이 알맞다.
해석 새끼들은 그의 주머니 안에서 조금 더 자란다.

6 (1) '~한 맛이 나다'의 의미를 나타낼 때, taste 뒤에 명사가 오면 「taste

like+명사」의 형태로 쓴다.

(2) '~하는 것을 그만두다'의 의미는 stop 뒤에 동명사를 써서 나타낸다.

(3) start는 동명사와 to부정사 모두 목적어로 쓸 수 있다.

안내문 · 도표 파악하기

17 정답 ④ p. 56

참가자는 요리를 미리 준비해서 행사에 가지고 와야 한다고 했으므로 ④가 안내문의 내용과 일치한다.

오답풀이 ① 일요일 오후 3시에 개최된다.

② 우승자 세 명에게 상품권을 준다.

③ www.hillgreenchef.com에서 신청할 수 있다.

⑤ 3달러를 내고 시식과 심사에 참여할 수 있다.

READING GUIDE ①: ❺ ②: ❼ ③: ❽ ④: ❾ ⑤: ⓫

UNDERSTAND
DEEPLY **1** ⑤ **2** a local product → a seasonal ingredient

1 대회 날짜(4월 10일), 대회 장소(Hill 커뮤니티 센터), 신청 방법(www.hillgreenchef.com에서 신청), 우승 상품(상품권)에 대한 언급은 있지만 심사 기준에 대한 언급은 없다.

2 참가자들은 음식을 조리하기 위해서 제철 재료를 사용해야 한다.

해석 참가자들은 음식을 요리하기 위해서 지역 상품(→ 제철 재료)을 사용해야 한다.

READ CLOSELY p. 57

❶ Green Chef Cooking Contest

Green Chef 요리 대회

❷ Welcome / to our cooking contest!

어서 오세요 / 우리의 요리 대회에

❸ This is / a community event.

이것은 ~입니다 / 지역 사회 행사

❹ Here is the challenge: / Use / a seasonal ingredient / and create / a delicious dish.

여기 도전 과제가 있어요 / 사용하세요 / 제철 재료를 / 그리고 만드세요 / 맛있는 음식을

❺ When: / Sunday, / April 10, / at 3 p.m.

일시 / 일요일 / 4월 10일 / 오후 3시

❻ Where: / Hill Community Center

장소 / Hill 커뮤니티 센터

❼ Prizes: / Gift cards / for three winners

상품 / 상품권 / 우승자 세 명에게

❽ Sign up / at www.hillgreenchef.com / by April 6

신청하세요 / www.hillgreenchef.com에서 / 4월 6일까지

❾ Participants should prepare their dishes / in advance / and bring them / to the event.

참가자들은 자신의 음식을 준비해야 합니다 / 미리 / 그리고 그것들을 가지고 와야 합니다 / 행사에

❿ Can't cook? // Don't worry!

요리를 못 하시나요 // 걱정하지 마세요

⓫ For just $3, / you can taste the dishes / and judge them.

단 3달러로 / 여러분은 음식을 맛볼 수 있습니다 / 그리고 그것들을 심사할 수 있습니다

지문해석 Green Chef 요리 대회

우리의 요리 대회에 어서 오세요! 이것은 지역 사회 행사입니다. 여기 도전 과제가 있습니다. 제철 재료를 사용하여 맛있는 음식을 만드세요.

■ 일시: 4월 10일, 일요일, 오후 3시

■ 장소: Hill 커뮤니티 센터

■ 상품: 우승자 세 명에게 상품권

www.hillgreenchef.com에서 4월 6일까지 신청하세요.

참가자들은 자신의 음식을 미리 준비해서 그것들을 행사에 가져와야 합니다. 요리를 못 하시나요? 걱정하지 마세요. 단 3달러로 여러분은 음식을 맛보고 그것들을 심사할 수 있습니다.

문장 돋보기

❹ Here is the challenge: Use a seasonal ingredient
　　Here+동사+주어 (도치)　　동사1
and create a delicious dish.
　동사2

❾ Participants should prepare their dishes in
　　　　　　　(should)　　동사1
advance and bring them to the event.
　　　　　　동사2

18 정답 ⑤ p. 58

지역의 가수들이 하루 종일 공연할 것이라는 내용은 있지만, 유명 연예인들의 사인회와 공연에 대한 언급은 없으므로 ⑤가 안내문의 내용과 일치하지 않는다.

READING GUIDE ①, ②: ❹ ③: ❻, ❽ ④: ❾ ⑤: ❿

UNDERSTAND
DEEPLY **1** ④ **2** (1) T (2) T

1 행사 목적(아프리카에 있는 아이들을 돕기 위해), 개최 일시(5월 4일), 개

최 장소(Rosemary 공원), 기부 품목(꽃병, 탁자, 부츠 등)에 대한 언급은 있지만 행사 주최자에 대한 언급은 없다.

2 (1) 벼룩시장 행사는 아프리카에 있는 아이들에게 유익할 것이라고 했으므로 글의 내용과 일치한다. (2) 지역 가수들의 공연이 하루 종일 있을 것이라고 했으므로 글의 내용과 일치한다.

[해석] (1) 벼룩시장은 아프리카에 있는 아이들을 돕기 위한 행사이다.
(2) 지역 가수들이 벼룩시장에 올 것이다.

READ CLOSELY
p. 59

❶ Springfield Flea Market

Springfield 벼룩시장

❷ (Don't miss) / this fantastic flea market.

놓치지 마세요 / 이 환상적인 벼룩시장을

❸ The flea market / (will benefit) children / in Africa.

이 벼룩시장은 / 아이들에게 유익할 것입니다 / 아프리카에 있는

❹ Saturday, / May 4 / 9:00 a.m. – 3:00 p.m. / Rosemary Park

토요일 / 5월 4일 / 오전 9시~오후 3시 / Rosemary 공원

❺ Some famous pop singers and movie stars / (donated) interesting things / to the market.

몇몇 유명 인기 가수들과 영화배우들이 / 흥미로운 물건들을 기증했습니다 / 시장에

❻ A few of these items / (are): / • an old Chinese vase / • a round wooden table / • tall black leather boots

이 물건들 중 몇 가지는 / ~입니다 / 오래된 중국 꽃병 / 둥근 목재 탁자 / 긴 검정색 가죽 부츠

❼ There (are) / many more items.

~이 있습니다 / 더 많은 물품들

❽ Many people (donated) / all kinds of things, / and they (are) / as good as new!

많은 사람들이 기증했습니다 / 온갖 종류의 물품들을 / 그리고 그것들은 ~입니다 / 새것만큼 좋은

❾ If you are / thirsty or hungry, / you (can buy) / soda and sandwiches / at the food stand.

만약 여러분이 / 목마르거나 배가 고프면 / 여러분은 살 수 있습니다 / 탄산음료와 맛있는 샌드위치를 / 음식 가판대에서

❿ Local singers (will be performing) / all day.

지역의 가수들이 공연을 하고 있을 것입니다 / 하루 종일

[지문해석] Springfield 벼룩시장
이 환상적인 벼룩시장을 놓치지 마세요. 이 벼룩시장은 아프리카에 있는 아이들에게 유익할 것입니다.
5월 4일 토요일 오전 9시~오후 3시
Rosemary 공원

몇몇 유명 인기 가수들과 영화배우들이 시장에 흥미로운 물건들을 기증했습니다. 이 물건들 중 몇 가지입니다:
· 오래된 중국 꽃병
· 둥근 목재 탁자
· 긴 검정색 가죽 부츠
더 많은 물품들이 있습니다. 많은 사람들이 온갖 종류의 물품들을 기증했으며 그것들은 새것만큼 좋습니다!
여러분이 목마르거나 배가 고프면 음식 가판대에서 탄산음료와 샌드위치를 살 수 있습니다. 지역의 가수들이 하루 종일 공연을 하고 있을 것입니다.

[문장 돋보기]

❷ Don't miss this fantastic flea market.
부정 명령문(Don't+동사원형 ~): ~하지 마라
❾ If you are thirsty or hungry, you can buy soda and
조건의 부사절(만약 ~라면)   주어   동사
sandwiches at the food stand.

19 [정답] ④
p. 60

도표에 따르면, 인도는 2004년보다 2010년에 더 많은 고무를 생산했으므로 ④가 도표의 내용과 일치하지 않는다.

[READING GUIDE] 제목: 상위 5개 고무 생산국 / 범례: 2004년, 2010년 / 가로축: 태국, 인도네시아, 말레이시아, 인도, 베트남 / 세로축: 100만 톤

UNDERSTAND DEEPLY **1** less **2** more **3** biggest

1 2010년에 인도네시아는 태국보다 고무 생산량이 더 적으므로 less(더 적은)가 알맞다.

[해석] 2010년에 인도네시아는 태국보다 더 적은 고무를 생산했다.

2 태국, 인도네시아, 인도, 베트남은 2004년보다 2010년에 고무를 더 많이 생산했으므로 more(더 많은)가 알맞다.

[해석] 태국, 인도네시아, 인도, 베트남은 2004년보다 2010년에 더 많은 고무를 생산했다.

3 인도네시아는 2010년에 고무 생산량이 가장 크게 증가했으므로 biggest(가장 큰)가 알맞다.

[해석] 인도네시아는 2010년에 고무 생산량에 있어서 가장 큰 성장을 보였다.

READ CLOSELY
p. 61

❶ This chart (shows) / the top five rubber-producing countries / in 2004 and 2010.

이 도표는 보여 준다 / 상위 5개 고무 생산 국가를 / 2004년과 2010년에

❷ Thailand (made) / the most rubber / in both years.

태국은 만들었다 / 가장 많은 고무를 / 두 해 모두에

❸ During this time, / Indonesia's production (went up) / by about one million tons.

이 시기 동안 / 인도네시아의 생산량은 증가했다 / 약 백만 톤 정도

④ Malaysia's production (decreased) / a little / in the same period.

말레이시아의 생산량은 감소했다 / 약간 / 같은 시기에

⑤ Likewise, / India (produced) less rubber / in 2010 / than in 2004.

마찬가지로 / 인도는 더 적은 고무를 생산했다 / 2010년에 / 2004년보다

⑥ In both years, / Vietnam (produced) the least / of the five countries.

두 해 모두에 / 베트남은 가장 적은 양을 생산했다 / 다섯 국가 중

[지문해석] 이 도표는 2004년과 2010년의 상위 5개 고무 생산 국가를 보여 준다. 태국은 두 해 모두 가장 많은 고무를 생산했다. 이 시기 동안 인도네시아의 생산량은 약 백만 톤 정도 증가했다. 말레이시아의 생산량은 같은 시기에 약간 감소했다. 마찬가지로, 인도는 2004년보다 2010년에 더 적은 고무를 생산했다. 두 해 모두 베트남은 다섯 개 국가 중 가장 적은 양을 생산했다.

> **문장 돋보기**
>
> **③** During this time, Indonesia's production went up
> during(~ 동안)+기간을 나타내는 명사
> by about one million tons.
> 전치사구(~)
> **⑥** In both years, Vietnam produced the least of the
> the+최상급+of+복수명사
> (~ 중에 가장 …한/하게)
> five countries.

20 [정답] ④   p. 62

도표에 따르면, 2013년과 그 이후에 중국의 평균 스마트폰 가격은 증가했고 인도의 평균 가격은 감소했으므로 ④가 도표의 내용과 일치하지 않는다.

(READING GUIDE) 제목: 평균 스마트폰 가격 / 범례: 세계, 중국, 인도 / 가로축: 연도 / 세로축: 달러

UNDERSTAND
(DEEPLY) **1** higher **2** down, up **3** smaller, bigger

1 2015년에 중국의 평균 가격은 인도의 평균 가격보다 높으므로 higher (더 높은)가 알맞다.

[해석] 2015년에 중국의 평균 가격은 인도의 평균 가격보다 더 높다.

2 2013년과 2015년 사이에 세계 평균 가격과 인도의 평균 가격은 떨어진 반면, 중국의 평균 가격은 올랐으므로 첫 번째 빈칸에는 down, 두 번째 빈칸에는 up이 알맞다.

[해석] 2013년과 2015년 사이에 세계 평균 가격과 인도의 평균 가격은 내려갔지만, 중국의 평균 가격은 올라갔다.

3 중국의 평균 가격과 인도의 평균 가격의 차이는 2011년까지 점점 줄었고 2013년 이후로는 점점 커졌으므로, smaller(더 작은)와 bigger(더 큰)가 알맞다.

[해석] 2010년과 2011년 사이에 중국의 평균 가격과 인도의 평균 가격의 차이는 점점 작아졌지만, 2013년 이후로 점점 커졌다.

READ CLOSELY   p. 63

① This graph (shows) / the average global smartphone price / and the price in China and India / between 2010 and 2015.

이 도표는 보여 준다 / 세계 스마트폰 평균 가격을 / 그리고 중국과 인도에서의 가격 / 2010년과 2015년 사이에

② The global average price / (fell) / from 2010 to 2015 / but stayed the highest / among the three.

세계 평균 가격은 / 떨어졌다 / 2010년부터 2015년까지 / 하지만 가장 높게 유지되었다 / 세 집단 중에

③ The average price / in China / (dropped) / between 2010 and 2013.

평균 가격은 / 중국의 / 떨어졌다 / 2010년과 2013년 사이에

④ The average price / in India / (reached) its peak / in 2011.

평균 가격은 / 인도의 / 정점에 도달했다 / 2011년에

⑤ In 2013 and later, / China's average price / (went down), / and India's (went up).

2013년과 그 이후에 / 중국의 평균 가격은 / 떨어졌다 / 그리고 인도의 평균 가격은 올랐다

⑥ The gap / between the global average price and China's average price / (was) the smallest / in 2015.

차이는 / 세계 평균 가격과 중국의 평균 가격 사이의 / 가장 작았다 / 2015년에

[지문해석] 이 도표는 2010년과 2015년 사이에 세계 스마트폰 평균 가격과 중국과 인도에서의 가격을 보여 준다. 세계 평균 가격은 2010년부터 2015년까지 떨어졌지만, 세 집단 중 가장 높게 유지되었다. 중국의 평균 가격은 2010년과 2013년 사이에 떨어졌다. 인도의 평균 가격은 2011년에 정점에 도달했다. 2013년과 그 이후, 중국의 평균 가격은 떨어졌고, 인도의 평균 가격은 올랐다. 세계 평균 가격과 중국의 평균 가격 사이의 차이는 2015년에 가장 작았다.

> **문장 돋보기**
>
> **①** This graph shows [the average smartphone price
> 주어   동사   목적어
> and the price in China and India] between 2010
> = the average smartphone price   전치사구
> and 2015.
> **⑥** The gap [between the global average price and
> 주어   ←── 수식어구
> China's average price] was the smallest in 2015.
> 동사

1 (1) chef (2) ingredient
(3) prize (4) chart
2 (1) average (2) global
(3) rubber (4) decrease
(5) judge (6) benefit
3 (1) between (2) million
(3) challenge (4) hungry
(5) leather (6) period
(7) winner, 우승자
4 (1) sign up (2) in advance
(3) all day (4) go down
5 (1) good (2) by (3) highest
6 (1) most (2) less
(3) least (4) smallest

1 (1) chef 요리사 (2) ingredient (음식의) 재료 (3) prize 상, 상품
(4) chart 도표

5 (1) 「as+형용사/부사의 원급+as」의 형태로 써야 하므로 원급인 good
이 알맞다.
해석 그것들은 새것만큼 좋다!
(2) 완료의 의미를 나타낼 때는 by를 쓴다.
해석 4월 6일까지 www.hillgreenchef.com에서 신청하세요.
(3) 셋 이상의 대상 중에서 '가장 ~한'의 의미를 나타낼 때는 최상급으로
쓴다.
해석 세계의 평균 가격은 셋 중에서 가장 높은 상태를 유지했다.

6 (1) '가장 많은'의 의미이므로 최상급으로 나타낸다.
(2) 두 개의 대상 중 '더 ~한'의 의미를 나타낼 때는 비교급으로 쓴다.
(3) '가장 적게'의 의미이므로 최상급으로 나타낸다.
(4) '가장 작은'의 의미는 최상급으로 나타낸다.

1 4개의 성냥을 옮겨서 10개의 사각형을 만드시오.

2 2개의 성냥을 더해서 8개의 삼각형을 만드시오.

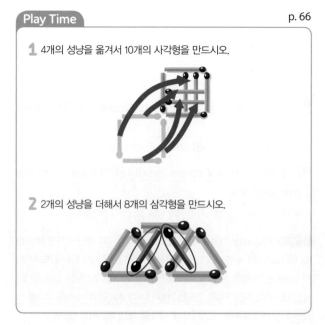

UNIT 07
목적·심경·분위기 파악하기

21 정답 ②   p. 68

원하는 대학에 합격했다는 소식을 듣고 축하 인사를 하기 위해 쓴 편지글이
므로 글의 목적으로 가장 적절한 것은 ②이다.

READING GUIDE ❸

UNDERSTAND
DEEPLY 1 Harriet이 Royal Holloway 대학에 다니게 된 것
          2 (1) F (2) T (3) T

1 밑줄 친 good news는 Harriet이 Royal Holloway 대학에 다니게 되
  었다는 소식이다.
2 (1) Elaine이 Harriet에게 쓴 편지이므로 글의 내용과 일치하지 않는다.
  (2) Elaine이 생각하기에 역사학과가 특히 우수하다고 했으므로 글의 내
  용과 일치한다.
  해석 (1) Harriet이 Elaine에게 편지를 썼다.
  (2) Elaine은 그 대학이 좋은 역사학과를 보유하고 있다고 생각한다.
  (3) Elaine은 Harriet이 Royal Holloway에 입학할 만한 자격이 있다
  고 생각한다.

READ CLOSELY   p. 69

❶ My dear Harriet,

  사랑하는 Harriet에게

❷ Thank you / for telling me / your good news.

  고맙다 / 내게 말해줘서 / 너의 좋은 소식을

❸ You are going to attend Royal Holloway.

  너는 Royal Holloway에 다닐 것이다

❹ That is exciting!

  그것은 신나는구나

❺ It's / a good college, / and / in my opinion, / their
  history department / is particularly strong.

  그곳은 ~이다 / 좋은 대학 / 그리고 / 내 생각에 / 그곳의 역사학과가 / 특
  히 우수하다

❻ It was / a good choice, / and I am very happy / for you.

  그것은 ~이었다 / 좋은 선택 / 그리고 나는 매우 기쁘다 / 너에 대해

❼ You worked hard / to get into that college, / and you
  deserve it.

  너는 열심히 공부했다 / 그 대학에 들어가기 위해 / 그리고 너는 합격할 만
  하다

❽ I'm so proud of you.

  나는 네가 아주 자랑스럽다

❾ Well done, / Harriet!

  정말 잘했다 / Harriet

❿ I send you my best wishes.

  나는 네가 잘 지내길 바란다

⓫ Have / a happy time / at university, / and study hard.

  보내라 / 행복한 시간을 / 대학에서 / 그리고 열심히 공부해라

⓬ With my love, / Elaine

  사랑을 담아 / Elaine이

지문해석 사랑하는 Harriet에게
내게 너의 좋은 소식을 말해줘서 고맙다. 너는 Royal Holloway에 다니게
되는구나. 그것은 신나는구나! 그곳은 좋은 대학이고 내 생각에 그곳의 역사
학과가 특히 우수하단다. 그것은 좋은 선택이었고 너에게 무척 잘됐구나. 그
대학에 들어가기 위해 넌 열심히 공부했고 합격할 만하다. 나는 네가 아주 자
랑스럽다. 정말 잘했다, Harriet! 나는 네가 잘 지내길 바란다. 대학에서 행복
한 시간을 보내고 열심히 공부해라.
사랑을 담아, Elaine이

문장 돋보기

❸ You are going to attend Royal Holloway.
   be going to+동사원형(~할 것이다)
❼ You worked hard to get into that college, and you
                  to부정사의 부사적 용법(목적)
   deserve it.

22 정답 ③   p. 70

이 글은 I-Dog에 건전지를 넣는 법, I-Dog를 켜고 끄는 법 등 전반적인 사
용법에 대해 설명하고 있다.

READING GUIDE ❷

UNDERSTAND
DEEPLY 1 Use I-Dog 2 (1) T (2) F 3 turn, on, off

1 이 글은 I-Dog의 전반적인 사용법에 대한 것이므로 제목으로 'I-Dog를
  사용하는 방법'이 적절하다. '~하는 방법'은 「how+to부정사」로 나타낼
  수 있다.
  해석 I-Dog를 사용하는 방법
2 (2) 제품을 켜기 위해서는 머리가 아닌 코에 있는 버튼을 눌러야 한다.
  해석 (1) 먼저 건전지를 제품에 넣어야 한다.
  (2) 제품을 켜기 위해서는 머리에 있는 버튼을 눌러야 한다.
3 I-Dog를 켜고 끄기 위해 코에 있는 버튼을 누르면 그것은 LED 빛 애니
  메이션을 재생하고 소리를 낼 것이라고 했다.
  해석 여러분이 I-Dog를 켜고 끌 때 여러분의 I-Dog는 특별한 LED 빛
  애니메이션을 재생하고 소리를 낼 것이다.

❶ (Thank) you / for buying I-Dog.

감사합니다 / I-Dog를 구매해 주셔서

❷ (Read) and (follow) / all the instructions / carefully / before you use this product.

읽고 따라 주세요 / 모든 지시 사항을 / 주의 깊게 / 이 제품을 사용하시기 전에

❸ To begin playing with your I-Dog, / you (must insert) batteries / first.

여러분의 I-Dog와 놀기 시작하려면 / 여러분은 건전지를 넣어야 합니다 / 먼저

❹ (Be sure to insert) the batteries / correctly.

반드시 건전지를 넣어주세요 / 올바르게

❺ Then, / (turn) it (on) / by pressing the button / on its nose.

그런 다음 / 그것을 켜세요 / 버튼을 누름으로써 / 그것의 코에 있는

❻ It (will move) / its head and ears.

그것은 움직일 것입니다 / 그것의 머리와 귀를

❼ It (will) also (play) / a special LED light animation / and (make a sound).

그것은 또한 재생할 것입니다 / 특별한 LED 빛 애니메이션을 / 그리고 소리를 낼 것입니다

❽ To turn it off, / (press) and (hold) / the nose button / for two seconds.

그것을 끄기 위해서는 / 누르고 유지하세요 / 코 버튼을 / 2초 동안

❾ After the I-Dog plays / an LED light animation / and makes a sound, / it (will fall asleep).

I-Dog가 재생한 후에 / LED 빛 애니메이션을 / 그리고 소리를 내고 / 그것은 잠들 것입니다

[지문해석] I-Dog를 구매해 주셔서 감사합니다. 이 제품을 사용하기 전에 모든 지시 사항을 주의 깊게 읽고 따라 주시기 바랍니다. 여러분의 I-Dog와 놀기 시작하려면 여러분은 먼저 건전지를 넣어야 합니다. 반드시 건전지를 올바르게 넣어주세요. 그러고 나서 코에 있는 버튼을 눌러 그것을 켜세요. 그것은 머리와 귀를 움직일 것입니다. 그것은 또한 특별한 LED 빛 애니메이션을 재생하고 소리를 낼 것입니다. 그것을 끄려면 코 버튼을 누르고 2초간 유지하세요. I-Dog가 LED 빛 애니메이션을 재생하고 소리를 낸 후에 잠들 것입니다.

[문장] 돋보기

❹ Be sure to insert the batteries correctly.
be sure to-v(반드시 ~하라)
❺ Then, turn it on by pressing the button on its nose.
by+v-ing(~함으로써)

누군가 자신의 뒤를 쫓아오고 있다고 느껴 겁먹었다가 나중에는 뒤따라오던 사람이 자신이 떨어뜨리고 온 모자를 주려고 따라온 것임을 알고 안도했을 것이므로 ① scared(겁먹은) → relieved(안도한)가 가장 적절하다.

[오답풀이] ② 희망에 찬 → 슬픈 ③ 화난 → 행복한 ④ 신난 → 지루한 ⑤ 걱정스러운 → 자랑스러운

READING GUIDE ⑬

UNDERSTAND DEEPLY) **1** (1) hurry (2) footsteps (3) footsteps (4) louder (5) faster (6) footsteps (7) closer (8) turned (9) hat   **2** 내가 떨어뜨리고 온 모자를 주기 위해서

1 [해석] 나는 Nicky를 만나기 위해 서둘러야 했다. → 나는 내 뒤의 발소리를 들었다. → 그 발소리는 더 커졌고, 나는 더 빨리 걸었다. → 그 발소리는 더 빨라지고 가까워졌다. → 내가 뒤로 돌았을 때, 한 남자가 나에게 내 모자를 주었다.

2 남자는 내가 떨어뜨리고 온 모자를 건네주었다.
[해석] '그 남자'는 왜 '나'를 따라왔는가?

❶ "(Don't worry), / Nicky. // (I'll be) / right there," / I (said).

걱정하지 마 / Nicky // 내가 갈게 / 바로 그곳으로 / 나는 말했다

❷ Then / I (turned off) my phone.

그러고 나서 / 나는 전화를 껐다

❸ I (was) tired, / but I (was) late, / so I (had to hurry).

나는 피곤했다 / 하지만 나는 늦었다 / 그래서 서둘러야 했다

❹ I (went) / outside / and (walked) / toward the subway station.

나는 나갔다 / 밖으로 / 그리고 걸었다 / 지하철역 쪽으로

❺ Soon / I (heard) footsteps / behind me.

곧 / 나는 발소리를 들었다 / 내 뒤의

❻ "Nobody (would follow) me," / I (thought).

누구도 나를 따라오지 않을 거야 / 나는 생각했다

❼ But I (turned) a corner / to make sure.

하지만 나는 모퉁이를 돌았다 / 확인해 보기 위해

❽ The person / behind me / (turned), / too.

사람이 / 내 뒤에 있는 / (모퉁이를) 돌았다 / 또한

❾ As the footsteps got louder, / I (started) / to walk faster.

발소리가 더 커짐에 따라 / 나는 시작했다 / 더 빨리 걷기를

❿ The footsteps (became) faster, / and they (were getting) closer.

발소리가 더 빨라졌다 / 그리고 그것은 더 가까워지고 있었다

⑪ I couldn't get away, / so finally / I turned around.

나는 벗어날 수 없었다 / 그래서 마침내 / 나는 뒤로 돌았다

⑫ There was a man / right behind me.

한 남자가 있었다 / 내 바로 뒤에

⑬ He said, / "Hey, / you dropped your hat. // Here it is."

그는 말했다 / 저기요 / 당신은 당신의 모자를 떨어뜨렸어요 // 여기 있어요

지문해석 "걱정하지 마, Nicky. 내가 바로 그곳으로 갈게."라고 나는 말했다. 그러고 나서 나는 전화를 껐다. 나는 피곤했지만 늦어서 서둘러야 했다. 나는 밖으로 나가서 지하철역 쪽으로 걸어갔다. 곧 나는 내 뒤의 발소리를 들었다. "누구도 나를 따라오지 않을 거야."라고 나는 생각했다. 하지만 나는 확인해 보기 위해 모퉁이를 돌았다. 내 뒤에 있는 사람도 모퉁이를 돌았다. 발소리가 더 커짐에 따라 나는 더 빨리 걷기 시작했다. 발소리가 더 빨라졌고 그것은 더 가까워지고 있었다. 나는 벗어날 수가 없어서 마침내 뒤로 돌았다. 내 바로 뒤에 한 남자가 있었다. 그는 "저기요, 당신은 모자를 떨어뜨렸어요. 여기 있어요."라고 말했다.

문장 돋보기

⑦ But I turned a corner to make sure.
　　　　　　　　　　　　　to부정사의 부사적 용법(목적)

⑨ As the footsteps got louder, I started to walk faster.
　접속사(~함에 따라)　　　get+비교급(더 ~해지다)　　to부정사의 명사적 용법(목적어)

24 **정답** ③　　　　　　　　p. 74

이륙 직후 비행기 엔진이 폭발하여 추락 후 바닷속으로 가라앉고 있으므로 글의 분위기로 가장 적절한 것은 ③ urgent(긴박한, 긴급한)이다.

오답풀이 ① 즐거운 ② 평화로운 ④ 익살스러운 ⑤ 지루한

READING GUIDE ④

UNDERSTAND DEEPLY 1 (1) T (2) F　2 right before landing → right after takeoff　3 one of the engines was on fire

1 (1) 이륙 직후 첫 폭발이 있었고, 그 이후에 두 번의 폭발이 더 있었다고 했으므로 글의 내용과 일치한다. (2) 경찰이 현장에 도착했을 때 비행기가 바닷속으로 가라앉고 있었다고 했으므로 글의 내용과 일치하지 않는다.

　해석 (1) 비행기가 레이더 화면에서 사라지기 전에 세 번의 폭발이 있었다. (2) 비행기는 경찰이 오기 전에 완전히 가라앉았다.

2 이륙한 지 몇 초 후에 비행기에서 펑하는 소리와 함께 폭발이 일어났다고 했다.

　해석 비행기로부터 첫 번째 폭발은 착륙 직전(→ 이륙 직후)에 일어났다.

3 엔진 중 하나가 불이 붙어서 조종사는 회항하려고 했었다.

　해석 Q: 조종사는 왜 회항하려고 시도했는가?

A: 엔진 중 하나에 불이 붙었기 때문이다.

READ CLOSELY　　　　　　　　p. 75

❶ A little after 9 a.m., / an airplane was ready for takeoff.

오전 9시가 조금 지나서 / 비행기 한 대가 이륙할 준비가 되었다

❷ It started / to go down the runway / toward the ocean.

그것은 시작했다 / 활주로를 가기 / 바다를 향하여

❸ The airport was / just a mile away / from a beautiful white sand beach.

공항은 있었다 / 단지 1마일 떨어져 / 아름다운 백사장에서

❹ A few seconds after takeoff, / there was / a loud bang / from the plane.

이륙한 지 몇 초 후에 / ~가 있었다 / 펑하는 큰 소리 / 비행기에서

❺ One of the engines / was on fire.

엔진 중 한 곳이 / 불타고 있었다

❻ The pilot told / the control tower, / "I'm coming back around!"

조종사가 말했다 / 관제탑에 / "회항합니다!"라고

❼ Then / there were / two more explosions.

그러고 나서 / ~가 있었다 / 두 번의 폭발이 더

❽ The plane went off / the radar screen / in the control tower.

비행기가 사라졌다 / 레이더 화면에서 / 관제탑에 있는

❾ When the police arrived at the scene, / they could only see / part of the plane.

경찰이 현장에 도착했을 때 / 그들은 단지 볼 수 있었다 / 비행기 일부분만을

❿ The plane was sinking / into the ocean / very fast.

비행기는 가라앉고 있었다 / 바닷속으로 / 매우 빠르게

지문해석 오전 9시가 조금 지나서 비행기 한 대가 이륙할 준비가 되었다. 그것은 바다를 향하여 활주로를 가기 시작했다. 공항은 아름다운 백사장에서 단지 1마일 떨어져 있었다. 이륙한 지 몇 초 후에 비행기에서 펑하는 큰 소리가 났다. 엔진 중 한 곳이 불타고 있었다. 조종사가 관제탑에 "회항합니다!"라고 말했다. 그러고 나서 두 번의 폭발이 더 있었다. 비행기가 관제탑에 있는 레이더 화면에서 사라졌다. 경찰이 현장에 도착했을 때 그들은 단지 비행기의 일부분만을 볼 수 있었다. 비행기는 바닷속으로 매우 빠르게 가라앉고 있었다.

문장 돋보기

❺ One of the engines was on fire.
　one of the+복수명사(~ 중 하나)

❼ Then there were two more explosions.
　　　there were+복수명사(~들이 있었다)

1 (1) 잊다 – ⓓ (2) ~ 뒤에 – ⓒ (3) ~을 끄다 – ⓐ

2 (1) takeoff   (2) ocean

(3) hurry   (4) insert

(5) college   (6) choice

3

F	L	V	B	O	A	T	I	N	T	L
F	O	L	A	T	R	B	O	L	F	A	H
L	K	O	T	E	Z	G	R	L	P	B	R
E	T	T	T	O	A	H	J	N	I	U	Z
K	J	P	E	S	Z	C	P	I	N	P	J
B	H	Q	R	S	T	P	G	W	G	T	D
T	R	Y	Y	I	J	E	A	M	T	I	G
M	V	F	Q	M	T	Y	P	X	I	E	P
E	X	P	L	O	S	I	O	N	C	Y	E
J	M	V	E	C	I	L	O	P	Q	Y	I
T	P	B	H	M	D	Q	F	S	I	L	T
K	T	X	M	D	B	B	B	S	X	A	V

(1) runway   (2) pilot

(3) explosion   (4) battery

(5) footstep   (6) police

4 (1) make sure   (2) get away

(3) turn around   (4) arrive at

5 (1) Don't   (2) follow   (3) getting

6 (1) am coming   (2) are going to attend

(3) study hard   (4) was sinking

---

1 ⓐ turn on ~을 켜다 ⓑ deserve ~할 자격이 있다 ⓒ in front of ~ 앞에 ⓓ remember 기억하다

3 (1) 활주로 runway (2) 조종사 pilot (3) 폭발 explosion (4) 건전지 battery (5) 발자국, 발소리 footstep (6) 경찰 police

5 (1) 부정명령문은 「Don't+동사원형 ~」으로 쓴다.

해석 걱정 마, Nicky. 내가 바로 그곳으로 갈게.

(2) and로 연결된 명령문이므로 동사원형으로 쓴다.

해석 지시사항을 주의 깊게 읽고 따르라.

(3) 과거진행형은 「was/were+v-ing」 형태로 써서 '~하고 있었다[~하는 중이었다]'의 의미를 나타낸다.

해석 발소리가 더 빨라졌고, 더 가까워지고 있었다.

6 (1) 현재진행형(be동사의 현재형+v-ing)이 가까운 미래를 나타낼 수 있다.

(2) '~할 것이다'의 의미는 「be going to+동사원형」으로 나타낼 수 있다.

(3) and로 연결된 명령문이므로 동사원형으로 쓴다.

(4) '~하고 있었다[~하는 중이었다]'의 의미의 과거진행형은 「was/were+v-ing」 형태로 나타낸다.

지칭 대상 파악하기

25 정답 ③ p. 78

③은 Bibiana의 숙모인 Katrin을 가리키고 나머지는 모두 Bibiana를 가리킨다.

READING GUIDE Bibiana, Her aunt(= Katrin)

UNDERSTAND

DEEPLY **1** (1) T (2) F (3) T **2** aunt, care, fine lady

1 (1) Bibiana는 외동딸이라고 했으므로 글의 내용과 일치한다. (2) Bibiana의 숙모인 Katrin이 그녀를 기르고 가르쳤다고 했다. (3) Bibiana는 많은 멜로디를 하프로 연주했다고 했으므로 글의 내용과 일치한다.

해석 (1) Bibiana는 형제자매가 없었다.

(2) Bibiana는 많은 기술들을 독학했다.

(3) Bibiana는 하프를 연주할 수 있었다.

2 Bibiana는 현명한 여성인 Katrin 숙모의 보살핌 아래 많은 기술들을 배웠고 우아한 숙녀의 완벽한 본보기였다고 했다.

해석 그녀의 숙모인 Katrin 덕분에 –그녀의 보살핌과 가르침 – Bibiana는 완벽한 우아한 숙녀로 자랐다.

READ CLOSELY p. 79

❶ Bibiana was / the only daughter of Baron Von Landshort.

Bibiana는 ~이었다 / Baron Von Landshort의 외동딸

❷ After her birth, / all the neighbors said, / "She is / the most beautiful girl / in Germany!"

그녀가 태어난 후에 / 모든 이웃들이 / 말했다 / 그녀가 ~라고 / 가장 아름다운 여자아이 / 독일에서

❸ Her smart aunt, / Katrin, / was / a fine lady.

그녀의 현명한 숙모인 / Katrin은 / ~이었다 / 우아한 숙녀

❹ Fine ladies should know / a lot of things, / and she knew everything.

우아한 숙녀는 알고 있어야 한다 / 많은 것들을 / 그리고 그녀는 모든 것을 알고 있었다

❺ She raised and taught Bibiana.

그녀는 Bibiana를 기르고 가르쳤다

❻ Under her care, / Bibiana learned many skills.

그녀의 보살핌 아래 / Bibiana는 많은 기술들을 배웠다

❼ When she was only the age of eighteen, / people already knew her / as a fine lady.

그녀가 겨우 18살이었을 때 / 사람들은 이미 그녀를 알았다 / 우아한 숙녀로

⁸ She could make / many beautiful things.

그녀는 만들 수 있었다 / 많은 아름다운 물건들을

⁹ She was also good at music.

그녀는 또한 음악에 능숙했다

¹⁰ She played / a lot of melodies / on the harp / and knew many ballads by heart.

그녀는 연주했다 / 많은 멜로디를 / 하프로 / 그리고 많은 발라드를 외웠다

¹¹ She was / the perfect example of a fine lady.

그녀는 ~이었다 / 우아한 숙녀의 완벽한 본보기

지문해석 Bibiana는 Baron Von Landshort의 외동딸이었다. 그녀가 태어난 후에 모든 이웃들은 "그녀가 독일에서 가장 아름다운 여자아이야!"라고 말했다. 그녀의 현명한 숙모인 Katrin은 우아한 숙녀였다. 우아한 숙녀는 많은 것들을 알고 있어야 하며 그녀는 모든 것을 알고 있었다. 그녀는 Bibiana를 기르고 가르쳤다. 그녀의 보살핌 아래 Bibiana는 많은 기술들을 배웠다. 그녀가 겨우 18살이었을 때, 사람들은 이미 그녀를 우아한 숙녀로 알았다. 그녀는 많은 아름다운 물건들을 만들 수 있었다. 그녀는 또한 음악에 능숙했다. 그녀는 많은 멜로디를 하프로 연주했고 많은 발라드를 외웠다. 그녀는 우아한 숙녀의 완벽한 본보기였다.

문장 돋보기

❷ After her birth, all the neighbors said, "She is the
　　전치사(~ 후에)
most beautiful girl in Germany!"
the+최상급+명사+in+장소(~에서 가장 …한 ―)
❼ When she was only the age of eighteen, people
　　시간의 부사절(~이었을 때)　　　　　　　　　주어
already knew her as a fine lady.
　　　동사　　　전치사(~로서)

26 정답 ⑤　　　　　　　　　　　　　p. 80

⑤는 Helen의 할머니를 가리키고 나머지는 모두 Helen의 증조할머니를 가리킨다.

READING GUIDE Helen, her great-grandmother(= Helen's great-grandmother), Helen's grandmother

UNDERSTAND DEEPLY 1 Helen's happiest childhood memories
　　2 (1) F (2) T　3 childhood, great-grandmother

1 밑줄 친 They는 바로 앞 문장의 Helen's happiest childhood memories(Helen의 가장 행복했던 어린 시절의 추억)를 가리킨다.

2 (1) Helen의 증조할머니가 Helen과 남동생에게 사탕을 주었다는 내용은 있지만, 쿠키를 주었다는 내용은 나와 있지 않다.

　해석 (1) Helen의 증조할머니는 Helen과 남동생이 방문할 때 그들에게 쿠키를 주었다.

　(2) Helen과 남동생은 정원에서 증조할머니와 함께 술래잡기를 하곤 했다.

3 Helen은 증조할머니에 관한 어린 시절의 행복한 추억이 있고, 증조할머니가 돌아가신 후 종종 할머니 댁을 방문하여 그녀의 사랑을 기억하기 위해 차를 마시고 사탕을 먹는다고 했다.

해석 Helen은 그녀의 증조할머니에 대한 행복한 어린 시절의 추억을 갖고 있어서 그녀의 사망 후에 그녀를 그리워한다.

READ CLOSELY　　　　　　　　　　　　p. 81

❶ Do you have / happy childhood memories?

여러분은 갖고 있는가 / 행복한 어린 시절의 추억을

❷ I'd like to tell you / about Helen's happiest childhood memories.

나는 여러분에게 말하고 싶다 / Helen의 가장 행복한 어린 시절의 추억에 대해

❸ They are / of her great-grandmother.

그것들은 ~이다 / 그녀의 증조할머니에 관한

❹ Her great-grandmother always carried candy / in her pockets.

그녀의 증조할머니는 항상 사탕을 가지고 다니셨다 / 그녀의 주머니에

❺ She gave some / to Helen and her brother / when they visited.

그녀는 조금 주셨다 / Helen과 그녀의 남동생에게 / 그들이 방문할 때

❻ Helen's dad always teased them / and said, / "Grandma, / don't give them / any candy!"

Helen의 아빠는 항상 그들을 놀렸다 / 그리고 말했다 / 할머니 / 그들에게 주지 마세요 / 어떤 사탕도

❼ But she did / anyway.

하지만 그녀는 했다(그들에게 사탕을 주었다) / 어쨌든

❽ In her garden, / there were / many trees and colorful flowers.

그녀의 정원에는 / ~이 있었다 / 많은 나무와 다채로운 꽃들

❾ So, / they enjoyed playing hide-and-seek / with her / there.

그래서 / 그들은 숨바꼭질하는 것을 즐겼다 / 그녀와 함께 / 거기에서

❿ She passed away / last year, / and now / Helen's grandmother takes care of / the house and garden.

그녀는 돌아가셨다 / 작년에 / 그리고 이제 / Helen의 할머니가 돌본다 / 그 집과 정원을

⓫ Helen often visits the place / with her brother.

Helen은 종종 그곳을 방문한다 / 그녀의 남동생과 함께

⓬ They have tea / with some candy / to remember / their great-grandmother's love.

그들은 차를 마신다 / 약간의 사탕과 함께 / 기억하기 위해서 / 그들의 증

조할머니의 사랑을

지문해석 여러분은 행복한 어린 시절의 추억을 갖고 있는가? 나는 여러분에게 Helen의 가장 행복한 어린 시절의 추억에 대해 말하고 싶다. 그것들은 그녀의 증조할머니에 관한 것이다. 그녀의 증조할머니는 항상 주머니에 사탕을 가지고 다니셨다. 그녀는 Helen과 그녀의 남동생이 방문하면 그들에게 사탕을 조금 주셨다. Helen의 아빠는 항상 그들을 놀렸고 "할머니, 그들에게 어떤 사탕도 주지 마세요!"라고 말했다. 하지만 그녀는 어쨌든 그렇게 하셨다(그들에게 사탕을 주셨다). 그녀의 정원에는 많은 나무와 다채로운 꽃들이 있었다. 그래서 그들은 증조할머니와 함께 거기에서 숨바꼭질하는 것을 즐겼다. 증조할머니는 작년에 돌아가셨고 이제 Helen의 할머니가 그 집과 정원을 돌본다. Helen은 종종 그녀의 남동생과 함께 그곳을 방문한다. 그들은 증조할머니의 사랑을 기억하기 위해서 약간의 사탕과 함께 차를 마신다.

문장 돋보기

❾ So, they enjoyed playing hide-and-seek with her
   enjoy+동명사(~하는 것을 즐기다)
there.

⓬ They have tea with some candy to remember
   to부정사의 부사적 용법(목적)
their great-grandmother's love.

27 **정답 ④**   p. 82

④는 필자의 외할아버지를 가리키고, 나머지는 모두 필자의 아빠를 가리킨다.

READING GUIDE Dad, her father(= my grandfather)

UNDERSTAND DEEPLY 1 (1) F (2) T (3) F 2 They ran a guesthouse.
3 background, soulmates

1 (1) 아빠는 가난한 집안 출신이며 좋은 배경을 갖고 있지 않았다고 했다.
(2) 엄마가 아빠와 결혼하기로 결심했을 때 외할아버지는 아빠를 좋아하지 않았다고 했으므로 글의 내용과 일치한다. (3) 아빠가 화가로서 충분한 돈을 벌지 못해서 게스트하우스를 운영했다고 했다.
해석 (1) 아빠는 부유한 집안에서 태어났다.
(2) 처음에 외할아버지는 아빠를 가족으로 받아들이지 않았다.
(3) 아빠는 성공한 화가여서 많은 돈을 벌었다.
2 엄마와 아빠는 생계를 위해 오래된 집을 사서 게스트하우스를 운영했다.
해석 엄마와 아빠는 무엇을 함께 운영했는가?
→ 그들은 게스트하우스를 운영했다.
3 엄마는 아빠의 직업이나 배경에 상관없이 아빠를 사랑했고, 둘은 영혼의 동반자라고 했다.
해석 행복한 결혼에서 가장 중요한 것은 배우자의 직업, 집안, 또는 배경이 아니라 영혼의 동반자로서 서로를 사랑하는 것이다.

❶ When Mom decided to marry Dad, / her father didn't like him.

엄마가 아빠와 결혼하기로 결심했을 때 / 그녀의 아버지는 그를 좋아하지 않았다

❷ Dad was a painter / from a poor family, / and he didn't have / a good background.

아빠는 화가였다 / 가난한 집안 출신의 / 그리고 그는 가지고 있지 않았다 / 좋은 배경을

❸ For Mom, / that wasn't important, / because she and he / were soulmates.

엄마에게 / 그것은 중요하지 않았다 / 왜냐하면 그녀와 그는 / 영혼의 동반자였기 때문에

❹ That was more important / than anything.

그것이 더 중요했다 / 어떤 것보다

❺ She wanted to spend / the rest of her life / with him.

그녀는 보내고 싶었다 / 그녀의 여생을 / 그와 함께

❻ So they got married / and started a family / in Millerton.

그래서 그들은 결혼했다 / 그리고 가정을 꾸렸다 / Millerton에서

❼ Soon, / my grandfather changed his mind.

곧 / 할아버지는 마음을 바꾸셨다

❽ He accepted Dad / as his family.

그는 아빠를 받아들이셨다 / 그의 가족으로

❾ When Dad couldn't make enough money / from his work, / he and Mom bought / an old house / on Grant Avenue.

아빠가 충분한 돈을 벌지 못했을 때 / 그의 일로부터 / 그와 엄마는 샀다 / 오래된 집을 / Grant Avenue에 있는

❿ There, / they ran a guesthouse.

거기에서 / 그들은 게스트하우스를 운영했다

지문해석 엄마가 아빠와 결혼하기로 결심했을 때 그녀의 아버지는 그를 좋아하지 않았다. 아빠는 가난한 집안 출신의 화가였고 좋은 배경을 가지고 있지 않았다. 엄마에게 그것은 중요하지 않았는데 그녀와 그는 영혼의 동반자였기 때문이었다. 그것이 어떤 것보다 더 중요했다. 그녀는 자신의 여생을 그와 함께 보내고 싶었다. 그래서 그들은 결혼하여 Millerton에서 가정을 꾸렸다. 곧 할아버지는 마음을 바꾸셨다. 할아버지는 아빠를 그의 가족으로 받아들이셨다. 아빠가 일로 충분한 돈을 벌지 못했을 때 아빠와 엄마는 Grant Avenue에 있는 오래된 집을 샀다. 거기에서 그들은 게스트하우스를 운영했다.

문장 돋보기

❶ When Mom decided to marry Dad, her father
<u>decide＋to부정사(~하기로 결정[결심]하다)</u>
didn't like him.

❺ She wanted to spend the rest of her life with him.
<u>want＋to부정사(~하기를 원하다)</u>   <u>the rest of one's life(여생)</u>

❽ He accepted Dad as his family.
<u>~로(자격을 나타내는 전치사)</u>

REVIEW **T**IME

p. 84

1 (1) pass away, die　　(2) earn, make money
　 (3) smart, clever　　 (4) mind, heart

2 (1) ⓓ　(2) ⓐ　(3) ⓑ　(4) ⓒ

3
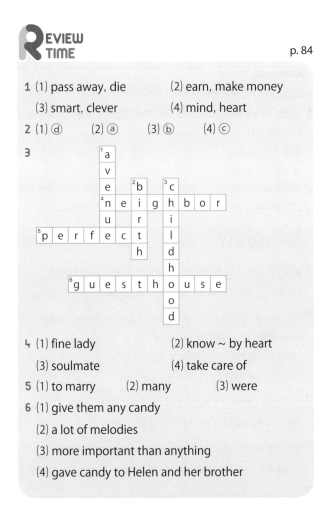

4 (1) fine lady　　　　(2) know ~ by heart
　 (3) soulmate　　　　(4) take care of

5 (1) to marry　(2) many　(3) were

6 (1) give them any candy
　 (2) a lot of melodies
　 (3) more important than anything
　 (4) gave candy to Helen and her brother

1 (1) pass away 사망하다 = die 죽다 / visit 방문하다
　 (2) earn (돈을) 벌다 = make money 돈을 벌다 / work 일
　 (3) smart 똑똑한 = clever 영리한 / important 중요한
　 (4) mind 마음 = heart 마음 / skill 기술

5 (1) decide는 목적어로 to부정사를 쓴다.
　 해석 엄마는 아빠와 결혼하기로 결심했다.
　 (2) 뒤에 셀 수 있는 복수명사 things가 있으므로 many가 알맞다.
　 해석 그녀는 많은 아름다운 것들을 만들 수 있었다.
　 (3) 뒤에 복수명사가 오므로 were가 알맞다.
　 해석 그녀의 정원에는 많은 나무들과 다채로운 꽃들이 있었다.

6 (1) 「give＋간접목적어＋직접목적어」 형태로 쓸 수 있다.

---

(2) a lot of는 '많은'이라는 의미로 셀 수 있는 명사와 셀 수 없는 명사를 모두 꾸밀 수 있다.

(3) 「비교급＋than＋anything」은 '어떤 것보다 더 ~한/하게'란 뜻으로 최상급의 의미를 나타낸다.

(4) 「give＋직접목적어＋to＋간접목적어」 형태로 쓸 수 있다.

PART 3　추론하기

UNIT 09　빈칸 채우기

28　정답 ③

p. 86

이 글에서 나온 10대 소년은 지능 지수가 높고 수학과 읽기는 잘하지만, 지붕을 위에서부터 칠하는 것은 생각하지 못했다. 이 소년의 예를 통해 때로는 상식이나 실용적인 지식이 지적 능력보다 더 유용하다는 것을 알 수 있으므로 빈칸에 적절한 것은 ③ '지적 능력'이다.

오답풀이 ① 사회성 ② 큰 자신감 ④ 체력 ⑤ 어린 시절의 꿈

READING GUIDE 9, 10

UNDERSTAND DEEPLY　**1** practical knowledge　**2** (1) his → his neighbor's (2) lowest → highest (3) from the top to the bottom → from the bottom to the top　**3** slipped on the fresh paint and fell off the roof

1 지능 지수가 높지만 지붕을 위에서 아래로 칠하는 것을 생각하지 못한 한 소년을 예로 들고 있으므로 빈칸에는 practical knowledge(실용적인 지식)가 적절하다.
　 해석 IQ가 높은 사람은 학교 공부는 잘할 수 있지만 실용적 지식은 갖고 있지 않을 수도 있다.

2 (1) 소년은 이웃의 지붕을 다시 칠했다. (2) 소년은 학교에서 가장 높은 지능 지수를 갖고 있었다. (3) 소년은 지붕을 위에서 아래로가 아닌 아래에서 위로 칠했다.
　 해석 (1) 그는 자신의(→ 자신의 이웃의) 지붕을 다시 칠했다.
　 (2) 그는 자신의 학교 학생들 중에 IQ가 가장 낮았다(→ 높았다).
　 (3) 그는 지붕을 위에서 아래로(→ 아래에서 위로) 칠했다.

3 소년은 갓 칠한 페인트에 미끄러져 지붕에서 떨어졌고, 다리가 부러졌다.
　 해석 그는 갓 칠한 페인트에 미끄러져 지붕에서 떨어졌을 때 다리가 부러졌다.

READ CLOSELY

p. 87

❶ A teenager / in my neighborhood / (repainted) / his neighbor's roof / one summer.
한 십 대가 / 우리 동네의 / 다시 칠했다 / 그의 이웃의 지붕을 / 한 여름 날

❷ He (had) / the highest IQ / among all the students / at

our school.

그는 갖고 있었다 / 가장 높은 IQ를 / 모든 학생들 중 / 우리 학교에서

❸ He (climbed up) / on the roof / with his paint bucket and roller.

그는 올라갔다 / 지붕으로 / 그의 페인트통과 롤러를 가지고

❹ Then / he (started) to paint / from the bottom to the top.

그런 다음 / 그는 칠하기 시작했다 / 아래에서부터 위로

❺ At the highest point of the roof, / he (was) in trouble.

지붕의 꼭대기에서 / 그는 곤경에 빠졌다

❻ He (couldn't get down)!

그는 내려올 수 없었다

❼ When he tried, / he (slipped on) / the fresh paint / and (fell off) the roof.

그가 시도했을 때 / 그는 미끄러졌다 / 갓 칠한 페인트에 / 그리고 지붕에서 떨어졌다

❽ He (broke) his leg.

그는 다리가 부러졌다

❾ He (was) very (good at) / math and reading, / but he (didn't think about) starting / from the top.

그는 매우 잘했다 / 수학과 읽기를 / 그러나 그는 시작하는 것을 생각하지 못했다 / 위에서부터

❿ Sometimes / common sense and practical knowledge / (are) more useful / than intellectual ability.

가끔은 / 상식과 실용적인 지식이 / 더 유용하다 / 지적 능력보다

지문해석 우리 동네의 한 십 대가 한 여름 날 자신의 이웃의 지붕을 다시 칠했다. 그는 우리 학교의 모든 학생들 중 IQ가 가장 높았다. 그는 그의 페인트통과 롤러를 갖고 지붕 위로 올라갔다. 그런 다음 그는 아래에서부터 위로 칠하기 시작했다. 지붕 꼭대기에서 그는 곤경에 빠졌다. 그는 내려올 수가 없었다! 그가 시도했을 때, 그는 갓 칠한 페인트에 미끄러져 지붕에서 떨어졌다. 그는 다리가 부러졌다. 그는 수학과 읽기는 매우 잘했지만, 그는 위에서부터 시작하는 것을 생각하지 못했다. 때로는 상식과 실용적인 지식이 <u>지적 능력</u>보다 더 유용하다.

문장 돋보기

❷ He had <u>the highest IQ among all the students</u> at
　　　　　the+최상급+명사+among+복수명사(~ 중 가장 …한 ㅡ)
our school.

❼ When he tried, he slipped on the fresh paint and
부사절 접속사(~할 때) 주어   동사1
fell off the roof.
동사2

29 정답 ③　　　　　　　　　　　　　　p. 88

이메일 메시지를 쓸 때, 불필요한 정보를 넣고 긴 메시지를 쓰는 것은 상대방이 읽기에 스트레스가 되므로 꼭 필요한 정보만을 넣어 간결하게 쓰라는 요지의 글이므로 빈칸에는 ③ '여러분의 메시지를 간결하게 하는 것'이 가장 적절하다.

오답풀이 ① 일반적인 표현을 사용하는 것
② 요청을 정중하게 표현하는 것
④ 가벼운 인사말로 시작하는 것
⑤ 메시지에 빠르게 응답하는 것

READING GUIDE ❻

UNDERSTAND DEEPLY 1 long, too much information　2 ②

1 필자는 길거나 너무 많은 정보를 담은 메시지를 읽는 것은 스트레스를 유발한다고 했다.
해석 만약 메시지가 길고 너무 많은 정보를 포함하면, 읽는 사람은 스트레스를 받을 수 있다.

2 메일을 쓸 때 너무 길거나 불필요하게 많은 정보를 담지 말고 핵심 정보만을 넣어서 간결하게 쓰는 것이 좋다는 것이 필자의 주장이다.

READ CLOSELY　　　　　　　　　　　　　　p. 89

❶ It (isn't) easy / to write email messages / to people.

쉽지 않다 / 이메일 메시지를 쓰는 것은 / 사람들에게

❷ It ('s) more difficult / if you don't know them / well / or they are / in a higher position.

그것은 더 어렵다 / 만약 여러분이 그들을 모른다면 / 잘 / 혹은 그들이 있다면 / 더 높은 지위에

❸ In these cases, / you (should remember) / a few things.

이런 경우에 / 여러분은 기억해야 한다 / 몇 가지를

❹ One of them / (is) / to keep your messages / short.

그것들 중의 하나는 / ~이다 / 여러분의 메시지를 유지하는 것 / 간결하게

❺ The message (needs) to be easy / to read.

메시지는 쉬워야 한다 / 읽기에

❻ (Don't write) long messages, / and (don't include) / too much information.

긴 메시지를 쓰지 마라 / 그리고 포함하지 마라 / 너무 많은 정보를

❼ Reading those kinds of messages / (is) stressful.

그런 종류의 메시지를 읽는 것은 / 스트레스를 유발한다

❽ (Consider) this example: / You (need) to cancel an appointment / or (miss) class / because you are ill.

이 예를 생각하라 / 여러분이 약속을 취소해야 한다 / 혹은 수업에 결석해야 한다 / 여러분이 아프기 때문에

⑨ You don't have to add / all the details.

여러분은 덧붙일 필요가 없다 / 모든 자세한 사항을

⑩ Just say, / "I'm sick / and can't come / today."

그저 말하라 / 나는 아프다고 / 그래서 갈 수 없다고 / 오늘

⑪ They will understand your message / right away.

그들은 여러분의 메시지를 이해할 것이다 / 바로

지문해석 사람들에게 이메일 메시지를 쓰는 것은 쉽지 않다. 만약 여러분이 그들을 잘 모르거나 그들이 더 높은 지위에 있다면 그것은 더 어렵다. 이런 경우에 여러분은 몇 가지를 기억해야 한다. 그것들 중의 하나는 여러분의 메시지를 간결하게 하는 것이다. 메시지는 읽기에 쉬운 것이어야 한다. 긴 메시지를 쓰지 말고 너무 많은 정보를 포함하지 마라. 그런 종류의 메시지를 읽는 것은 스트레스를 유발한다. 이 예를 생각해 보라: 여러분이 아프기 때문에 약속을 취소해야 하거나 수업에 결석해야 한다. 여러분은 모든 자세한 사항을 덧붙일 필요가 없다. 그저 "나는 아파서 오늘 갈 수 없어요."라고 말하라. 그들은 여러분의 메시지를 바로 이해할 것이다.

문장 돋보기

> to부정사의 부사적 용법(형용사 수식)
> **⑤** The message needs to be easy to read.
>
> **⑦** Reading those kinds of messages is stressful.
> 동명사구 주어(단수 취급)   단수 동사
> **⑧** Consider this example: You need to cancel an
> 명령문(~해라)   ~해야 한다
> appointment or miss class [because you are ill].
>   (to)   이유의 부사절

30 **정답** ③   p. 90

빈칸 앞은 사람들이 영화를 보면서 팝콘 먹는 것을 극장 소유주들이 허용하지 않았다는 내용이고, 빈칸 뒤에는 무성 영화에서 유성 영화로 이동하면서 영화 소리가 팝콘 먹는 소리를 가리므로 극장 소유주들이 마음을 바꿔 극장 내에서 팝콘을 팔기로 했다는 내용이다. 따라서 극장 소유주들이 ③ '팝콘을 먹는 것은 너무 시끄러웠다'고 생각했음을 알 수 있다.

오답풀이 ① 팝콘 냄새가 끔찍했다

② 영화 표가 쌌다

③ 팝콘이 극장을 더럽게 했다

⑤ 팝콘을 만드는 것은 많은 돈이 들었다

READING GUIDE ⑨

UNDERSTAND
DEEPLY **1** (1) eating popcorn (2) sell popcorn (3) too much noise (4) eating popcorn **2** don't like → like

1 극장 소유주들은 무성 영화 시절에는 소리가 너무 시끄럽다는 이유로 영화 상영 중에 팝콘을 먹는 것을 허용하지 않았다. 유성 영화로 바뀌면서 영화에서 나오는 소리가 팝콘 먹는 소리를 가릴 수 있게 되자 그들은 수

익에도 도움이 되는 팝콘을 극장 안에서 팔기로 결심했다.

해석 [배경] 무성 영화 → 유성 영화 [생각] 그들은 영화 상영 중에 팝콘을 먹는 것을 허용하지 않았다. → 그들은 극장 안에서 팝콘을 팔기로 결정했다. [이유] 그것은 너무 시끄러웠다. → 영화에서 나오는 소리가 사람들이 팝콘 먹는 소리를 가릴 수 있었다.

2 팝콘은 오늘날 영화를 보는 동안 꼭 먹는 간식이라고 했다.

해석 오늘날 사람들은 영화를 보면서 팝콘을 먹는 것을 좋아하지 않는다 (→ 좋아한다).

READ CLOSELY   p. 91

❶ In 1914, / a farm boy / from Iowa / started / the American Pop Corn Company / and began to sell popcorn.

1914년에 / 한 농장 소년이 / 아이오와 출신의 / 설립했다 / American Pop Corn 회사를 / 그리고 팝콘을 팔기 시작했다

❷ Gradually, / popcorn became popular / all over the United States.

점차 / 팝콘은 인기를 얻게 되었다 / 미국 전역에서

❸ In the 1920s, / people began to bring popcorn / to movie theaters.

1920년대에 / 사람들은 팝콘을 가져오기 시작했다 / 극장에

❹ They wanted to eat it / during movies, / but the theater owners / didn't allow it.

그들은 그것을 먹고 싶어 했다 / 영화를 보는 동안 / 하지만 극장 소유주들은 / 그것을 허용하지 않았다

❺ In their opinion, / eating popcorn made / too much noise.

그들의 생각에 / 팝콘을 먹는 것은 만들었다 / 너무 많은 소음을

❻ However, / the film industry / soon moved / from silent movies / to movies with sound.

하지만 / 영화 산업이 / 곧 이동했다 / 무성 영화에서 / 유성 영화로

❼ After this, / the theater owners / had a change of heart.

이런 후에 / 극장 소유주들은 / 심경의 변화가 생겼다

❽ They decided to sell popcorn / inside their theaters.

그들은 팝콘을 팔기로 결정했다 / 그들의 극장 안에서

❾ Sounds / from the movie / could hide the sound / of people eating popcorn.

소리가 / 영화에서 나오는 / 그 소리를 가릴 수 있었다 / 사람들이 팝콘을 먹는

❿ They could also make money / on popcorn.

그들은 또한 돈을 벌 수 있었다 / 팝콘으로

⓫ So, / today, / popcorn is / a must-eat snack / during

movies.

그래서 / 오늘날 / 팝콘은 ~이다 / 꼭 먹는 간식 / 영화를 보는 동안

지문해석 1914년에 아이오와 출신의 한 농장 소년이 American Pop Corn 회사를 설립해서 팝콘을 팔기 시작했다. 점차 팝콘은 미국 전역에서 인기를 얻게 되었다. 1920년대에 사람들은 극장에 팝콘을 가져오기 시작했다. 그들은 그것을 영화를 보는 동안에 먹고 싶어 했지만, 극장 소유주들은 그것을 허용하지 않았다. 그들의 생각에 팝콘을 먹는 것은 너무 시끄러웠다. 하지만 영화 산업이 곧 무성 영화에서 유성 영화로 이동했다. 이런 후에, 극장 소유주들은 심경의 변화가 생겼다. 그들은 팝콘을 극장 안에서 팔기로 결정했다. 영화에서 나오는 소리가 사람들이 팝콘 먹는 소리를 가릴 수 있었다. 그들은 또한 팝콘으로 돈을 벌 수 있었다. 그래서, 오늘날 팝콘은 영화를 보는 동안 꼭 먹는 간식이다.

문장 돋보기

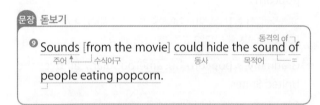

⑨ Sounds [from the movie] could hide the sound of people eating popcorn.
주어 ↑ 수식어구 / 동사 / 목적어 / 동격의 of

(2) 뒤에 셀 수 없는 명사가 오므로 much가 알맞다.

해석 너무 많은 정보를 포함시키지 마라.

(3) '~ 동안'의 의미로 특정 기간을 나타내는 명사 앞에는 during을 쓴다.

해석 그들은 영화를 보는 동안 팝콘을 먹고 싶어 했다.

(4) 동명사구가 주어일 때는 단수 취급하여 뒤에 단수 동사가 온다.

해석 그런 종류의 메시지를 읽는 것은 스트레스를 유발한다.

6 (1) 형용사를 수식하는 자리이므로 to부정사의 부사적 용법을 써서 '~하기에 …한'의 의미를 나타낸다.

(2) to부정사구가 주어로 쓰일 때는 가주어 it을 주어 자리에 쓰고 to부정사구를 문장 뒤로 보내서 바꿔 쓸 수 있다.

(3) 전치사의 목적어 자리이므로 동명사가 와야 한다.

R EVIEW TIME

p. 92

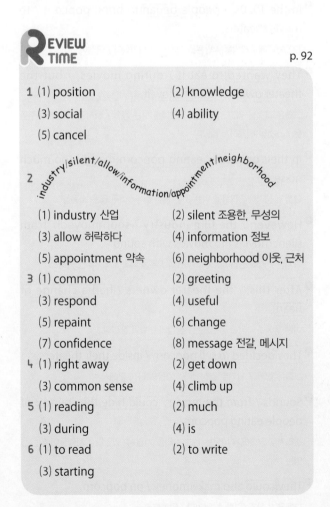

1 (1) position   (2) knowledge
   (3) social   (4) ability
   (5) cancel

2 industry/silent/allow/information/appointment/neighborhood

   (1) industry 산업   (2) silent 조용한, 무성의
   (3) allow 허락하다   (4) information 정보
   (5) appointment 약속   (6) neighborhood 이웃, 근처

3 (1) common   (2) greeting
   (3) respond   (4) useful
   (5) repaint   (6) change
   (7) confidence   (8) message 전갈, 메시지

4 (1) right away   (2) get down
   (3) common sense   (4) climb up

5 (1) reading   (2) much
   (3) during   (4) is

6 (1) to read   (2) to write
   (3) starting

Play Time

p. 94

▶ 8개의 사각형이 되도록 모양들을 짝지으시오.

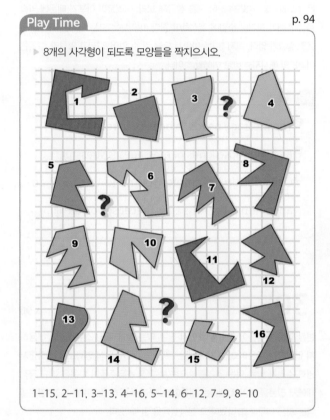

1–15, 2–11, 3–13, 4–16, 5–14, 6–12, 7–9, 8–10

5 (1) 전치사의 목적어 자리이므로 동명사가 알맞다.

해석 그는 읽는 것을 무척 잘했다.

연결어 넣기

31 정답 ②　　　　　　　　　　p. 96

(A) 빈칸 앞의 문장에서 아사이베리의 씨가 매우 크다고 했고, 빈칸 뒤에서 그것(씨)이 아사이베리의 80%를 구성하고 있다고 했으므로 빈칸에는 앞의 내용을 더 자세히 부연 설명할 때 쓸 수 있는 In fact(사실)가 적절하다. (B) 빈칸 앞의 두 문장에서 아사이베리에는 안토시아닌이 풍부한데 그것은 몸의 세포를 보호한다고 했고, 빈칸 뒤에서 아사이베리가 건강에 매우 좋다고 했으므로 빈칸에는 인과 관계를 나타내는 Therefore(그러므로)가 적절하다.

오답풀이 ① 최근에 – 그러므로 ③ 최근에 – 그러나 ④ 사실 – 그러나 ⑤ 마침내 – 예를 들어

READING GUIDE acai berries, 아사이베리의 특징과 효능

UNDERSTAND DEEPLY

1 It is deep purple or black.　**2** (1) 브라질 (2) 포도 (3) 초콜릿 (4) 안토시아닌 (5) 노화

1 아사이베리는 짙은 보라색이나 검은색이다.
해석 아사이베리의 색깔은 무엇인가?
→ 그것은 짙은 보라색이나 검은색이다.

2 아사이베리는 브라질에 있는 아사이 야자나무에서 자라고, 포도와 생김새가 유사하다. 어두운 베리류와 초콜릿이 섞인 것 같은 맛이 나며, 안토시아닌이 풍부하여 노화를 방지하고 심장병과 암 등을 예방할 수 있다.

READ CLOSELY　　　　　　　　p. 97

❶ Do you know about acai berries?
여러분은 아사이베리를 아는가

❷ They grow / on acai palm trees / in Brazil.
그것들은 자란다 / 아사이 야자나무에서 / 브라질에 있는

❸ They are similar / in size / to grapes, / and they look like grapes / too.
그것들은 유사하다 / 크기에 있어 / 포도와 / 그리고 그것들은 포도처럼 보인다 / 또한

❹ But their seeds are very large.
그러나 그것들의 씨는 매우 크다

❺ In fact, / the seed makes up / 80% of the berry!
사실 / 씨는 구성한다 / 베리의 80%를

❻ Acai berries taste like / a mixture of dark berries and chocolate.
아사이베리는 ～ 같은 맛이 난다 / 어두운 베리류와 초콜릿이 섞인 것

❼ Like blueberries or red grapes, / they have / a very strong color.
블루베리나 적포도처럼 / 그것은 지니고 있다 / 아주 강한 색깔을

❽ It is / deep purple or black.
그것은 ～이다 / 짙은 보라색이나 검은색

❾ This is because they are rich in anthocyanins.
이것은 그것들이 안토시아닌이 풍부하기 때문이다

❿ Anthocyanins protect cells / in the body.
안토시아닌은 세포를 보호한다 / 몸에 있는

⓫ Therefore, / acai berries are very healthy.
그러므로 / 아사이베리는 아주 건강에 좋다

⓬ They can prevent / aging and diseases / such as heart disease and cancer.
그것은 예방할 수 있다 / 노화와 질병을 / 심장병과 암과 같은

지문해석 여러분은 아사이베리를 아는가? 그것들은 브라질에 있는 아사이 야자나무에서 자란다. 그것들은 크기에 있어 포도와 유사하고 포도처럼 보이기도 한다. 그러나 그것들의 씨는 매우 크다. 사실, 씨는 베리의 80%를 구성한다! 아사이베리는 어두운 베리류와 초콜릿이 섞인 것 같은 맛이 난다. 블루베리나 적포도처럼 그것들은 아주 강한 색깔을 지니고 있다. 그것은 짙은 보라색이나 검은색이다. 이것은 그것들이 안토시아닌이 풍부하기 때문이다. 안토시아닌은 몸의 세포를 보호한다. 그러므로 아사이베리는 아주 건강에 좋다. 그것들은 노화와 심장병과 암 같은 질병을 예방할 수 있다.

문장 돋보기

❸ They are similar (in size) to grapes, and they look
　　　　be similar to(～와 유사하다)
like grapes, too.
look like+명사(～처럼 보이다)
⓬ They can prevent aging and diseases such as
　　　　prevent+동명사(～하는 것을 막다[예방하다])
heart disease and cancer.
　　　A such as B(B와 같은 A)

32 정답 ④　　　　　　　　　　p. 98

(A) 빈칸 앞 문장에서는 우리 뇌가 서로 다른 부분에서 서로 다른 데이터를 처리할 수 있다고 했고, 빈칸 뒤에서는 이야기하면서 걸을 수 있다는 내용이 나오므로 빈칸에는 인과 관계를 나타내는 Therefore(그러므로)가 알맞다.
(B) 빈칸 앞에서 전화로 복잡한 기계의 작동법을 설명할 때는 걷는 것을 멈추게 된다는 내용이 나오고, 빈칸 뒤에는 계곡 위의 밧줄 다리를 건널 때는 말을 멈춘다는 내용이 나오면서, 우리는 너무 복잡하지 않을 때만 두 가지 일을 동시에 할 수 있다고 설명하고 있으므로 빈칸에는 유사한 내용을 열거할 때 쓰는 Similarly(마찬가지로, 비슷하게)가 와야 한다.

오답풀이 ① 그러나 – 그리하여 ② 그러나 – 마찬가지로 ③ 그러므로 – 예를 들어 ⑤ 게다가 – 예를 들어

READING GUIDE doing two things at once, 우리 뇌가 동시에 두 가지 일을 처리하는 과정

UNDERSTAND
DEEPLY) **1** Two Different Things, Brain   **2** (1) F (2) T
3 (1) 전화로 복잡한 기계를 작동하는 법을 설명할 때, 걷는
것을 멈춘다. (2) 계곡 위를 밧줄 다리로 건널 때, 말하는 것
을 멈춘다.

1 이 글은 우리 뇌에서 두 가지 일을 처리하는 것에 대해 설명하고 있다.

해석) 우리 뇌에서의 서로 다른 두 가지 일의 처리

2 (1) 우리 뇌는 서로 다른 부분에서 서로 다른 데이터를 처리할 수 있다고
했다. (2) 우리는 말하는 동시에 걸을 수 있는데 이때 채널 간섭이 없다고
했으므로 글의 내용과 일치한다.

해석) (1) 우리는 우리 뇌의 서로 다른 부분에서 서로 다른 정보를 처리
할 수 없다.

(2) 우리가 걸으면서 이야기할 때 채널 간섭 현상이 없다.

3 전화로 복잡한 기계를 작동하는 법을 설명할 때 걷는 것을 멈추는 현상이
나 계곡 위를 밧줄 다리로 건너면서는 말하는 것을 멈추는 현상을 너무
복잡해서 동시에 처리할 수 없는 예시로 들고 있다.

READ CLOSELY   p. 99

❶ What's happening / when we're doing two things / at
once?

무슨 일이 일어나고 있을까 / 우리가 두 가지 일을 하고 있을 때 / 동시에

❷ It's simple.

그것은 간단하다

❸ Our brain has many channels.

우리의 뇌는 많은 채널을 갖고 있다

❹ So we can process / different kinds of data / in
different parts of our brain.

그래서 우리는 처리할 수 있다 / 각기 다른 종류의 데이터를 / 우리 뇌의
각기 다른 부분에서

❺ Therefore, / you can talk and walk / at the same time.

그러므로 / 여러분은 말하며 걸을 수 있다 / 동시에

❻ There is / no channel interference.

~이 있다 / 채널 간섭이 없는

❼ One is happening / in the foreground / and the other /
in the background.

하나는 일어나고 있다 / 전면에서 / 그리고 다른 하나는 / 후면에서

❽ But you can't really focus on both activities.

그러나 여러분은 행동 둘 다에 진정으로 집중할 수는 없다

❾ When you are explaining / how to operate / a complex
machine / on the phone, / you will stop walking.

여러분이 설명하고 있을 때 / 작동하는 방법을 / 복잡한 기계를 / 전화로 /
여러분은 걷기를 멈출 것이다

❿ Similarly, / when you are crossing / a rope bridge /
over a valley, / you will stop talking.

마찬가지로 / 여러분이 건너고 있을 때 / 밧줄 다리를 / 계곡 위에 있는 /
여러분은 말하기를 멈출 것이다

⓫ You can do two things / at once / only when they're
not too complex.

여러분은 두 가지 일을 할 수 있다 / 동시에 / 그것들이 너무 복잡하지 않
을 때만

지문해석) 우리가 동시에 두 가지 일을 하고 있을 때 무슨 일이 일어나고 있
을까? 그것은 간단하다. 우리 뇌에는 많은 채널이 있다. 그래서 우리는 각기
다른 종류의 데이터를 우리 뇌의 각기 다른 부분에서 처리할 수 있다. 그러므
로 여러분은 동시에 말하면서 걸을 수 있다. 채널 간섭은 없다. 하나는 전면에
서 다른 하나는 후면에서 일어나고 있다. 그러나 여러분은 행동 둘 다에 진정
으로 집중할 수는 없다. 여러분이 전화로 복잡한 기계의 작동법을 설명하고
있을 때, 여러분은 걷기를 멈출 것이다. 마찬가지로, 여러분이 계곡 위의 밧줄
다리를 건너고 있을 때, 여러분은 말하기를 멈출 것이다. 여러분은 두 가지 일
이 너무 복잡하지 않을 때만 동시에 그것들을 할 수 있다.

문장 돋보기

❼ One is happening in the foreground and the
   (둘 중) 하나는   다른 하나는
other in the background.
      (is happening)
❾ When you are explaining [how to operate a
   부사절 접속사(~할 때)   are explaining의 목적어
complex machine] on the phone, you will stop
                                          stop+동명사(~하는 것을 멈추다)
walking.

33) 정답 ②   p. 100

(A) 빈칸 앞부분은 언어가 변화하는 속도가 시대마다 언어마다 다르다는 내
용이고, 빈칸 뒤에는 중세의 아이슬란드어 문서를 읽는 것이 현대 아이슬란
드 사람에게 그다지 어렵지 않을 정도로 아이슬란드어가 매우 천천히 변화
한다는 내용이 이어진다. 따라서 아이슬란드어가 빈칸 앞 내용에 대한 예시
이므로, 빈칸에는 For example(예를 들어)이 적절하다. (B) 빈칸 앞부분은
아이슬란드어의 변화 속도가 느리다는 내용이고, 빈칸 뒷부분은 현대 영어
사용자들은 1300년도의 영어 문서를 읽는 데 큰 어려움이 있다는 내용이다.
이처럼 아이슬란드어와 영어를 대조하고 있으므로 빈칸에는 In contrast(
대조적으로)가 알맞다.

오답풀이) ① 예를 들어 – 게다가 ③ 마찬가지로 – 간단히 말해 ④ 대신에
– 간단히 말해 ⑤ 대신에 – 대조적으로

READING GUIDE ❸

UNDERSTAND
DEEPLY) **1** change fast, change slowly **2** Icelandic,
English **3** (1) F (2) F

1 이 글은 아이슬란드어처럼 느리게 변화하는 언어도 있고, 영어처럼 빠르게
변화하는 언어도 있다며 언어마다 변화 속도가 다르다는 것을 설명하고

있다.

해석 어떤 언어들은 빨리 변화하고, 또 다른 언어들은 천천히 변화한다.

2 이 글에서는 언어가 변하는 속도가 언어마다 다르다고 하면서 영어와 아이슬란드어를 대조하고 있다.

3 (1) 중세 시대의 아이슬란드어 문서를 현대 아이슬란드인이 읽는 것은 그다지 어렵지 않다고 했다. (2) 900년도의 영어는 현대 영어 사용자들에게 외국어처럼 보인다고 했다.

해석 (1) 중세의 아이슬란드어 문서를 읽는 것은 현대 아이슬란드인에게 매우 어렵다.

(2) 현대 영어는 900년도의 영어와 유사하다.

READ **CLOSELY** p. 101

❶ All living languages / change.

모든 살아 있는 언어는 / 변화한다

❷ How fast do they change?

그것들은 얼마나 빨리 변화할까

❸ It is different / from time to time / and from language to language.

그것은 다르다 / 시대마다 / 그리고 언어마다

❹ For example, / reading Icelandic documents / from the Middle Ages / is not very difficult / for a modern Icelander.

예를 들어 / 아이슬란드어 문서를 읽는 것은 / 중세 시대의 / 그다지 어렵지 않다 / 현대 아이슬란드인에게

❺ That is because Icelandic changes / slowly.

그것은 아이슬란드어가 변화하기 때문이다 / 느리게

❻ Icelandic history began / a thousand years / ago.

아이슬란드의 역사는 시작되었다 / 천 년 / 전에

❼ But today / the language is / pretty much the same.

그러나 오늘날 / 그 언어는 ~이다 / 거의 똑같은

❽ In contrast, / modern English users / have great difficulty with English documents / from the year 1300.

이와 대조적으로 / 현대의 영어 사용자들은 / 영어 문서를 이해하는 데 큰 어려움이 있다 / 1300년도의

❾ In fact, / English / from the year 900 / seems like / a foreign language / to them.

사실 / 영어는 / 900년도의 / ~처럼 보인다 / 외국어 / 그들에게

❿ At that time, / the English was a lot different from / its modern form.

그 당시에 / 영어는 ~와 많이 달랐다 / 현재의 모습

지문해석 모든 살아 있는 언어는 변화한다. 그것들은 얼마나 빨리 변화할까? 그것은 시대마다 언어마다 다르다. 예를 들어, 중세 시대의 아이슬란드어 문

서를 읽는 것은 현대 아이슬란드인에게 그다지 어렵지 않다. 그것은 아이슬란드어가 느리게 변화하기 때문이다. 아이슬란드의 역사는 천 년 전에 시작되었다. 그러나 오늘날 그 언어는 거의 똑같다. 이와 대조적으로, 현대의 영어 사용자들은 1300년도의 영어 문서를 이해하는 데 큰 어려움이 있다. 사실, 900년도의 영어는 그들에게 외국어처럼 보인다. 그 당시에, 영어는 현재의 모습과 많이 달랐다.

문장 돋보기

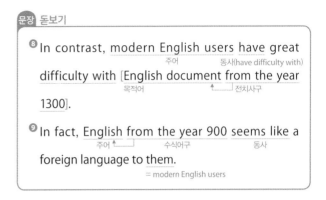

❽ In contrast, modern English users have great
　　　　　　　　주어　　　　　　　　동사(have difficulty with)
difficulty with [English document from the year
목적어　　　　　　　　전치사구
1300].

❾ In fact, English from the year 900 seems like a
　　　　주어 　　　　수식어구　　　　　 동사
foreign language to them.
　　　　　　　　 = modern English users

REVIEW **TIME** p. 102

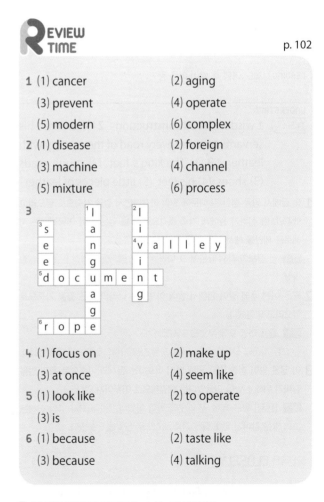

1 (1) cancer (2) aging
(3) prevent (4) operate
(5) modern (6) complex

2 (1) disease (2) foreign
(3) machine (4) channel
(5) mixture (6) process

3

		¹l		²l			
³s		a		i			
e		n		⁴v	a	l	l	e	y
e		g		i			
⁵d	o	c	u	m	e	n	t
		a		g			
⁶r	o	p	e				

4 (1) focus on (2) make up
(3) at once (4) seem like

5 (1) look like (2) to operate
(3) is

6 (1) because (2) taste like
(3) because (4) talking

5 (1) 뒤에 명사가 나오므로 look like가 적절하다.
해석 아사이베리는 포도처럼 보인다.
(2) '~하는 방법'은 「how+to부정사」의 형태로 쓴다.
해석 당신은 복잡한 기계를 작동하는 방법을 설명하고 있다.

(3) 동명사구가 주어일 때는 단수 취급하므로 단수 동사를 쓴다.

[해석] 중세의 아이슬란드어 문서를 읽는 것은 그렇게 어렵지 않다.

6 (1). (3) This[That] is because ~.는 '이것[그것]은 ~이기 때문이다.' 의 의미로 이유를 설명할 때 쓰는 표현이다.

(2) 「taste + 형용사」 또는 「taste like + 명사」의 형태로 '~와 같은 맛이 나다'의 의미를 나타낸다.

(4) stop 뒤에 동명사가 오면 '~하는 것을 멈추다'의 의미를 나타낸다.

PART 4 흐름 파악하기

UNIT 11

무관한 문장 찾기

 [정답] ③   p. 104

이 글은 신발이 생겨난 배경에 관한 것으로 여행 후 발이 아픈 왕이 나라의 모든 길을 가죽으로 덮으라고 명령했지만, 한 현명한 신하의 제안에 따라 왕의 발을 덮을 만큼의 가죽만 잘라 신발을 만들었다는 내용이다. 따라서 공사가 바로 시작되어 몇 년이 걸렸다는 내용의 ③은 흐름상 적절하지 않다.

READING GUIDE 여행 후 발이 아픈 왕

UNDERSTAND

DEEPLY **1** wisdom, road construction **2** He ordered his servants to cover every road of the country with leather. **3** (1) The king's feet (2) rough roads (3) shoes (4) his feet (5) little pieces of leather

1 이 글에서 왕은 험한 길 때문에 발이 아프다면서 길을 가죽으로 덮으라고 했지만, 한 신하가 왕에게 가죽 조각으로 발을 덮는 것이 어떻겠냐는 지혜로운 제안을 해서 많은 돈을 절약했다.

[해석] 한 신하의 지혜 때문에 그 나라는 도로 공사에 들어갈 많은 돈을 절약했다.

2 왕은 여행 후에 길이 험해서 발이 아프다며 나라의 모든 길을 가죽으로 덮으라고 명령했다.

[해석] 왕은 여행 후에 무엇을 지시했는가?

→ 그는 자신의 신하들에게 나라의 모든 길을 가죽으로 덮으라고 명령했다.

3 이 글은 왕이 험한 길로 인해 발이 아프다는 문제와 가죽으로 왕의 발을 감싸기 위해 신발을 만들었다는 해결책으로 이루어져 있다.

[해석] [문제] 왕은 험한 길 때문에 발이 아팠다. – [해결책] 그의 신하는 그의 발을 감싸기 위해 작은 가죽 조각으로 신발을 만들었다.

READ CLOSELY   p. 105

❶ Once upon a time, / a king [traveled around] / his entire country.

옛날 옛적에 / 한 왕이 여행하고 다녔다 / 자신의 나라 전체를

❷ After the trip, / he [complained], / "My feet [are] in pain /

---

because of / the rough roads."

여행 후에 / 그는 불평했다 / 내 발이 아프구나 / ~ 때문에 / 험한 길

❸ He [added], / "[Cover] / every road of the country / with leather!"

그는 덧붙였다 / 덮거라 / 나라의 모든 길을 / 가죽으로

❹ The road construction / [would use] / a lot of money.

도로 공사는 / 쓸 것이었다 / 많은 돈을

❺ It [began] / right away, / but it [took] many years.

그것은 시작되었다 / 바로 / 그러나 많은 세월이 걸렸다

❻ Then / a servant suddenly [said], / "Why [don't] you just [cover] your feet / with little pieces of leather?"

그때 / 한 신하가 갑자기 말했다 / 폐하의 발만 감싸는 것은 어떠신지요 / 작은 가죽 조각으로

❼ The king [was surprised at] his wisdom.

왕은 그의 지혜에 놀랐다

❽ He finally [accepted] it, / and his servants [made] shoes / for him.

그는 마침내 그것을 받아들였다 / 그리고 그의 신하들은 신발을 만들어 주었다 / 그에게

[지문해석] 옛날 옛적에, 한 왕이 전국 일주를 했다. 여행 후, 그는 "길이 험해서 내 발이 아프구나."라고 불평했다. "나라의 모든 길을 가죽으로 덮거라." 그는 덧붙였다. 도로 공사에는 많은 돈이 들 것이었다. (그것은 바로 시작되었지만, 많은 세월이 걸렸다.) 그때 한 신하가 갑자기 "작은 가죽 조각으로 폐하의 발만 감싸는 것은 어떠신지요?"라고 말했다. 왕은 그의 지혜에 놀랐다. 그는 마침내 그것을 받아들였고, 그의 신하들은 그에게 신발을 만들어 주었다.

문장 돋보기

❷ After the trip, he complained, "My feet are in pain
전치사(~ 후에)+명사(구)   foot의 복수형
because of the rough roads."
전치사(~ 때문에)+명사구

❽ He finally accepted it, and his servants made
                              작은 가죽 조각으로 발만 감싸는 것
shoes for him.
        make A for B(B에게 A를 만들어 주다)

---

35 [정답] ⑤   p. 106

이 글은 많은 노력으로 유명 작가가 된 Jane에 관한 내용이므로, 책을 빌리러 수 마일을 걸어가야 했지만 도서관에 가는 게 즐거웠다는 내용은 자연스럽지만, 도서관에 책이 거의 없고 일찍 닫았다는 내용의 ⑤는 흐름상 자연스럽지 않다.

READING GUIDE 시골에서 가난하게 자란 Jane

DEEPLY) **1** writer, read a lot **2** ④ **3** (1) Jane's mother → Jane (2) so Jane didn't like → but Jane liked [enjoyed]

1 이 글은 Jane이 어려운 상황 속에서도 굴하지 않고 독서를 많이 하는 등 혼자 노력하여 훌륭한 작가가 되었다는 내용이다.

해석 Jane은 어려운 상황에서도 많이 읽으려고 노력했기 때문에 성공적인 작가가 되었다.

2 Jane은 벽난로에서 나오는 유일한 빛으로 책을 읽었다고 했다.

3 (1) 글을 읽는 것을 독학한 사람은 Jane의 어머니가 아니라 Jane이다.
(2) 도서관이 수 마일 떨어져 있었지만, Jane은 도서관에 가는 것을 즐겼다고 했다.

해석 (1) Jane의 어머니는(→ Jane은) 읽는 법을 독학했다.
(2) 도서관이 몇 마일 떨어져 있어서(→ 있었지만) Jane은 거기에 가는 것을 좋아하지 않았다(→ 좋아했다).

READ CLOSELY   p. 107

❶ Jane (grew up) / in the countryside.

Jane은 자랐다 / 시골에서

❷ Her family (was) not rich.

그녀의 가족은 부유하지 않았다

❸ They (lived) / in a small log cabin.

그들은 살았다 / 작은 통나무 오두막집에서

❹ Every day / Jane (helped) her mother / with cooking and cleaning.

날마다 / Jane은 어머니를 도왔다 / 요리와 청소하는 것을

❺ She even (made) clothes / and (took care of) the garden.

그녀는 옷도 만들었다 / 그리고 정원을 돌보았다

❻ At night, / she (was) very tired, / but she (taught herself) / to read.

밤에 / 그녀는 매우 피곤했다 / 하지만 그녀는 독학했다 / 글 읽기를

❼ She (read) / a lot / with only light / from the fireplace.

그녀는 읽었다 / 많이 / 유일한 빛으로 / 벽난로에서 나오는

❽ She (had to walk) / for miles / to borrow books, / but she (enjoyed) going / to the library.

그녀는 걸어야 했다 / 수 마일을 / 책을 빌리기 위해 / 하지만 그녀는 가는 것을 즐겼다 / 도서관에

❾ Unfortunately, / the library (had) few books / and (closed) / early.

유감스럽게도 / 그 도서관은 책이 거의 없었다 / 그리고 문을 닫았다 / 일찍

❿ Many years later, / her hard work / (led to) success, / and she (became) / a famous writer.

많은 세월이 흐른 뒤에 / 그녀의 부지런한 노력은 / 성공으로 이어졌다 / 그리고 그녀는 되었다 / 유명한 작가가

지문해석 Jane은 시골에서 자랐다. 그녀의 가족은 부유하지 않았다. 그들은 작은 통나무 오두막집에서 살았다. 날마다 Jane은 어머니가 요리와 청소하시는 것을 도왔다. 그녀는 옷도 만들었고 정원을 돌보기도 했다. 밤에 그녀는 매우 피곤했지만, 독학으로 글 읽는 것을 배웠다. 그녀는 벽난로에서 나오는 유일한 빛으로 많이 읽었다. 그녀는 책을 빌리기 위해 수 마일을 걸어야 했지만, 도서관에 가는 것을 즐겼다. (유감스럽게도, 그 도서관은 책이 거의 없었고 일찍 문을 닫았다.) 많은 세월이 흐른 뒤에, 그녀의 부지런한 노력은 성공으로 이어졌고 그녀는 유명한 작가가 되었다.

문장 돋보기

❽ She had to walk for miles to borrow books, but
　　　　　　　　　　　　　　　　to부정사의 부사적 용법(목적)
she enjoyed going to the library.
enjoy+동명사(~하는 것을 즐기다)

❾ Unfortunately, the library had few books and
　　　　　　　　　　　　　　few(거의 없는)+셀 수 있는 명사의 복수형
closed early.

36 정답 ②   p. 108

월드 스타 Justin Bieber에 관한 글로 전반부는 그가 보통의 방법이 아니라 유튜브에 자신이 직접 만든 동영상을 올렸다가 인기를 얻게 되었다는 내용이고, 후반부는 그의 인기를 입증하는 내용이므로 전반부에 느닷없이 ② '주인 허락 없이 유튜브 동영상을 다운로드하는 것은 불법'이라는 내용은 글의 전체 흐름과 관계가 없다.

READING GUIDE Justin Bieber, 유튜브로 하루아침에 스타가 된 Justin Bieber

UNDERSTAND
DEEPLY) **1** (1) F (2) T (3) F **2** some of Bieber's concerts and his success story **3** star, videos

1 (1) Justin Bieber는 유튜브 동영상으로 순식간에 스타가 되었다. (2) Justin Bieber는 집에서 유튜브 동영상을 만들었고, 많은 사람들이 그의 동영상을 봤다고 했으므로 글의 내용과 일치한다. (3) Justin Bieber는 자신이 복권에 당첨된 것 같은 느낌이라고 했지 복권에 당첨된 것은 아니다.

해석 (1) Justin Bieber는 많은 시행착오 끝에 정상에 올랐다.
(2) Justin Bieber는 집에서 비디오를 제작하여 유튜브에 그 비디오를 올렸다.
(3) Justin Bieber는 복권에 당첨되어 많은 돈을 벌었다.

2 영화 〈Justin Bieber: 절대 안 된다는 말은 절대 하지 마라〉에서는 Justin Bieber의 콘서트와 그의 성공 이야기를 볼 수 있다.

해석 영화 〈Justin Bieber: 절대 안 된다는 말은 절대 하지 마라〉에서 무엇을 볼 수 있는가?
→ Bieber의 콘서트 몇 개와 그의 성공 이야기

3 해석 Justin Bieber는 유튜브 비디오로 하룻밤 사이에 스타가 되었다.

❶ Justin Bieber ⓘⓢ very popular, / but he ⓓⓘⓓ ⓝⓞⓣ ⓡⓔⓐⓒⓗ the top / in the usual way.

Justin Bieber는 매우 인기가 있다 / 그러나 그는 정상에 오르지 않았다 / 보통의 방법으로

❷ At first, / he ⓜⓐⓓⓔ YouTube videos / at home.

처음에 / 그는 유튜브 동영상을 만들었다 / 집에서

❸ A lot of people / ⓦⓐⓣⓒⓗⓔⓓ his videos.

많은 사람들이 / 그의 동영상을 봤다

❹ Downloading YouTube videos / without permission / from the owner / ⓘⓢ illegal.

유튜브 동영상을 다운로드하는 것은 / 허락 없이 / 주인의 / 불법이다

❺ Bieber quickly ⓑⓔⓒⓐⓜⓔ / one of the hottest teen stars / of all time.

Bieber는 순식간에 되었다 / 가장 인기 있는 십 대 스타 중 한 명이 / 지금껏

❻ He ⓦⓞⓝ / the Artist of the Year / at the American Music Awards.

그는 탔다 / 올해의 예술가상을 / 아메리칸 뮤직 어워드에서

❼ His life ⓦⓐⓢ / on the big screen / with the 3-D film / *Justin Bieber: Never Say Never.*

그의 삶이 ~ 있었다 / 대형 스크린에 / 3D 영화로 / 〈Justin Bieber: 절대 안 된다는 말은 절대 하지 마라〉라는

❽ The movie ⓢⓗⓞⓦⓢ / some of Bieber's concerts.

그 영화는 보여 준다 / Bieber의 콘서트 몇 개를

❾ It also ⓣⓔⓛⓛⓢ / about his success story.

그것은 또한 말해 준다 / 그의 성공 이야기에 대해

❿ Bieber ⓘⓢ simply grateful / for his success.

Bieber는 그저 감사해 한다 / 그의 성공에 대해

⓫ "I ⓕⓔⓔⓛ ⓛⓘⓚⓔ / I won the lottery," / he ⓢⓐⓨⓢ.

저는 ~인 것 같은 느낌이에요 / 제가 복권에 당첨된 / 그는 말한다

지문해석 Justin Bieber는 매우 인기가 있지만, 그는 보통의 방법으로 정상에 오르지 않았다. 처음에 그는 집에서 유튜브 동영상을 만들었다. 많은 사람들이 그의 동영상을 봤다. (주인의 허락 없이 유튜브 동영상을 다운로드하는 것은 불법이다.) Bieber는 순식간에 지금껏 가장 인기 있는 십 대 스타 중 한 명이 되었다. 그는 아메리칸 뮤직 어워드에서 올해의 예술가상을 받았다. 그의 삶이 〈Justin Bieber: 절대 안 된다는 말은 절대 하지 마라〉라는 3D 영화로 대형 스크린에 상영되었다. 그 영화는 Bieber의 콘서트 몇 개를 보여 준다. 그것은 또한 그의 성공 이야기에 대해 말해 준다. Bieber는 그의 성공에 대해 그저 감사해 한다. "저는 복권에 당첨된 것 같은 느낌이에요."라고 그는

말한다.

문장 돋보기

❹ Downloading YouTube videos without permission
　　　　동명사구 주어
from the owner is illegal.
　　　　　　　단수 동사 보어

❼ His life was [on the big screen] [with the 3-D film
　주어　　동사　전치사구1　　　　　전치사구2
Justin Bieber: Never Say Never].

1 (1) ⓑ　　(2) ⓒ　　(3) ⓐ

2 (1) lottery　　(2) artist　　(3) illegal

(4) unfortunately　(5) complain　(6) accept

3

(1) servant　　(2) wisdom　　(3) leather

(4) cabin　　(5) popular　　(6) fireplace

4 (1) of all time　　(2) lead to

(3) travel around　　(4) at first

5 (1) taught herself

(2) one of the hottest teen stars

(3) had to walk

6 (1) going / 그녀는 도서관에 가는 것을 즐겼다.

(2) because of / 내 발은 험한 길 때문에 아프다.

(3) pieces of leather / 작은 가죽 조각들로 당신의 발을 감싸는 게 어때요?

1 (1) rich 부유한 – poor 가난한

(2) lend 빌려주다 – borrow 빌리다

(3) failure 실패 – success 성공

5 (1) teach oneself는 '독학하다'의 의미이며, 주어가 she이므로 herself로 쓴다.

(2) '가장 ~한 … 중 하나'의 의미는 「one of the + 최상급 + 복수명사」

의 형태로 나타낸다.

(3) 「have to+동사원형」의 형태로 '~해야 한다'의 의미를 나타낸다. 과거시제일 때는 「had to+동사원형」으로 쓴다.

6 (1) enjoy의 목적어 자리이므로 동명사가 알맞다.

(2) 뒤에 명사구가 오므로 because of가 알맞다.

(3) 셀 수 없는 물질명사의 수량을 나타낼 때는 a piece of와 같은 단위를 쓴다. 복수일 때는 단위를 나타내는 명사에 -s를 붙여서 나타낸다.

PART 4 흐름 파악하기

UNIT 12 글의 순서 찾기

37 정답 ⑤ p. 112

주어진 글의 마지막에 학자가 뱃사공에게 과학이나 수학을 잘하느냐고 물었으므로 사공이 아니라고 답하는 (C)가 이어지는 것이 자연스럽고, (B)의 마지막에 사공이 학자에게 수영하는 법을 아느냐고 물었으므로 학자가 아니라고 답하는 (A)가 이어지는 것이 자연스럽다. 따라서 글의 순서로 ⑤ (C)-(B)-(A)가 적절하다.

READING GUIDE 학자와 뱃사공의 질문과 대답

UNDERSTAND
DEEPLY 1 (1) half, science or math (2) all, swimming, sinking 2 ②

1 (1) 학자는 뱃사공이 과학이나 수학을 잘하지 못해서 인생의 반을 낭비했다고 말했다. (2) 뱃사공은 가라앉는 배에서 학자에게 수영을 못해서 인생 전체를 낭비했다고 말했다.

해석 (1) 학자는 뱃사공에게 "당신은 과학이나 수학을 못하므로 인생의 절반을 낭비했네요."라고 말했다.

(2) 뱃사공은 학자에게 "당신은 수영을 못하므로 인생 전체를 낭비했어요. 우리는 가라앉고 있어요."라고 말했다.

2 수학과 과학을 배우지 못한 뱃사공에게 인생의 절반을 낭비했다고 비웃었던 학자에게 수영을 못하니 평생을 낭비했다며 뱃사공이 학자를 비웃는 상황이므로 가장 어울리는 속담은 ②가 알맞다.

READ CLOSELY p. 113

❶ A scholar got into a ferryboat.

한 학자가 나룻배에 탔다

❷ The journey was / long and slow.

여정은 ~였다 / 길고 느린

❸ The scholar was bored.

학자는 지루했다

❹ "Boatman, / are you good at / science or math?" /

asked the scholar.

사공님 / 당신은 ~을 잘하시나요 / 과학이나 수학 / 학자가 물었다

❺ "No," / said the scholar, / "I'm afraid of water, / so I never learned to swim."

아니요 / 학자가 말했다 / 저는 물을 무서워해요 / 그래서 저는 수영하는 것을 전혀 배우지 않았어요

❻ "Then / you wasted / ALL your life," / said the boatman. // "We're sinking."

그러면 / 선생님은 낭비하셨어요 / 선생님의 평생을 / 사공이 말했다 // 우리는 가라앉고 있어요

❼ Later, / as the boat crashed into a rock / in the middle of the river, / the boatman turned to the scholar / and said, / "Wise man, / are you good at swimming?"

나중에 / 배가 바위에 부딪쳤을 때 / 강 한가운데에서 / 사공이 학자에게 몸을 돌렸다 / 그리고 말했다 / 똑똑한 선생님 / 당신은 수영을 잘하시나요

❽ "No," / said the boatman, / "Si-hence? // What is si-hence, / sir?"

아니요 / 사공이 말했다 / 과아학이요 // 과아학이 뭔가요 / 선생님

❾ "Too bad," / said the scholar. // "You wasted / half your life. // Learning about them / would be useful."

너무 안됐네요 / 학자가 말했다 // 당신은 낭비했어요 / 당신 인생의 절반을 // 그것들을 배우는 것은 / 유용하거든요

지문해석 한 학자가 나룻배에 탔다. 여정은 길고 느렸다. 학자는 지루했다. "사공님, 당신은 과학이나 수학을 잘하시나요?" 학자가 물었다. (C) "아니요." 뱃사공이 말했다. "과아학이요? 과아학이 뭔가요, 선생님?" "너무 안됐네요." 학자가 말했다. "당신은 당신 인생의 절반을 낭비했어요. 그것들을 배우는 것은 유용하거든요." (B) 나중에 배가 강 한가운데에서 바위에 부딪쳤을 때 뱃사공이 학자에게 몸을 돌려 말했다, "똑똑한 선생님, 당신은 수영을 잘하시나요?" (A) "아니요." 학자가 말했다, "저는 물을 무서워해서 수영하는 것을 전혀 배우지 않았어요." "그러면 선생님은 선생님의 평생을 낭비하셨네요." 뱃사공이 말했다. "우리는 가라앉고 있거든요."

문장 돋보기

❺ "No," said the scholar, "I'm afraid of water, so I
                              be afraid of(~을 두려워하다)
never learned to swim."
           learn+to부정사(~하는 것을 배우다)
❾ "Too bad", said the scholar. "You wasted half your
                               동사   주어
life. Learning about them would be useful."
        주어(동명사구)   동사   보어

38 정답 ③ p. 114

엄마와 이웃이 얘기를 나누는 중에 필자는 이웃집 뒤뜰을 어슬렁거린다는

주어진 글 다음에는 갑자기 셰퍼드가 필자에게 달려들어 짖는다는 내용의 (B)가 오고, (B)에서 엄마가 달려와 물었으므로 울면서 고개를 끄덕여 답하는 내용의 (C)가 온 다음, (C)에서 개가 다시 짖자 엄마가 개보다 훨씬 더 크고 무섭게 짖는 소리를 내서 쫓아버린다는 내용의 (A)가 오는 것이 적절하다. 따라서 글의 순서로 ③ (B)-(C)-(A)가 적절하다.

READING GUIDE (주어진 글) 엄마가 이웃과 얘기하는 동안 이웃집 뒤뜰을 어슬렁거림 (A) 엄마가 개를 큰 소리로 제압하고는 강하게 맞서야 한다고 말함 (B) 갑자기 큰 개가 짖어 댔고 비명을 지르자 엄마가 달려옴 (C) 엄마가 나를 개에게 데리고 가 다시 짖어 대는 개에게 맞받아쳐 짖음

UNDERSTAND DEEPLY 1 strong, stand up 2 (1) barked again → cried and ran away (2) laughed → screamed and cried

1 이 글은 어려움에 처했을 때 물러서지 말고 그것에 맞서야 한다는 내용이다.

해석 여러분이 어려움에 처했을 때, 여러분은 강해야 하고 그것들에 용감히 맞서야 한다.

2 (1) 필자의 엄마가 커다랗게 짖는 소리를 냈을 때 셰퍼드는 울고 도망갔다고 했다. (2) 셰퍼드가 필자에게 달려들었을 때, 필자는 소리 지르고 울고 있었다고 했다.

해석 (1) 우리 엄마가 크게 짖는 소리를 냈을 때 그 개는 다시 짖었다(→ 울면서 도망쳤다).
(2) 개가 나에게 달려들었을 때 나는 웃었다(→ 비명을 지르고 울었다).

READ CLOSELY
p. 115

❶ My mother and I /(are walking)/ to Fanelli's market.

엄마와 나는 / 걸어가고 있다 / Fanelli 시장으로

❷ A neighbor(calls to)my mother.

한 이웃이 엄마를 부른다

❸ As they talk, / I(wander)/ into the backyard of the neighbor's.

그들이 얘기할 때 / 나는 어슬렁거린다 / 그 이웃집의 뒤뜰을

❹ She(makes)/ a loud barking sound, / much louder and much scarier / than the dog does.

그녀는 낸다 / 커다랗게 짖는 소리를 / 훨씬 더 크고 훨씬 더 무섭게 / 그 개가 하는 것보다

❺ The dog(cries)and(runs away).

그 개는 울면서 도망친다

❻ My mother(turns)/ and(says), / "You(have to be)strong / and(stand up to)them!"

엄마는 돌아선다 / 그리고 말한다 / 너는 강해야 한다 / 그리고 그것들에 용감히 맞서야 (한다)

❼ Suddenly, / a German shepherd /(jumps at)me. // Bowwow! // It(is)/ on a chain. // I(am screaming).

갑자기 / 독일 셰퍼드 한 마리가 / 나에게 달려든다 // 멍멍 // 그것은 ~ 있다 / 쇠사슬에 묶여 // 나는 비명을 지르고 있다

❽ My mother(runs)/ to me / and(asks), / "What('s)wrong?"

엄마는 달려온다 / 나에게 / 그리고 묻는다 / 무슨 일이니

❾ I(say), / "It('s)a dog!" // She(asks), / "A dog? // Around there?"

나는 말한다 / 개예요 // 그녀는 묻는다 / 개라고 // 저쪽에

❿ I(am)still(crying), / and I(nod).

나는 여전히 운다 / 그리고 나는 끄덕인다

⓫ She(marches)me / around the house.

그녀는 나를 데려간다 / 그 집 주변으로

⓬ The dog(barks)/ again. // Bowwow! // I(jump back).

그 개가 짖는다 / 다시 // 멍멍 // 나는 화들짝 물러선다

⓭ But my mother(pulls)me / forward / and(barks)back / at the dog.

그러나 엄마는 나를 잡아당긴다 / 앞으로 / 그리고 맞받아쳐 짖는다 / 그 개에게

지문해석 엄마와 나는 Fanelli 시장으로 걸어가고 있다. 한 이웃이 엄마를 부른다. 그들이 얘기할 때 나는 그 이웃집의 뒤뜰을 어슬렁거린다. (B) 갑자기 독일 셰퍼드 한 마리가 나에게 달려든다. 멍멍! 그것은 쇠사슬에 묶여 있다. 나는 비명을 지르고 있다. 엄마가 나에게 달려와 묻는다. "무슨 일이니?" 나는 말한다. "개예요!" 그녀가 묻는다. "개라고? 저쪽에?" (C) 나는 여전히 울면서 고개를 끄덕인다. 그녀는 나를 그 집 주변으로 데려간다. 그 개가 또 짖는다. 멍멍! 나는 화들짝 물러선다. 그러나 엄마는 나를 앞으로 잡아당기고 그 개에게 맞받아쳐 짖는다. (A) 그녀는 커다랗게 짖는 소리를 그 개보다 훨씬 더 크고 훨씬 더 무섭게 낸다. 그 개가 울더니 도망간다. 엄마가 돌아서서 말한다. "너는 강해야 하고 저것들에 용감히 맞서야 해!"

문장 돋보기

❸ As they talk, I wander into the backyard of the neighbor's.
  시간의 부사절(~할 때)   전치사(~로, ~에)

❻ My mother turns and says, "You have to be strong
      (have to)   have to + 동사원형1
  and stand up to them!"
      동사원형2

39
정답 ④
p. 116

주어진 글은 애벌레가 어떻게 자신을 보호하는지에 대한 의문으로 끝나므로 일부(Some) 애벌레를 예로 들어 설명하는 (C)가 이어진 후, 또 다른 (Others) 애벌레를 예로 들어 설명하는 (B)가 이어져야 하는데, (A)는 (C)와 관련된 내용이므로 글의 순서로 ④ (C)-(A)-(B)가 적절하다.

READING GUIDE (A) Thus, its(= the puss moth caterpillar's) head (B) Others (C) Some

UNDERSTAND
DEEPLY 1 (1) T (2) T 2 It looks like a stick. 3 tiny, skin

1 해설 (1) 공격자는 고양이반점나방 애벌레를 거대한 나방으로 착각할 수 있다.

(2) 배고픈 동물들은 자벌레 애벌레를 그것의 서식지에서 보지 못한다.

2 자벌레 애벌레는 피부를 이용하여 서식지에 섞이는데, 꼭 막대기처럼 생겼다.

해석 자벌레 애벌레는 서식지에 섞일 때 어떻게 보이는가?

→ 그것은 막대기처럼 보인다.

3 애벌레들은 아주 작고 발톱이나 이빨도 갖고 있지 않지만, 피부의 특별한 무늬, 형태 등을 이용하여 자신을 보호할 수 있다.

해석 애벌레는 아주 작고 약하지만 자신의 피부 패턴으로 자기 자신을 보호할 수 있다.

READ CLOSELY

p. 117

❶ Caterpillars don't have / claws or teeth.

애벌레들은 갖고 있지 않다 / 발톱이나 이빨을

❷ Then / how does a tiny caterpillar protect itself?

그러면 / 아주 작은 애벌레는 자신을 어떻게 보호할까

❸ Thus, / when an attacker looks at its head, / he mistakes it / for a giant moth!

그리하여 / 공격자가 그것의 머리를 볼 때 / 그는 그것을 착각한다 / 거대한 나방으로

❹ This scares the attacker away.

이것은 그 공격자를 겁주어 쫓아버린다

❺ Others use their skin / to blend into their habitat.

또 다른 일부는 그것들의 피부를 이용한다 / 그들의 서식지에 섞이기 위해

❻ The looper caterpillar / looks just like a stick.

자벌레 애벌레는 / 꼭 막대기처럼 보인다

❼ When hungry animals see the caterpillar, / they don't see a snack.

배고픈 동물들이 애벌레를 볼 때 / 그것들은 간식을 보지 못한다

❽ They only see a stick.

그것들은 오직 막대기를 볼 뿐이다

❾ Some caterpillars have special patterns / on their skin.

일부 애벌레들은 특별한 무늬를 갖고 있다 / 피부에

❿ For example, / the puss moth caterpillar / has / two black spots / and a red part / on its head.

예를 들어 / 고양이반점나방 애벌레는 / 갖고 있다 / 두 개의 까만 점을 / 그리고 빨간색 부분을 / 그것의 머리에

⓫ The spots look like eyes / above a big red mouth.

그 점들은 눈처럼 보인다 / 커다란 빨간색 입 위에 있는

지문해석 애벌레들은 발톱이나 이빨을 갖고 있지 않다. 그러면 아주 작은 애벌레는 어떻게 자신을 보호할까? (C) 일부 애벌레들은 피부에 특별한 무늬를 갖고 있다. 예를 들어, 고양이반점나방 애벌레는 머리에 두 개의 까만 점과 빨간색 부분을 갖고 있다. 그 점들은 커다란 빨간색 입 위에 있는 눈처럼 보인다. (A) 그리하여 공격자가 그것의 머리를 볼 때, 그 공격자는 그것을 거대한 나방으로 착각한다. 이것은 그 공격자를 겁주어 쫓아버린다. (B) 또 다른 일부는 그들의 서식지에 섞이기 위해 그것들의 피부를 이용한다. 자벌레 애벌레는 꼭 막대기처럼 보인다. 배고픈 동물들이 애벌레를 볼 때 그것들은 간식을 보지 못한다. 그것들은 오직 막대기를 볼 뿐이다.

문장 돋보기

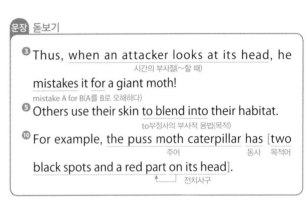

❸ Thus, when an attacker looks at its head, he
시간의 부사절(~할 때)
mistakes it for a giant moth!
mistake A for B(A를 B로 오해하다)
❺ Others use their skin to blend into their habitat.
to부정사의 부사적 용법(목적)
❿ For example, the puss moth caterpillar has [two
주어   동사 목적어
black spots and a red part on its head].
전치사구

REVIEW TIME

p. 118

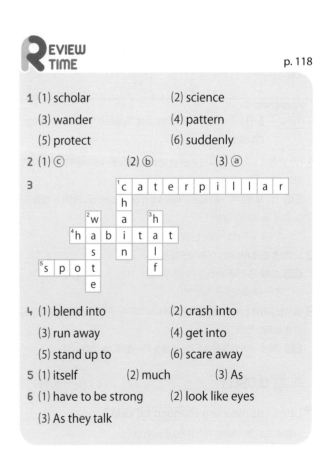

1 (1) scholar   (2) science
  (3) wander   (4) pattern
  (5) protect   (6) suddenly

2 (1) ⓒ   (2) ⓑ   (3) ⓐ

3

				¹c	a	t	e	r	p	i	l	l	a	r
				h										
	²w		³h	a										
⁴h	a	b	i	t	a	t								
	s		n		l									
⁵s	p	o	t		e									
	e		f											

4 (1) blend into   (2) crash into
  (3) run away   (4) get into
  (5) stand up to   (6) scare away

5 (1) itself   (2) much   (3) As

6 (1) have to be strong   (2) look like eyes
  (3) As they talk

2 (1) forward 앞으로 – backward 뒤로

(2) above ~ 위에 − below ~ 아래에

(3) giant 거대한 − tiny 아주 작은

5 (1) 주어와 목적어가 같으면 목적어를 재귀대명사로 쓴다.

(2) 비교급을 강조할 때는 비교급 앞에 much, still, even 등을 써서 '훨씬'의 의미를 나타낸다. very는 비교급 앞에 쓰지 않는다.

(3) '~할 때'의 의미가 필요하므로 As가 알맞다. Since는 '~ 때문에'를 뜻한다.

6 (1) '~해야 한다'의 의미를 나타내는 have to 뒤에 동사원형을 쓴다.

(2) 「look like＋명사」의 형태로 '~처럼 보이다'의 의미를 나타낸다.

(3) 「접속사 as＋주어＋동사」의 순으로 쓴다.

PART 4 흐름 파악하기

UNIT 13

주어진 문장 넣기

 정답 ⑤   p. 120

⑤ 앞에 nice의 옛날 의미에 대한 설명이 나오고, ⑤ 뒤에는 시간의 흐름에 따라 단어의 뜻이 달라진다는 내용이 이어지므로 ⑤에 nice의 현재 의미를 나타내는 주어진 문장이 들어가는 것이 알맞다.

READING GUIDE 주어진 문장 해석: 나중에 그것의 의미는 '친절한'으로 바뀌었다. / 주어진 문장의 its meaning = ❽ the meaning of "nice"

UNDERSTAND

DEEPLY **1** (1) T (2) F **2** It meant "foolish." **3** meanings, change

1 (2) 과거에 silly는 '행복한'이란 뜻이었고, nice는 '어리석은'이란 뜻이었다고 했다.

해석 (1) 오래전에 사람들은 "You are a nice person."이라는 말을 듣는 것을 좋아하지 않았다.

(2) 과거에 'silly'와 'nice'는 같은 의미를 가졌다.

2 오백 년 전에 nice는 '어리석은'을 뜻했다.

해석 오백 년 전에 'nice'는 어떤 의미였는가?

→ 그것은 '어리석은'을 의미했다.

3 필자는 silly나 nice처럼 일부 단어들의 의미는 시간이 흐르면서 달라진다고 말하고 있다.

해석 어떤 단어의 뜻은 시간이 흐름에 따라 변할 수 있다.

READ CLOSELY   p. 121

❶ Later, / its meaning ⟨changed to⟩ "kind."

나중에 / 그것의 의미는 '친절한'으로 바뀌었다

❷ If someone says to you, / "You ⟨are⟩ / a silly person," / you ⟨may become⟩ angry.

만약 어떤 사람이 여러분에게 말한다면 / 당신은 ~이에요 / 어리석은 사람 / 여러분은 화가 날 수도 있다

❸ If another says, / "You ⟨are⟩ / a nice person," / you ⟨may become⟩ happy.

만약 다른 사람이 말한다면 / 당신은 ~이에요 / 좋은 사람 / 여러분은 기분이 좋아질 수도 있다

❹ However, / five hundred years ago, / people ⟨liked⟩ to hear / "You ⟨are⟩ / a silly person" / more than / "You ⟨are⟩ / a nice person." // Why?

그러나 / 오백 년 전에는 / 사람들이 듣기를 좋아했다 / 당신은 ~이에요 / 어리석은 사람 / ~보다 더 / 당신은 ~이에요 / 좋은 사람 // 왜일까

❺ The word "silly" / ⟨meant⟩ "happy" / in the old days.

'silly'라는 단어는 / '행복한'이라는 뜻이었다 / 옛날에

❻ Its meaning ⟨changed⟩ / over time.

그것의 의미는 바뀌었다 / 시간이 흐르면서

❼ Now / the word ⟨means⟩ "foolish."

지금 / 그 단어는 '어리석은'을 뜻한다

❽ On the other hand, / in the old days, / the meaning of "nice" / ⟨was⟩ "foolish."

반면에 / 옛날에 / 'nice'의 의미는 / '어리석은'이었다

❾ As in these examples, / the meanings of some words / ⟨can change⟩ / over time.

이러한 예들에서와 같이 / 일부 단어들의 의미는 / 달라질 수 있다 / 시간이 흐르면서

지문해석 만약 어떤 사람이 여러분에게 "당신은 어리석은 사람이에요."라고 말한다면, 여러분은 화가 날 수도 있다. 만약 다른 사람이 "당신은 좋은 사람이에요."라고 말한다면, 여러분은 기분이 좋아질 수도 있다. 그러나 오백 년 전에는 사람들이 "당신은 어리석은 사람이에요."라는 말을 "당신은 좋은 사람이에요."라는 말보다 더 듣기 좋아했다. 왜일까? 'silly'라는 단어는 옛날에 '행복한'이라는 뜻이었다. 그것의 의미는 시간이 흐르면서 바뀌었다. 지금 그 단어는 '어리석은'을 뜻한다. 반면에, 옛날에 'nice'의 의미는 '어리석은'이었다. 나중에 그것의 의미가 '친절한'으로 바뀌었다. 이러한 예들에서와 같이, 일부 단어들의 의미는 시간이 흐르면서 달라질 수 있다.

문장 돋보기

❷ If someone says to you, "You are a silly person,"
부사절 접속사(조건: 만약 ~라면)
you may become angry.
become＋형용사(~한 상태가 되다)

❹ However, five hundred years ago, people liked to
like＋to부정사(~하는 것을 좋아하다)
hear "You are a silly person" more than "You are a
~보다 더
nice person."

41 정답 ③   p. 122

③ 앞은 미래의 부엌이 음식에 대한 호불호까지도 기억할 것이라는 내용인데, ③ 뒤는 걱정할 필요가 없다는 내용이므로 무엇을 걱정할 필요가 없는지에 대한 내용이 빠진 것을 알 수 있다. 따라서 '여러분은 요리 솜씨가 없는 사람인가?'라는 의미의 주어진 문장이 ③에 들어가면 요리를 못하는 것을 걱정할 필요가 없다는 흐름이 되어 자연스럽다.

READING GUIDE 주어진 문장 해석: 여러분은 요리 솜씨가 없는 사람인가? / 핵심어구: a bad cook / 핵심어구 관련 내용이 시작되는 문장: ❾

UNDERSTAND DEEPLY 1 Smart   2 (1) 식단 (2) 재료 (3) 조리법 (4) 자동 전화 주문

1 제목은 '미래의 똑똑한 부엌'이 알맞으므로 빈칸에 Smart(똑똑한, 현명한)가 알맞다.

2 미래에 우리의 부엌은 식단을 계획하는 것에 조언을 해 줄 수 있고, 우리의 취향을 기억할 수도 있을 것이라고 했다. 요리를 할 때는 각 요리에 필요한 재료를 알려 주고 조리법을 다운로드할 수도 있을 것이며, 음식 재료가 떨어졌을 때 슈퍼마켓에 자동으로 주문도 가능할 것이라는 내용에 맞게 표를 완성하면 된다.

READ CLOSELY   p. 123

❶ Are you / a bad cook?

여러분은 ~인가 / 요리 솜씨가 없는 사람

❷ Are you out of sugar / in the kitchen?

여러분은 설탕이 다 떨어졌는가 / 부엌에

❸ Is your egg tray / empty?

여러분의 계란판이 / 비어 있는가

❹ Is the nearest shop / too far away?

가장 가까운 가게가 ~에 있는가 / 너무 멀리

❺ You won't find / these kinds of problems / in the future.

여러분은 발견하지 않을 것이다 / 이런 종류의 문제를 / 미래에

❻ The kitchen is getting smarter.

부엌이 더 똑똑해지고 있다

❼ In the future, / your kitchen will be able to give you / advice / on planning your menu.

미래에 / 여러분의 부엌은 여러분에게 줄 수 있을 것이다 / 조언을 / 여러분의 식단을 계획하는 것에 대한

❽ It will even keep in mind / your likes and dislikes!

그것은 심지어 기억할 것이다 / 여러분이 좋아하는 것과 싫어하는 것을

❾ You don't need to worry.

여러분은 걱정할 필요가 없다

❿ The kitchen computer system / will tell you / the ingredients / for each dish.

부엌 컴퓨터 시스템이 / 여러분에게 말해 줄 것이다 / 재료들을 / 각 요리의

⓫ In a smart kitchen, / you can also download recipes / when you need them.

똑똑한 부엌에서 / 여러분은 또한 조리법을 다운로드할 수 있다 / 여러분이 그것들이 필요할 때

⓬ Is the fridge empty?

냉장고가 비어 있는가

⓭ The kitchen will automatically call / and order things / from the supermarket.

부엌은 자동으로 전화할 것이다 / 그리고 물건을 주문할 것이다 / 슈퍼마켓에서

지문해석 여러분은 부엌에 설탕이 다 떨어졌는가? 여러분의 계란판이 비어 있는가? 가장 가까운 가게가 너무 멀리 있는가? 여러분은 미래에 이런 종류의 문제를 발견하지 않을 것이다. 부엌이 더 똑똑해지고 있다. 미래에 여러분의 부엌은 여러분이 식단을 계획하는 것에 대해 여러분에게 조언을 해줄 수 있을 것이다. 그것은 심지어 여러분이 좋아하는 것과 싫어하는 것을 기억하기도 할 것이다! 여러분은 요리 솜씨가 없는 사람인가? 걱정할 필요가 없다. 부엌 컴퓨터 시스템이 여러분에게 각 요리에 필요한 재료들을 말해 줄 것이다. 똑똑한 부엌에서는 여러분이 조리법이 필요할 때 그것들을 다운로드할 수도 있다. 냉장고가 비어 있는가? 부엌은 자동으로 슈퍼마켓에 전화해서 물건을 주문할 것이다.

문장 돋보기

❼ In the future, your kitchen will be able to give you
                              ~할 수 있을 것이다
advice on planning your menu.
수여동사(give)+간접목적어(사람)+직접목적어(사물)(~에게 …을 주다)

❿ The kitchen computer system will tell you the
ingredients for each dish.
수여동사(tell)+간접목적어(사람)+직접목적어(사물)(~에게 …을 말해 주다)

42 정답 ④   p. 124

주어진 문장은 '하지만 대중 연설에 도움이 되는 가장 좋은 조언은 많이 연습하는 것이다.'의 의미로, 이와 관련된 내용이 시작되는 With enough practice, ~ 앞인 ④에 위치하는 것이 가장 자연스럽다.

READING GUIDE 주어진 문장 해석: 하지만 대중 연설에 도움이 되는 가장 좋은 조언은 많이 연습하는 것이다. / 핵심어구: to practice a lot / 핵심어구 관련 내용이 시작되는 문장: ❽

1 (1) feel nervous (2) deep breath (3) water (4) Practice   **2** practice, improve, comfortable, confident

1 이 글은 발표의 두려움을 극복할 수 있는 세 가지 해결책을 제시하고 있다.

[해석] [문제] 연설할 때 긴장한다. – [해결책 1] 심호흡을 하라. – [해결책 2] 물을 마셔라. – [해결책 3] 많이 연습하라.

2 충분한 연습을 하면 두려움을 줄일 수 있고 발표 기술을 향상시킬 수 있을 것이며, 더 편안하고 자신감 있을 것이라고 필자는 말하고 있다.

[해석] 연습을 충분히 하면 당신은 발표 기술을 향상시킬 수 있고 더 편안하고 자신 있게 느낄 수 있다.

READ CLOSELY   p. 125

❶ But the best tip / for public speaking / is to practice / a lot.

하지만 가장 좋은 조언은 / 대중 연설에 도움이 되는 / 연습하는 것이다 / 많이

❷ Do you often give presentations?

여러분은 종종 발표를 하는가

❸ Do you feel nervous / when you make a speech?

여러분은 불안하게 느끼는가 / 여러분이 연설할 때

❹ But don't worry.

하지만 걱정하지 마라

❺ Even great speakers / can feel nervous.

훌륭한 연사조차도 / 불안하게 느낄 수 있다

❻ We can't remove / the fear of public speaking / completely, / but we can try to overcome it / in different ways.

우리는 없앨 수 없다 / 대중 연설에 대한 두려움을 / 완전히 / 하지만 우리는 그것을 극복하려 노력할 수 있다 / 다양한 방법으로

❼ Some people take a deep breath, / and others drink some water.

어떤 사람들은 심호흡을 한다 / 그리고 다른 사람들은 물을 마신다

❽ With enough practice, / you can reduce your fear / and improve your skills.

충분한 연습으로 / 여러분은 여러분의 두려움을 줄일 수 있다 / 그리고 여러분의 기술을 향상시킬 수 있다

❾ You will surely feel / more comfortable and confident.

여러분은 확실히 느낄 것이다 / 더 편안하고 자신 있게

[지문해석] 여러분은 종종 발표를 하는가? 여러분은 연설할 때 불안하게 느끼는가? 하지만 걱정하지 마라. 훌륭한 연사조차도 불안하게 느낄 수 있다. 우리는 대중 연설에 대한 두려움을 완전히 없앨 수는 없지만, 다양한 방법으로

그것을 극복하려고 노력할 수는 있다. 어떤 사람들은 심호흡을 하고, 다른 사람들은 물을 마신다. 하지만 대중 연설에 도움이 되는 가장 좋은 조언은 많이 연습하는 것이다. 충분한 연습으로, 여러분은 두려움을 줄이고 기술을 향상시킬 수 있다. 여러분은 확실히 더 편안하고 자신 있게 느낄 것이다.

[문장 돋보기]

❻ We can't remove the fear of public speaking
　　　　　동사　　　　　　목적어
completely, but we try to overcome it in different
　　　　　　　　try + to부정사(~하려고 애쓰다) the fear of public speaking
ways.

REVIEW TIME   p. 126

1 (1) fridge　　　(2) kitchen　　　(3) hundred

2 (1) confident　　　　　(2) comfortable

　　(3) overcome　　　　(4) silly

　　(5) improve　　　　　(6) remove

3 (1) sugar　　　　　　(2) order

　　(3) nervous　　　　　(4) foolish

　　(5) recipe　　　　　　(6) speaker

　　(7) advice, 충고

4 (1) give[make] a presentation

　　(2) make[give] a speech

　　(3) take a deep breath　　(4) keep ~ in mind

5 (1) be able to　　　　　(2) to practice

　　(3) nervous

6 (1) is getting smarter　　(2) try to overcome

　　(3) you may become angry

5 (1) 조동사 두 개를 나란히 쓸 수 없으므로 be able to가 적절하다.

[해석] 여러분의 부엌이 여러분에게 조언을 줄 수 있을 것이다.

　(2) 보어 자리이므로 명사 역할을 할 수 있는 to부정사가 적절하다.

[해석] 대중 연설을 위한 가장 좋은 조언은 많이 연습하는 것이다.

　(3) feel 뒤에 형용사가 보어로 온다.

[해석] 당신은 연설할 때 불안하게 느끼는가?

6 (1) '점점 더 ~해지고 있다'의 의미는 「be getting+비교급」으로 나타낸다.

　(2) '~하려고 노력하다'의 의미를 나타낼 때는 try 뒤에 to부정사를 쓴다.

　(3) '~일지도 모른다'의 의미로 약한 추측을 나타내는 조동사는 may이고, 조동사 뒤에는 동사원형을 쓴다.

p. 128

▶ 모든 블록의 무게는 같다. 그렇다면 가장 무거운 것은 몇 번인가? 가장 가벼운 것은 몇 번인가? 무게가 동일한 3개는 무엇인가?

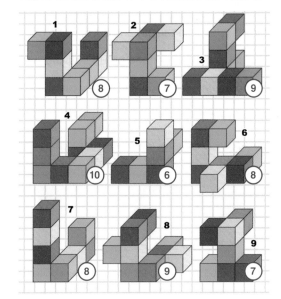

가장 무거운 것: 4

가장 가벼운 것: 5

무게가 같은 세 개: 1, 6, 7

PART 5 긴 글 이해하기

UNIT 14 장문 이해하기

43 정답 1 ② 2 ① p. 130

1 첫 번째 단락은 우리를 포함한 모든 동물은 공기 속의 산소를 필요로 하고 식물은 이산화탄소를 필요로 한다는 내용이고, 두 번째 단락은 산소와 이산화탄소는 동물과 식물에서 나오는 것으로 생물은 이 기체를 소진하는 것이 아니라 서로 교환함으로써 생존해 나간다는 내용이므로, 글의 제목으로 가장 적절한 것은 ② '생물은 공기를 어떻게 사용하는가?'이다.

2 식물이 산소를 만들면 동물이 그것을 사용하고 동물이 이산화탄소를 배출하면 식물이 그것을 사용한다고 했고, 이를 달리 표현한 것이 해당 문장이므로 이산화탄소와 산소의 순환은 이 두 기체의 '교환'이라는 내용이 되어야 가장 적절하다. 따라서 빈칸에 들어갈 말로 가장 적절한 것은 ① trading(교환)이다.

오답풀이 1 ① 물과 육지의 생태계

③ 물속에 사는 동물의 생활 주기

④ 왜 지구는 더 더워지고 있는가?

⑤ 산소: 생물에게 중요한 기체

2 ② 저장 ③ 분할 ④ 냉동 ⑤ 파괴

READING GUIDE 1 ⑮ 2 ⑮ exchange

UNDERSTAND DEEPLY 1 (1) F (2) T (3) F 2 oxygen 3 exchanging, oxygen

1 (1) 식물은 낮에 이산화탄소가 필요하다고 했다. (2) 식물은 산소를 만들고 동물은 이산화탄소를 내뿜는다고 했으므로 글의 내용과 일치한다. (3) 생물은 이산화탄소와 산소를 다 써 버리는 것이 아니고 서로 교환하는 것이라고 했기 때문에 미래에도 이용할 수 있다.

해석 (1) 식물은 낮에 영양분을 만들고 소모하기 위해 산소가 필요하다.

(2) 이산화탄소와 산소는 동물과 식물로부터 나온다.

(3) 이산화탄소와 산소는 가까운 미래에 이용할 수 없을 것이다.

2 모든 동물은 호흡할 때마다 산소를 들이마신다.

해석 모든 동물들은 숨을 쉴 때 무엇을 들이마시는가? → 산소

3 식물이 만드는 산소를 동물이 사용하고, 동물이 내뿜는 이산화탄소를 식물이 사용함으로써 생물은 살아갈 수 있다고 설명하고 있다.

해석 동물과 식물은 이산화탄소와 산소를 교환함으로써 살아갈 수 있다.

READ CLOSELY p. 132

❶ What do you get / from the air / around you?

여러분은 무엇을 얻는가 / 공기로부터 / 여러분 주변의

❷ You can't see it, / but you take it / in every breath.

여러분은 그것을 볼 수 없다 / 하지만 여러분은 그것을 받아들인다 / 호흡할 때마다

❸ We call this / "oxygen."

우리는 이것을 부른다 / '산소'라고

④ All animals (need) oxygen.

모든 동물들은 산소를 필요로 한다

⑤ Water animals (get) their oxygen / from the water.

물속에 사는 동물들은 그들의 산소를 얻는다 / 물로부터

⑥ Plants also (need) gases / from the air.

식물들은 또한 기체들을 필요로 한다 / 공기로부터

⑦ In order to make and consume food, / they (need) carbon dioxide / in the day / and oxygen / at night.

영양분을 만들고 소모하기 위해 / 그것들은 이산화탄소를 필요로 한다 / 낮에 / 그리고 산소를 (필요로 한다) / 밤에

⑧ Where (do) these gases (come from)?

이 기체들은 어디에서 나오는가

⑨ They (come from) / plants and animals!

그것들은 ~에서 나온다 / 식물과 동물

⑩ Plants (make) oxygen, / and animals (use) it.

식물들은 산소를 만든다 / 그리고 동물들은 그것을 사용한다

⑪ Animals (give off) carbon dioxide, / and plants (use) it.

동물들은 이산화탄소를 내뿜는다 / 그리고 식물들은 그것을 사용한다

⑫ Animals and plants / (take part in) / the carbon dioxide and oxygen cycles.

동물들과 식물들은 / ~에 참여한다 / 이산화탄소와 산소의 순환

⑬ The carbon dioxide and oxygen cycles / (are) / the trading of these two gases.

이산화탄소와 산소의 순환은 / ~이다 / 이 두 기체들의 교환

⑭ The gases (move) / from one group of living things / to another / in both water and land ecosystems.

기체들은 이동한다 / 생물의 한 집단에서 / 또 다른 집단으로 / 물과 육지 둘 다의 생태계에서

⑮ Thus, / living things (can survive) / because they don't use up the gases, / but exchange them.

따라서 / 생물들은 살아갈 수 있다 / 그것들이 기체들을 다 써 버리는 것이 아니라 / 그것들을 교환하기 때문에

지문해석 여러분은 주변의 공기로부터 무엇을 얻는가? 여러분은 그것을 볼 수 없지만, 호흡할 때마다 그것을 받아들인다. 우리는 이것을 '산소'라고 부른다. 모든 동물은 산소를 필요로 한다. 물속에 사는 동물들은 물에서 산소를 얻는다. 식물들도 공기에서 기체를 필요로 한다. 영양분을 만들고 소모하기 위해, 그것들은 낮에 이산화탄소를 필요로 하고 밤에 산소를 필요로 한다. 이 기체들은 어디에서 나오는가? 그것들은 식물과 동물에서 나온다! 식물은 산소를 만들고, 동물은 그것을 사용한다. 동물은 이산화탄소를 내뿜고, 식물은 그것을 사용한다. 동물과 식물은 이산화탄소와 산소의 순환에 참여한다. 이산화탄소와 산소의 순환은 이 두 기체들의 교환이다. 기체들은 물과 육지 둘 다의 생태계에서 하나의 생물 집단에서 또 다른 집단으로 이동한다. 따라서 생

물은 기체를 다 써 버리는 것이 아니라, 교환하기 때문에 살아갈 수 있다.

문장 돋보기

⑦ In order to make and consume food, they need
  in order to+동사원형(~하기 위해)   ┌동사원형1   동사원형2
carbon dioxide in the day and oxygen at night.
         목적어1   목적어2

⑭ The gases move from one group of living things
    주어   동사   from A to B(A에서 B로)
to another in both water and land ecosystems.
              both A and B(A와 B 둘 다)

⑮ Thus, living things can survive because they don't
                              부사절 접속사(이유: ~ 때문에)
use up the gases, but exchange them.
        not A but B(A가 아니라 B)

44 정답 1 ② 2 ① p. 134

1 첫 번째 단락은 US 오픈에서 테니스 챔피언인 Serena Williams를 이긴 Roberta Vinci가 경기 전에 승리에 대해 생각하지 않고 그저 공만 치고 뛰자고 생각한 것이 우승하는 결과를 가져왔다는 내용이고, 두 번째 단락은 불가능해 보이는 목표에 대해 긍정적으로 생각하는 것을 그만두고 한 번에 한 단계씩 일을 해 나가다 보면 좋은 결과를 얻을 수 있다는 내용이므로, 글의 제목으로 가장 적절한 것은 ② '생각을 그만두고, 현재에 집중하라'이다.

2 빈칸 앞 문장에서 성공을 이루는 최선의 방법은 그것이 가능하다는 생각을 그만두는 것이라고 했으므로, 즉 '목표'에 지나치게 집중하는 것이 그것을 이루는 데 방해가 됨을 알 수 있다. 따라서 빈칸에 들어갈 말로 가장 적절한 것은 ① goal(목표)이다.

오답풀이 1 ① 긍정적 사고의 힘
③ 원래 계획이 순조롭게 진행되도록 하라
④ 신체 활동이 불안감을 줄인다
⑤ 성공하고 싶은가? 실수로부터 배워라!

2 ② 노력 ③ 명성 ④ 운 ⑤ 즐거움

READING GUIDE 1 ⑪ 2 ⑪

UNDERSTAND
DEEPLY 1 (1) F (2) F 2 think about → forget about
3 positively, one step

1 (1) 모두가 놀랍게도 Vinci가 경기에서 이겼다고 했으므로 많은 사람들이 Vinci의 승리를 예상하지 못했음을 알 수 있다.
(2) Vinci는 우승에 대해 잊으려고 애썼고, 생각하지 말고 그냥 뛰자고 마음속으로 생각했다고 했다.

해석 (1) 많은 사람들이 Roberta Vinci의 승리를 예상했다.
(2) Roberta Vinci는 경기 내내 긍정적으로 생각하려고 애썼다.

2 Vinci는 경기 전에 이길 것을 기대하지 않았고, 승리에 대해 잊으려고 애썼다고 했다.

해석 Roberta Vinci는 경기 전에 승리에 대해 생각하려고(→ 잊으려고) 애썼다.

3 필자는 만약 어떤 일이 성공할 것 같지 않을 때, 긍정적으로 생각하는 것은 오히려 도움이 되지 않으므로 가능성에 대해 생각하는 것을 멈추고 한 번에 한 걸음씩 나아가는 것이 때로는 최선의 방법이라고 제시하고 있다.

해석 만약 여러분이 어떤 것이 불가능하다고 느껴지면, 긍정적으로 생각하는 것을 멈추고 한 번에 한 단계씩 일을 해 나가는 것이 때때로 더 도움이 된다.

READ CLOSELY

p. 136

❶ A few years ago, / Roberta Vinci (had) / a tennis match / with famous tennis champion Serena Williams / in the US Open.

몇 년 전에 / Roberta Vinci는 했다 / 테니스 경기를 / 유명한 테니스 챔피언 Serena Williams와 / US 오픈에서

❷ To everyone's surprise, / Vinci (won)!

모두가 놀랍게도 / Vinci가 이겼다

❸ In an interview / after the match, / Vinci (talked about) her thoughts / before the game.

한 인터뷰에서 / 경기 후 / Vinci는 자신의 생각에 대해 말했다 / 경기 전에 했던

❹ She (didn't expect) to win.

그녀는 이길 것을 기대하지 않았다

❺ So she (tried) to forget / about winning.

그래서 그녀는 잊으려고 애썼다 / 우승에 대해

❻ "In my mind / I (said), / (Hit) the ball / and (run). // (Don't think), / just (run).' // And then / I (won)."

마음속으로 / 저는 말했어요 / 공을 쳐 / 그리고 뛰어 // 생각하지 마 / 그냥 뛰어 // 그랬는데 / 제가 우승했어요

❼ Positivity (is) / an important virtue, / but Vinci's attitude (is) / the exact opposite of it.

긍정은 ~이다 / 중요한 덕목 / 하지만 Vinci의 태도는 ~이다 / 그것의 정반대

❽ If you feel like / something is impossible, / people (recommend) thinking positively.

만약 여러분이 ~한 느낌이 들면 / 어떤 일이 불가능하다는 / 사람들은 긍정적으로 생각하기를 권한다

❾ However, / if something seems impossible / and you don't expect to succeed, / then / thinking positively / (can increase) your anxiety.

그러나 / 만약 어떤 일이 불가능해 보이면 / 그리고 여러분이 성공할 거라 기대하지 않는다면 / 그러면 / 긍정적으로 생각하는 것은 / 여러분의 불안감을 증가시킬 수 있다

❿ It actually (doesn't help) at all.

그것은 실제로 전혀 도움이 되지 않는다

⓫ Therefore, / sometimes / the best method / for success / (is) this: / (Stop) thinking about the possibility / and (go forward) / one step at a time.

그러므로 / 때때로 / 최선의 방법은 / 성공을 위한 / 이것이다 / 가능성에 대해 생각하는 것을 멈춰라 / 그리고 나아가라 / 한 번에 한 걸음씩

⓬ (Remember), / focusing / too much / on the goal / can stop you from achieving it.

기억하라 / 집중하는 것은 / 너무 많이 / 목표에 / 여러분이 그것을 달성하지 못하게 할 수 있다

⓭ (Forget about) it.

그것에 대해 잊어라

⓮ Just (hit) the ball, / and (run).

그저 공을 쳐라 / 그리고 뛰어라

지문해석 몇 년 전에, Roberta Vinci는 US 오픈에서 유명한 테니스 챔피언 Serena Williams와 테니스 경기를 했다. 모두가 놀랍게도, Vinci가 이겼다! 경기 후 한 인터뷰에서, Vinci는 자신이 경기 전에 했던 생각에 대해 말했다. 그녀는 이길 것을 기대하지 않았다. 그래서 그녀는 우승에 대해 잊으려고 애썼다. "마음속으로 저는 '공을 치고 뛰어. 생각하지 마, 그냥 뛰어.'라고 말했어요. 그랬는데 제가 우승한 거예요."
긍정은 중요한 덕목이지만, Vinci의 태도는 그것의 정반대이다. 만약 여러분이 어떤 일이 불가능한 것 같다고 느끼면, 사람들은 긍정적으로 생각하라고 권한다. 그러나 만약 어떤 일이 불가능한 느낌이 들고 여러분이 성공할 거라 기대하지 않는다면, 그러면 긍정적으로 생각하는 것은 여러분의 불안감을 증가시킬 수 있다. 그것은 실제로 전혀 도움이 되지 않는다. 그러므로 때때로 성공을 위한 최선의 방법은 이것이다. 가능성에 대한 생각을 멈추고 한 번에 한 걸음씩 나아가라. 목표에 너무 많이 집중하는 것은 여러분이 그것을 달성하지 못하게 할 수 있다는 것을 기억하라. 그것에 대해 잊어라. 그저 공을 치고, 뛰어라.

문장 돋보기

❽ If you feel like something is impossible, people
　　　　　느낌이 들다 (명사절 접속사 that)
recommend thinking positively.
　　　　　　동명사구 목적어
❾ However, if something seems impossible and you
　　　　　　　　　　　　　　부사절1
don't expect to succeed, then thinking positively
　　부사절2　　　　　　　　　동명사구 주어
can increase your anxiety.

45 정답 1 ① 2 ①

p. 138

1 이 글은 첫 문장이 주제문으로, 음식이 경영자에게 좋은 수단이 될 수 있다는 내용의 글이다. 음식을 제공하거나 함께 나누어 먹으면서 직장의 분위기를 더욱 행복하고 친숙하게 만들 수 있다고 설명하고 있으므로, 글의 제목으로 가장 적절한 것은 ① '더 나은 직장을 위해 사람들에게 음식을

제공하라'이다.

2 빈칸 뒷부분에서 금요일 회의에 도넛을 가지고 올 것이라면 아무에게도 말하지 말고, 음식은 갑자기 등장해야 한다는 내용이 이어지므로 음식을 효과적으로 사용하려면 '깜짝' 이벤트가 되어야 함을 알 수 있다. 따라서 빈칸에는 ① surprising(놀라게 하는)이 적절하다.

오답풀이 **1** ② 외식하되 예산을 고려하라

③ 점심을 더 많이 먹되 저녁을 덜 먹어라

④ 근무 시간에는 먹지 마라

⑤ 회복을 위해 휴식을 취해라

2 ② 유머러스한 ③ 편안한 ④ 신비한 ⑤ 정기적인

READING GUIDE **1** ❶ **2** ⑫

UNDERSTAND
DEEPLY **1** Food, happier, friendlier **2** (1) must → don't need to (2) a large → a small (3) stop → praise

1 필자는 음식을 통해 직장에서 더 행복하고 더 친숙한 분위기를 만들 수 있다고 말하고 있다.

해석 음식은 직장에서 더 행복하고 더 친숙한 분위기를 만들 수 있다.

2 (1) 직원들에게 간식을 주거나 점심을 사는 일들을 세심하게 계획할 필요는 없다고 했다. (2) 적은 예산을 갖고 있다면 때로는 쿠키를 사무실에 가져오는 것만으로 충분하다고 했다. (3) 직원들이 스스로 음식을 가져오면 그들을 칭찬해 줘야 한다고 했다.

해석 (1) 직원들과 함께 식사하고 싶을 때는 행사를 꼼꼼하게 계획해야 한다(→ 계획할 필요는 없다).

(2) 많은(→ 적은) 예산을 갖고 있다면 쿠키를 약간 가져올 수도 있다.

(3) 직원들이 스스로 음식을 가져올 때 여러분은 그들을 막아야(→ 칭찬해야) 한다.

READ CLOSELY
p. 140

❶ For a manager, / food (is) / an important tool / for managing workers.

경영자에게 / 음식은 ~이다 / 중요한 수단 / 직원들을 관리하는 데 있어

❷ When workers have full stomachs, / they (feel) / happier and more satisfied.

직원들은 배가 부를 때 / 그들은 느낀다 / 더 즐겁고 더 만족스럽게

❸ When they eat together, / they (get along better with) each other.

그들은 함께 먹을 때 / 그들은 서로 더 잘 지낸다

❹ (Give) them / a snack / or (pay for) lunch / sometimes.

그들에게 주어라 / 간식 / 또는 점심을 사라 / 가끔

❺ Then, / your office (can be) friendlier.

그러면 / 여러분의 사무실은 더 화기애애하게 될 수 있다

❻ You (don't need) to plan these events / carefully.

여러분은 이러한 이벤트를 계획할 필요가 없다 / 세심하게

❼ You (don't need) to worry about money.

여러분은 돈에 대해 걱정할 필요가 없다

❽ If you have / a small budget, / you (can't buy) lunch / at a restaurant / for all your workers.

만약 여러분이 갖고 있다면 / 적은 예산을 / 여러분은 점심을 사 줄 수 없다 / 식당에서 / 여러분의 모든 직원에게

❾ Bringing in some cookies / sometimes / (is) enough.

쿠키를 약간 가져오는 것은 / 가끔 / 충분하다

❿ You (can) even (encourage) workers / to bring in food / themselves.

여러분은 직원들에게 장려할 수도 있다 / 음식을 가져오도록 / 직접

⓫ To use food / effectively, / you (should make) it / a surprising event.

음식을 사용하기 위해서는 / 효과적으로 / 여러분이 그것을 만들어야 한다 / 깜짝 이벤트로

⓬ If you are planning to bring doughnuts / to the Friday meeting, / (don't tell) anyone.

만약 여러분이 도넛을 가져올 예정이라면 / 금요일 회의에 / 누구에게도 말하지 마라

⓭ The food (must appear) / suddenly.

음식은 나타나야 한다 / 갑자기

⓮ Then, / friendly and helpful feelings / (can) easily (come up) / between workers.

그러면 / 친밀하고 기꺼이 도우려는 감정이 / 쉽게 생긴다 / 직원들 사이에

⓯ When workers bring in food / themselves, / you (should praise) them.

직원들이 음식을 가져올 때 / 직접 / 여러분은 그들을 칭찬해 줘야 한다

⓰ This (creates) / an atmosphere of sharing.

이것은 만든다 / 나눔의 분위기를

지문해석 경영자에게, 음식은 직원들을 관리하는 데 있어 중요한 수단이다. 직원들은 배가 부를 때, 더 즐겁고 더 만족스럽게 느낀다. 그들은 함께 먹을 때, 서로 더 잘 지낸다. 그들에게 간식을 주거나 가끔 점심을 사라. 그러면 여러분의 사무실은 더 화기애애하게 될 수 있다. 이러한 이벤트를 세심하게 계획할 필요는 없다. 돈에 대해 걱정할 필요도 없다. 만약 예산이 적으면, 식당에서 모든 직원에게 점심을 사 줄 수는 없다. 가끔 쿠키를 약간 가져오는 것으로 충분하다. 여러분은 직원들에게 직접 음식을 가져오도록 장려할 수도 있다. 음식을 효과적으로 사용하기 위해서는, 여러분이 그것을 깜짝 이벤트로 만들어야 한다. 금요일 회의에 도넛을 가져올 예정이라면, 누구에게도 말하지 마라. 음식은 갑자기 나타나야 한다. 그러면 친밀하고 기꺼이 도우려는 감정이 직원들 사이에 쉽게 생긴다. 직원들이 직접 음식을 가져올 때, 여러분은 그들을 칭찬해 줘야 한다. 이것은 나눔의 분위기를 만든다.

문장 돋보기

❾ Bringing in some cookies sometimes is enough.
　　　동명사구 주어　　　　　　　　　단수 동사

❿ You can even encourage workers to bring in food
　　　　　　　　encourage＋목적어＋to부정사(~가 …하도록 장려하다)

themselves.
workers를 강조하는 재귀대명사

(4) seem은 보어로 형용사를 쓰므로 impossibly를 impossible로 고쳐야 한다.

[해석] 만약 어떤 일이 불가능해 보이면, 긍정적으로 생각하는 것은 도움이 되지 않을 수 있다.

REVIEW TIME

p. 142

1 (1) possible　　　　　(2) appear
　(3) increase　　　　　(4) consume
　(5) opposite　　　　　(6) create

2 atmosphere/satisfied/possibility/expect/survive/exchange

　(1) atmosphere 분위기　(2) satisfied 만족한
　(3) possibility 가능성　(4) expect 예상[기대]하다
　(5) survive 살아남다　(6) exchange 교환하다

3
```
      ¹c           ²p    ³a
⁴o x y g e n        r    n
      c            a    x
          ⁵t       i    i
      ⁶e c o s y s t e m
          o        e    t
          l             y
```

4 (1) give off　　　　　(2) take part in
　(3) use up　　　　　(4) have a match
　(5) to one's surprise　(6) get along well with

5 (1) thinking　　　　　(2) to forget
　(3) should

6 (1) is　　(2) ○　　(3) ○　　(4) impossible

5 (1) '~하는 것을 그만두다'의 의미는 stop 뒤에 동명사를 써서 나타낸다.
　(2) '~하려고 애쓰다'의 의미를 나타내려면 try 뒤에 to부정사를 쓴다.
　(3) should는 '~해야 한다'의 의미로 의무나 충고를 나타낸다.

6 (1) 동명사구 주어는 단수 취급하여 동사도 단수로 쓰므로 are가 아니라 is로 써야 한다.
　[해석] 쿠키를 약간 가져오는 것은 충분하다.
　(2) don't need to 뒤에는 동사원형이 온다.
　[해석] 여러분은 이러한 이벤트를 세심하게 계획할 필요는 없다.
　(3) one ~ another ...는 셋 이상의 대상 중에서 하나(one)와 또 다른 하나(another)를 가리킬 때 쓰는 표현이다.
　[해석] 기체들은 하나의 생물 집단에서 또 다른 집단으로 이동한다.

PART 5 긴 글 이해하기
UNIT 15 복합문단 이해하기

46 [정답] 1④　2③　3④
p. 144

1 (A)는 한 학생이 학비 마련을 위한 콘서트를 열기 위해 피아니스트인 Paderewski에게 연주를 요청했다는 내용이다. 따라서 콘서트 입장권을 충분히 팔지 못했고, 이에 대해 Paderewski는 오히려 모인 돈을 학비로 쓰라고 준 내용인 (D)가 바로 뒤에 이어지고, 이후 폴란드 수상이 된 Paderewski가 전쟁으로 식량이 부족해지자 미국에 원조를 요청했다는 (B)가 이어진 다음, 예전에 도움을 받았던 학생인 Hoover가 그에게 도움을 주었다는 내용의 (C)가 오는 것이 적절하다.

2 (c)는 Hoover를 가리키고, 나머지는 모두 Paderewski를 가리킨다.

3 (D)에 따르면, Hoover로부터 학비를 지원받은 것이 아니라 Paderewski가 Hoover에게 학비를 지원해 주었다.

READING GUIDE 1 (A) 한 대학생이 학비 마련을 위해 피아니스트 Paderewski에게 연주를 부탁함 (B) 후에 폴란드 수상이 된 Paderewski는 전쟁으로 굶주린 국민들을 위해 미국식량구호청에 도움을 요청함 (C) 학비 도움을 받았던 대학생 Hoover가 미국식량구호청 수장이 되어 도움을 줌 (D) Paderewski가 공연비를 대학생에게 학비로 쓰라고 줌

2 (a): ❺ the great pianist Ignacy Paderewski (b): ❽ Paderewski (the Prime Minister of Poland) (c): ⓯ Hoover (d): ⓱ Paderewski (e): ㉒ Paderewski

3 ①: ❺ ②: ❽ ③: ⓭ ④: ⓲, ㉒ ⑤: ㉒

UNDERSTAND DEEPLY 1 ① 2 교정에서 콘서트를 열어 돈을 모금하는 것

1 학비로 힘들어했던 대학생을 도와준 피아니스트가 후에 폴란드의 수상이 되어 어려움에 처했을 때, 미국식량구호청의 수장이 된 그 대학생을 다시 만나 도움을 받은 내용이므로 ①이 가장 적절하다.

2 Hoover는 학비를 내기 위해 교정에서 콘서트를 열어 돈을 모금했다.
　[해석] Hoover가 대학생이었을 때 등록금을 내기 위한 그의 아이디어는 무엇이었는가?

READ CLOSELY
p. 146

❶ A college student / needed to pay / his school fees.
한 대학생이 / 지불해야 했다 / 그의 학비를

❷ He was an orphan, / so he couldn't ask anyone / for a

lot of money.

그는 고아였다 / 그래서 그는 요청할 사람이 아무도 없었다 / 큰돈을

❸ Then, / he came up with an idea.

그러다 / 그는 한 생각이 떠올랐다

❹ He decided to host a concert / on campus / to raise money / for his fees.

그는 콘서트를 열기로 결심했다 / 교정에서 / 돈을 모금하기 위해 / 그의 학비를 위한

❺ He asked / the great pianist Ignacy Paderewski / to come and play.

그는 부탁했다 / 위대한 피아니스트 Ignacy Paderewski에게 / 와서 연주해 달라고

❻ His manager asked for $2,000 / as payment / for the piano performance.

그의 매니저는 2,000달러를 요구했다 / 보수로 / 피아노 공연에 대한

❼ The student agreed / and began planning the concert.

학생은 동의했다 / 그리고 콘서트를 기획하기 시작했다

❽ Paderewski later became / the Prime Minister of Poland.

Paderewski는 나중에 되었다 / 폴란드의 수상이

❾ He was / a great leader.

그는 ~였다 / 훌륭한 지도자

❿ Unfortunately, / however, / World War I broke out, / and Poland fell into great trouble.

불행히도 / 그러나 / 제1차 세계 대전이 / 발발했다 / 그리고 폴란드가 커다란 어려움에 빠졌다

⓫ There were / more than 1.5 million hungry people / in his country, / and the government could not buy enough food / for them.

~들이 있었다 / 150만 명 이상의 굶주린 사람들 / 그의 나라에 / 그리고 정부는 충분한 식량을 살 수 없었다 / 그들을 위한

⓬ Paderewski needed help.

Paderewski는 도움이 필요했다

⓭ Finally, / he went / to the US Food and Relief Administration.

결국 / 그는 갔다 / 미국식량구호청에

⓮ Herbert Hoover was / the head of this organization.

Herbert Hoover는 ~였다 / 이 단체의 수장

⓯ Hoover later became / the US President.

Hoover는 나중에 되었다 / 미국 대통령이

⓰ He agreed / and provided food for Poland.

그는 동의했다 / 그리고 폴란드에 식량을 제공했다

⓱ Paderewski was really thankful.

Paderewski는 정말로 감사했다

⓲ Later, / when he thanked Hoover / for his help, / Hoover said, // "You shouldn't be thanking me, / Mr. Prime Minister. // You may not remember this, / but many years ago, / you helped / a poor college student. // That was me."

나중에 / 그가 Hoover에게 감사해할 때 / 그의 도움에 대해 / Hoover는 말했다 / 제게 고마워하지 마세요 / 수상님 // 수상님은 이것을 기억 못하실 수도 있어요 / 하지만 수년 전에 / 수상님은 도와주셨어요 / 한 가난한 대학생을 // 그 사람이 저였어요

⓳ The big day arrived.

중요한 날이 / 왔다

⓴ But unfortunately, / he collected only $1,600 / by selling tickets.

그러나 불행히도 / 그는 겨우 1,600달러를 모았다 / 표를 팔아서

㉑ He went / to Paderewski / and explained his difficulty.

그는 갔다 / Paderewski에게 / 그리고 그의 어려움을 설명했다

㉒ Paderewski returned the $1,600 / and told the student, / "Here's the $1,600. // Use the money / for your fees."

Paderewski는 1,600달러를 돌려주었다 / 그리고 학생에게 말했다 / 여기 1,600달러예요 // 이 돈을 쓰세요 / 당신의 학비로

㉓ The student was surprised, / and thanked him / heartily.

학생은 놀랐다 / 그리고 그에게 감사해 했다 / 진심으로

지문해석 (A) 한 대학생이 자신의 학비를 내야 했다. 그는 고아였기에, 큰돈을 부탁할 사람이 아무도 없었다. 그러다, 그에게 한 생각이 떠올랐다. 그는 자신의 학비를 위한 돈을 모금하기 위해 교정에서 콘서트를 열기로 결심했다. 그는 위대한 피아니스트 Ignacy Paderewski에게 와서 연주해 달라고 부탁했다. 그의 매니저는 피아노 공연에 대한 보수로 2,000달러를 요구했다. 학생은 동의했고 콘서트를 기획하기 시작했다.

(D) 중요한 날이 왔다. 그러나 불행히도, 그는 표를 팔아서 겨우 1,600달러를 모았다. 그는 Paderewski에게 가서 자신의 어려움을 설명했다. Paderewski는 1,600달러를 돌려주며 학생에게 "여기 1,600달러예요. 이 돈을 당신의 학비로 쓰세요."라고 말했다. 학생은 놀랐고, 그에게 진심으로 감사해 했다.

(B) Paderewski는 나중에 폴란드의 수상이 되었다. 그는 훌륭한 지도자였다. 그러나 불행히도, 제1차 세계 대전이 발발하여, 폴란드가 커다란 어려움에 빠졌다. 그의 나라에 150만 명이 넘는 굶주린 사람들이 있었는데, 정부는 그들을 위한 충분한 식량을 살 수가 없었다. Paderewski는 도움이 필요했다. 결국, 그는 미국식량구호청에 갔다.

(C) Herbert Hoover는 이 단체의 수장이었다. Hoover는 후에 미국 대통령이 되었다. 그는 동의했고 폴란드에 식량을 제공했다. Paderewski는 정말로 감사했다. 나중에, 그가 Hoover에게 그의 도움에 대해 감사해하자, Hoover는 "제게 고마워하지 마세요, 수상님. 수상님은 이것을 기억 못 하실

수도 있지만, 수년 전에 수상님은 한 가난한 대학생을 도와주셨어요. 그 사람이 저였어요."라고 말했다.

> **문장 돋보기**
>
> ⑤ He asked the great pianist Ignacy Paderewski to
> ask+목적어+to부정사(~에게 …해 달라고 부탁하다)
> come and play.
>
> ⑪ There were more than 1.5 million hungry people
> There were+복수명사
> in his country, and the government could not buy
> 주어   동사
> enough food for them.
> 목적어

47 정답 1 ④ 2 ⑤ 3 ③   p. 148

1 (A)는 진시황이 불로장생의 약을 구하기로 결심했다는 내용으로 마무리 되므로 Lu Sheng이라는 사람이 불로장생의 약을 구하러 가겠다고 한 (D)와 이어진다. Lu Sheng이 비밀의 책을 받았다는 (D)의 마지막 내용 뒤에 황제가 그 책을 받았다는 (B)가 이어지는 게 자연스럽고, 책의 구절을 보고 놀란 황제가 북쪽으로 병사를 보냈다는 (B)의 마지막 내용 뒤에 북방 민족을 공격한 상황을 설명하는 (C)가 오는 게 적절하다.

2 (a)~(d)는 황제를 가리키고, (e)는 Lu Sheng을 가리킨다.

3 (B)의 첫 문장을 보면 책에서 자신을 찬양하는 문구가 아니라 북방 민족이 진을 멸할 것이라는 문구를 발견해서 놀랐다고 했다.

READING GUIDE 1 (A) 진시황이 불로장생의 약을 구하기로 함 (B) 진시황이 책에서 북방 민족이 진을 멸할 것이라는 구절을 보고 북방 민족을 먼저 공격함 (C) 북방 민족이 도망갔지만 반격을 막기 위해 만리장성을 쌓음 (D) Lu Sheng이라는 사람이 불로장생의 약 대신 비밀의 책을 구해 옴
2 (a): ④ Emperor Qin Shi Huang (b): ⑧ the emperor (c): ⑫ the emperor (d): ④ Emperor Qin Shi Huang (e): ⑰ Lu Sheng
3 ①: ④ ②: ⑤ ③: ⑦ ④: ⑫ ⑤: ⑱

UNDERSTAND DEEPLY 1 They gave him a secret book. 2 (1) 죽음 (2) 권력 (3) 불로장생의 약 (4) 불로장생의 약 (5) 비밀의 책 (6) 북방 민족 (7) 공격 (8) 북방 민족 (9) 만리장성

1 도원경의 사람들은 Lu Sheng에게 불로장생의 약을 내어주기 싫어서 비밀의 책을 주었다.
> **해석** 도원경에 있는 사람들은 Lu Sheng에게 무엇을 주었는가?
> → 그들은 그에게 비밀의 책을 주었다.

READ CLOSELY   p. 150

❶ Do you know about / the Great Wall of China?
여러분은 ~에 대해 알고 있는가 / 중국의 만리장성

❷ Emperor Qin Shi Huang / built it. // But why?
황제 진시황이 / 그것을 지었다 / 그런데 왜일까

❸ There is a story / behind its construction.
이야기 하나가 있다 / 그것의 건축 뒤에

❹ Emperor Qin Shi Huang / enjoyed national peace / and a life of luxury / after he united / the Seven Kingdoms.
황제 진시황은 / 전국의 평화를 즐겼다 / 그리고 호화로운 생활을 / 그가 통일한 후에 / 7개의 왕국을

❺ One day, / he suddenly became afraid of / dying and losing power.
어느 날 / 그는 갑자기 ~이 두려워졌다 / 죽는 것과 권력을 잃는 것

❻ So he decided to look for / the elixir of life.
그래서 그는 ~을 구하기로 결심했다 / 불로장생의 약

❼ When the emperor received the book, / he was surprised / to find the line / "Northern tribes will destroy Qin."
황제가 그 책을 받았을 때 / 그는 놀랐다 / 구절을 발견해서 / 북방 민족이 진을 멸할 것이라는

❽ So the emperor decided to attack them / first, / while he was powerful.
그래서 황제는 그들을 공격하기로 결심했다 / 먼저 / 그가 강할 동안에

❾ He sent / a lot of soldiers / north / for the war.
그는 보냈다 / 많은 병사들을 / 북쪽으로 / 전쟁을 위해

❿ As the emperor's soldiers attacked, / the northern tribes / ran away from Qin's army.
황제의 병사들이 공격했을 때 / 북방 민족은 / 진의 군대에서 도망쳤다

⑪ They were not ready for a fight.
그들은 싸울 준비가 되어 있지 않았다

⑫ Still, / the emperor worried about their attacks.
그래도 / 황제는 그들의 공격에 대해 걱정했다

⑬ So he ordered his servants / to build / a strong wall.
그래서 그는 그의 신하들에게 명령했다 / 지으라고 / 튼튼한 성벽을

⑭ This wall would keep out / the northern tribes.
이 성벽은 들어오지 못하게 할 것이었다 / 북방 민족을

⑮ We now call this / the Great Wall.
우리는 현재 이것을 부른다 / 만리장성이라고

⑯ At that time, / a man volunteered to bring him / the elixir of life.
그때 / 한 남자가 그에게 가져다주겠다고 자원했다 / 불로장생의 약을

⑰ His name was Lu Sheng.
그의 이름은 Lu Sheng이었다

⑱ The emperor happily (gave) him / a lot of gold and silver / for his trip.

황제는 기뻐서 그에게 주었다 / 많은 금과 은을 / 그의 여행을 위해

⑲ After a few months, / he (found) the elixir / in a fairyland.

몇 달 후에 / 그는 불로장생의 약을 찾았다 / 도원경에서

⑳ But the people / there / (didn't want) to give it up, / so they (gave) him / a secret book / instead.

그러나 사람들은 / 그곳의 / 그것을 내주고 싶지 않았다 / 그래서 그들은 그에게 주었다 / 비밀의 책을 / 대신에

㉑ He (returned to) the emperor / with it.

그는 황제에게 돌아갔다 / 그것을 가지고

지문해석 (A) 여러분은 중국의 만리장성에 대해 알고 있는가? 황제 진시황이 그것을 세웠다. 그런데 왜일까? 그것의 건축 뒤에는 하나의 이야기가 있다. 황제 진시황은 7개의 왕국을 통일한 후, 전국의 평화와 호화로운 생활을 즐겼다. 어느 날, 그는 갑자기 죽는 것과 권력을 잃는 것이 두려워졌다. 그래서 그는 불로장생의 약을 구하기로 결심했다.

(D) 그때, 한 남자가 그에게 불로장생의 약을 가져다주겠다고 자원했다. 그의 이름은 Lu Sheng이었다. 황제는 기뻐서 그에게 여행에 필요한 많은 금과 은을 주었다. 몇 달 후, 그는 도원경에서 불로장생의 약을 찾았다. 그러나 그곳 사람들은 그것을 내주고 싶지 않아서, 대신 그에게 비밀의 책을 주었다. 그는 그것을 가지고 황제에게 돌아갔다.

(B) 황제가 그 책을 받았을 때, 그는 "북방 민족이 진을 멸할 것이다."라는 구절을 발견하고 놀랐다. 그래서 황제는 그가 강할 때, 그들을 먼저 공격하기로 결심했다. 그는 전쟁을 하기 위해 많은 병사를 북쪽으로 보냈다.

(C) 황제의 병사들이 공격했을 때, 북방 민족은 진의 군대에게서 도망쳤다. 그들은 싸울 준비가 되어 있지 않았다. 그래도 황제는 그들의 공격에 대해 걱정했다. 그래서 그는 신하들에게 튼튼한 성벽을 쌓으라고 명령했다. 이 성벽은 북방 민족이 쳐들어오지 못하게 해 줄 것이었다. 우리는 현재 이것을 만리장성이라고 부른다.

문장 돋보기

⑧ So the emperor decided to attack them first,
decide+to부정사(~하기로 결심하다)
while he was powerful.
부사절 접속사(시간: ~하는 동안에, ~할 때)

⑬ So he ordered his servants to build a strong wall.
order+목적어+to부정사(~에게 …하라고 명령하다)

⑳ But the people there didn't want to give it up, so
give up의 목적어가 대명사일 때 사이에 위치
they gave him a secret book instead.
수여동사(give)+간접목적어(사람)+직접목적어(사물)(~에게 …을 주다)

48 정답 1 ④ 2 ③ 3 ⑤   p. 152

1 (A)는 Robby가 피아노에 소질이 없어서 선생님이 그의 능력에 별 희망을 갖지 않았으나 Robby의 엄마는 매주 그를 선생님에게 보냈다는 내

용이다. 그 뒤에는 어느 날 Robby가 피아노 레슨에 나오지 않기 시작했다는 내용인 (D)가 이어지고, (D)의 후반부에 갑자기 Robby가 선생님에게 전화를 걸어 콘서트에서 연주할 기회를 달라고 요청했으므로, 마침내 허락했다는 내용으로 시작하는 (B)가 그 뒤에 이어진 다음, 콘서트가 끝난 후의 내용인 (C)가 마지막에 오는 것이 적절하다.

2 (c)는 Robby의 엄마를 가리키고, 나머지는 피아노 선생님을 가리킨다.

3 (D)의 후반부에서 Robby가 콘서트에서 연주해 달라는 전화를 받은 것이 아니라 Robby가 선생님에게 전화해 콘서트에서 연주할 수 있게 해 달라고 부탁했음을 알 수 있다.

READING GUIDE 1 (A) Robby는 피아노에 소질이 없는 학생이었음 (B) Robby가 콘서트에서 연주를 훌륭히 해냄 (C) 콘서트 후에 Robby는 선생님에게 그의 연주 비결을 말해 줌 (D) 어느 날 Robby가 선생님에게 콘서트에서 연주할 기회를 달라고 전화함

2 (a): ⑳ The teacher (b): ⑩ The teacher (c): ⑭ my mother (d): ⑯ The teacher (e): ⑰ the piano teacher

3 ①: ② ②: ⑤ ③: ⑥ ④: ⑭ ⑤: ⑲

UNDERSTAND DEEPLY 1 (1) she did not feel much hope for Robby (2) she was deaf (when she was alive) 2 good, performance, heaven

1 (1) 선생님은 Robby의 피아노 실력에 많은 희망을 느끼지 못했기 때문에 Robby가 수업을 그만뒀을 때 안도했다. (2) Robby의 어머니는 귀가 들리지 않았기 때문에 살아 있을 때 그의 연주를 듣지 못했다.

해석 (1) 선생님은 Robby가 피아노 수업에 다니는 것을 그만두었을 때 왜 안도했는가? → 그녀는 Robby에게 많은 희망을 느끼지 못했기 때문이다.

(2) Robby의 어머니는 왜 살아 있을 때 Robby의 연주를 듣지 못했는가? → 그녀는 (살아 있을 때) 귀가 들리지 않았기 때문이다.

2 해석 Robby는 처음에 피아노 연주를 잘하지 못했지만, 하늘에 계신 어머니를 위해 최선을 다해 연주했기 때문에 후에 콘서트에서 훌륭한 공연을 했다.

READ CLOSELY   p. 154

❶ A young boy / by the name of Robby / (lived) / with his elderly mother.

한 어린 소년이 / Robby라는 이름의 / 살았다 / 그의 나이 드신 어머니와 함께

❷ She (wanted) him / to learn the piano.

그녀는 그에게 원했다 / 피아노를 배우기를

❸ She (sent) her son / to a piano teacher.

그녀는 자신의 아들을 보냈다 / 피아노 선생님에게

❹ However, / Robby (was) / a very slow learner.

그러나 / Robby는 ~였다 / 학습 속도가 매우 느린 사람

❺ The teacher (was) not hopeful / about Robby's ability, / but every week / his mother (sent) him / to the teacher.

선생님은 희망을 갖고 있지 않았다 / Robby의 능력에 대해 / 하지만 매주 / 그의 어머니는 그를 보냈다 / 선생님에게

⑥ Finally, / she (allowed) him / to play / last.

결국 / 그녀는 그에게 허락했다 / 연주하도록 / 마지막으로

⑦ The big day / (came).

중요한 날이 / 왔다

⑧ The children (gave) their best (performances).

아이들은 그들의 최고의 공연을 했다

⑨ Then / it (was) Robby's turn.

그리고 / Robby의 차례였다

⑩ The teacher (was) very nervous / because she wanted to have / a successful concert.

선생님은 매우 불안했다 / 그녀는 ~을 하기를 바랐기 때문에 / 성공적인 콘서트를

⑪ As Robby started playing, / the crowd (became) silent.

Robby가 연주하기 시작했을 때 / 청중이 조용해졌다

⑫ Surprisingly, / his performance (was) amazing.

놀랍게도 / 그의 연주는 굉장했다

⑬ After the concert, / the teacher (wanted) to know his secret.

콘서트 후에 / 선생님은 그의 비결을 알고 싶어 했다

⑭ Robby (said), / "I (couldn't attend) / the piano lessons / because my mother was sick with cancer. // She (passed away) recently, / and I (wanted) her / to hear my performance. // Actually, / she (heard) my playing / for the first time / tonight. // She (was) deaf / when she was alive. // Now / she (is listening to) me / in heaven. // I (have to play) my best / for her!"

Robby는 말했다 / 저는 다닐 수 없었어요 / 피아노 레슨에 / 제 어머니가 암으로 편찮으셨기 때문에 // 어머니가 돌아가셨어요 / 최근에 / 그리고 저는 어머니께 바랐어요 / 제 연주를 들으시기를 // 사실 / 어머니는 제 연주를 들으셨어요 / 처음으로 / 오늘 밤에 // 어머니는 귀가 들리지 않으셨어요 / 어머니가 살아 계셨을 때 / 이제 / 어머니는 제 연주를 듣고 계세요 / 하늘에서 // 저는 최선을 다해 연주해야 해요 / 어머니를 위해

⑮ One day / Robby (stopped) attending / the piano lessons.

어느 날 / Robby는 다니는 것을 그만두었다 / 피아노 레슨에

⑯ The teacher (was) relieved, / as she did not feel much hope / for Robby.

선생님은 안도가 되었다 / 그녀는 많은 희망을 느끼지 못했기 때문에 / Robby에 대해

⑰ Not long after this, / the piano teacher (took on) the task / of organizing a piano concert / in town.

이후 얼마 지나지 않아 / 피아노 선생님은 / 일을 맡았다 / 피아노 콘서트를 계획하는 / 시에서

⑱ Suddenly, / she (received) a call / from Robby.

갑자기 / 그녀는 전화를 받았다 / Robby에게서

⑲ He (wanted) to take part in the concert.

그는 콘서트에 참가하고 싶어 했다

⑳ The teacher (didn't want) to allow it / because Robby was not good / enough.

선생님은 그것을 허락하고 싶지 않았다 / Robby가 잘하지 못했기 때문에 / 충분히

㉑ Robby (asked for) / just one chance.

Robby는 부탁했다 / 단 한 번의 기회를

지문해석 (A) Robby라는 이름의 한 어린 소년이 나이 드신 어머니와 함께 살았다. 그녀는 그가 피아노를 배우기를 원했다. 그녀는 아들을 피아노 선생님에게 보냈다. 그러나 Robby는 배우는 속도가 아주 느렸다. 선생님은 Robby의 능력에 대해 희망을 갖고 있지 않았지만, 매주 그의 어머니는 그를 선생님에게 보냈다.

(D) 어느 날 Robby는 피아노 수업에 다니는 것을 그만두었다. 선생님은 안도가 되었는데, 그녀는 Robby에 대해 많은 희망을 느끼지 못했기 때문이다. 이후 얼마 지나지 않아, 피아노 선생님은 시에서 피아노 콘서트를 계획하는 일을 맡았다. 갑자기, 그녀는 Robby에게서 전화를 받았다. 그는 콘서트에 참가하고 싶어 했다. 선생님은 Robby가 충분히 잘하지 못했기 때문에 그것을 허락하고 싶지 않았다. Robby는 한 번만 기회를 달라고 부탁했다.

(B) 결국, 그녀는 그에게 마지막으로 연주하도록 허락했다. 중요한 날이 왔다. 아이들은 최선을 다해 연주했다. 그리고 Robby의 차례였다. 선생님은 성공적인 콘서트가 되기를 바랐기 때문에 매우 불안했다. Robby가 연주하기 시작하자 청중이 조용해졌다. 놀랍게도, 그의 연주는 굉장했다.

(C) 콘서트 후에, 선생님은 그의 비결을 알고 싶어 했다. Robby는 "저희 어머니가 암으로 편찮으셔서 저는 피아노 레슨에 다닐 수 없었어요. 어머니가 최근에 돌아가셨는데, 저는 어머니가 제 연주를 들으시기를 바랐어요. 사실, 어머니는 오늘 밤에 처음으로 제 연주를 들으셨어요. 어머니는 살아 계셨을 때 귀가 들리지 않으셨어요. 이제 어머니는 하늘에서 제 연주를 듣고 계세요. 저는 어머니를 위해 최선을 다해 연주해야 해요!"라고 말했다.

문장 돋보기

⑪ As Robby started playing, the crowd became
부사절 접속사(~할 때)   start+동명사(~을 시작하다)
silent.

⑯ The teacher was relieved, as she did not feel
                                   부사절 접속사(~이기 때문에)
much hope for Robby.
much+셀 수 없는 명사

⑰ Not long after this, the piano teacher took on the
~ 후 오래지 않아
task of organizing a piano concert in town.
                    어떤 task인지에 대한 내용

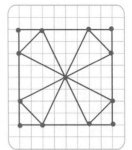

REVIEW TIME

p. 156

1 (1) heaven (2) deaf
(3) volunteer (4) performance
(5) campus (6) heartily

2 (1) kingdom (2) elderly
(3) soldier (4) president
(5) crowd (6) destroy

3 (1) recently (2) fight (3) peace
(4) unite (5) secret (6) successful
(7) chance, 기회

4 (1) give up (2) fall into
(3) take on (4) break out

5 (1) to learn (2) to play
(3) explained (4) told

6 (1) surprised to find (2) wanted her to hear
(3) gave him a lot of gold

5 (1) want는 목적격보어로 to부정사를 쓴다.
해석 그녀는 그가 피아노를 배우기를 원했다.
(2) allow는 목적격보어로 to부정사를 쓴다.
해석 마침내, 그녀는 그가 마지막에 연주하는 것을 허락했다.
(3) 등위접속사 and로 went와 연결된 자리이므로 과거시제인
explained가 알맞다.
해석 그는 Paderewski에게 가서 그의 어려움을 설명했다.
(4) returned와 접속사 and로 연결된 자리이므로 과거시제인 told가
알맞다.
해석 그는 1,600달러를 돌려주고 학생에게 그 돈을 사용하라고 말했다.

6 (1) 감정을 나타내는 형용사 뒤에 to부정사가 와서 감정의 원인을 나타
내는 부사적 용법으로 쓰인다.
(2) 「want+목적어+to부정사」의 형태로 '~가 …하기를 원하다'의 의미
를 나타낸다.
(3) 「수여동사(gave)+간접목적어(him)+직접목적어(a lot of gold)」의
형태로 쓴다.

p. 158

Play Time

1 주어진 그림을 종이에서 연필을 떼지 않고 그리시오.

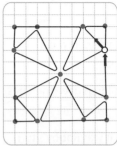

2 종이에서 연필을 떼지 않고 그릴 수 있는 그림은 무엇인가?

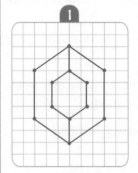
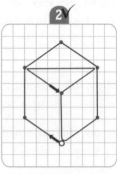

www.mirae-n.com

학습하다가 이해되지 않는 부분이나 정오표 등의 궁금한 사항이 있나요?
미래엔 홈페이지에서 해결해 드립니다.

교재 내용 문의
나의 교재 문의 | 수학 과외쌤 | 자주하는 질문 | 기타 문의

교재 정답 및 정오표
정답과 해설 | 정오표

교재 학습 자료
MP3

수학 EASY 개념서

개념이 수학의 전부다! 술술 읽으며 개념 잡는 EASY 개념서

수학　0_초등 핵심 개념,
　　　1_1(상), 2_1(하),
　　　3_2(상), 4_2(하),
　　　5_3(상), 6_3(하)

수학 필수 유형서

체계적인 유형별 학습으로 실전에서 더욱 강력하게!

수학　1(상), 1(하), 2(상), 2(하), 3(상), 3(하)

미래엔 교과서 연계 도서

자습서

 자습서

핵심 정리와 적중 문제로 완벽한 자율학습!

국어	1-1, 1-2, 2-1, 2-2, 3-1, 3-2	역사	①, ②
영어	1, 2, 3	도덕	①, ②
수학	1, 2, 3	과학	1, 2, 3
사회	①, ②	기술·가정	①, ②
		생활 일본어, 생활 중국어, 한문	

평가 문제집

 평가 문제집

정확한 학습 포인트와 족집게 예상 문제로 완벽한 시험 대비!

국어　1-1, 1-2, 2-1, 2-2, 3-1, 3-2
영어　1-1, 1-2, 2-1, 2-2, 3-1, 3-2
사회　①, ②
역사　①, ②
도덕　①, ②
과학　1, 2, 3

내신 대비 문제집

 시험직보
문제집

내신 만점을 위한 시험 직전에 보는 문제집

국어　1-1, 1-2, 2-1, 2-2, 3-1, 3-2

예비 고1을 위한 고등 도서

룩 LOOK

이미지 연상으로 필수 개념을 쉽게 익히는
비주얼 개념서

국어　문법
영어　분석독해

손쉬운

작품 이해에서 문제 해결까지
손쉬운 비법을 담은 문학 입문서

현대 문학, 고전 문학

수학중심

개념과 유형을 한 번에 잡는
개념 기본서

고등 수학(상), 고등 수학(하),
수학Ⅰ, 수학Ⅱ, 확률과 통계, 미적분, 기하

유형중심

체계적인 유형별 학습으로
실전에서 더욱 강력한 문제 기본서

고등 수학(상), 고등 수학(하),
수학Ⅰ, 수학Ⅱ, 확률과 통계, 미적분

##

탄탄한 개념 설명, 자신있는 실전 문제

사회　통합사회, 한국사
과학　통합과학

수능 국어에서 자신감을 갖는 방법?
깨독으로 시작하자!

고등 내신과 수능 국어에서 1등급이 되는 비결 -
중등에서 미리 깨운 독해력, 어휘력으로 승부하자!

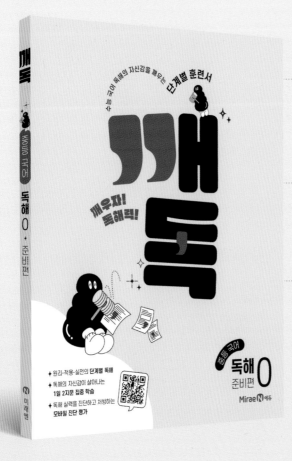

단계별 훈련
독해 원리 → 적용 문제 → 실전 문제로
단계별 독해 훈련

교과·수능 연계
중학교 교과서와 수능 연계 지문으로
수준별 독해 훈련

독해력 진단
모바일 진단 평가를 통한
개인별 독해 전략 처방

| 추천 대상 |

• 중등 학습의 기본이 되는 문해력을 기르고 싶은 초등 5~6학년
• 중등 전 교과 연계 지문을 바탕으로 독해의 기본기를 습득하고 싶은 중학생
• 고등 국어의 내신과 수능에서 1등급을 목표로 훈련하고 싶은 중학생

수능 국어 독해의 자신감을 깨우는
단계별 독해 훈련서

깨독 시리즈 (전6책)

[독해] 0_준비편, 1_기본편, 2_실력편, 3_수능편
[어휘] 1_종합편, 2_수능편

중등 국어 교과 필수 개념 및 어휘를 '종합편'으로,
수능 국어 기초 어휘를 '수능편'으로 대비하자.

독해의 시작은
어휘력에서!